Die Gemeinde Edt bei Lambach wünscht Dir für Deinen weiteren Schulbesuch viel Freude und Erfolg.

**Dein Bürgermeister**

**Maximilian Riedlbauer**

Volksschulabschluss 2014

Das
Ravensburger
# GRUNDSCHUL-
# LEXIKON
von A–Z

Peggy Gampfer · Claudia Köster-Ollig · Anke Schönfeld

# Das Ravensburger GRUNDSCHUL- LEXIKON von A–Z

Ravensburger Buchverlag

## Inhalt

| | |
|---|---:|
| A–Z | 6 |
| Lösungen der Quizfragen | 195 |
| Die Länder der Erde | 196 |
| Flaggen | 198 |
| Starke Rekorde | 200 |
| Internet-Adressen | 206 |
| Register | 207 |

### der Abakus

Der Abakus ist eine einfache ⊙ Maschine, die man früher zum Rechnen benutzte. Man rechnet dabei mit kleinen Perlen oder Kugeln, die auf mehreren übereinanderliegenden Drähten aufgezogen sind. Die Kugeln der ersten Reihe sind die Einer, die der zweiten Reihe die Zehner, die der dritten die Hunderter usw.

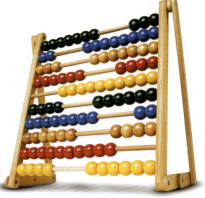

### die Abgase

Bei allen Verbrennungsvorgängen entstehen Abgase wie z. B. Ruß bei einer brennenden ⊙ Kerze. Abgase sind winzige Staubteilchen in der ⊙ Luft. ⊙ Autos, Flugzeuge und Fabriken stoßen große Mengen von schädlichen Abgasen aus. Mit Filteranlagen und ⊙ Katalysatoren werden sie aus der Luft entfernt, um die Umwelt zu schützen.

⇨ Umweltschutz

### die Aborigines

Die Ureinwohner von ⊙ Australien sind die Aborigines (gesprochen: Äboritschinies). Sie leben seit über 50 000 ⊙ Jahren auf dem australischen ⊙ Kontinent. Die Aborigines zogen als Jäger und Sammler durch das Land. Der berühmte rote Sandberg Ayers Rock wird von ihnen als heiliger ⊙ Berg verehrt. Sie nennen ihn „Uluru".

### die Achse

**1.** Mit einer Achse werden Räder (⊙ Rad), Rollen oder Scheiben an Fahrzeugen oder ⊙ Maschinen befestigt.

**Wagenachse**

Die Achse führt dabei wie ein Stab durch die Mitte der Räder, damit sie sich drehen können. **2.** Eine Spiegelachse teilt ein symmetrisches Bild in zwei Hälften. Wenn man das Bild an der Spiegelachse entlang faltet, liegen die beiden Hälften genau aufeinander.

⇨ Auto

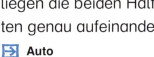

**Spiegelachse**

### der Adel

Das Wort Adel stammt von „edel" und bedeutet „von vornehmer Herkunft". Adlig war, wer aus adligem Hause stammte oder sich den Adelstitel durch Besitz oder besondere Verdienste erwarb. Die Adligen hatten früher besondere ⊙ Rechte. Sie beherrschten das Land und seine Bewohner. Sie lebten in Burgen, Schlössern oder großen, reich ausgestatteten Häusern. Adlige übernahmen hohe Ämter

 Wo kann man Goldadern finden?

in der Armee oder im Staatsdienst. Zum sogenannten Hochadel zählten Kaiser, ● Könige und Fürsten. Den Niederadel bildeten die adeligen ● Familien. Vor ihrem ● Namen trugen sie Adelstitel wie z. B. Prinz und Prinzessin, Herzog und Herzogin, Graf und Gräfin. 1919 wurde der Adel durch den ● Staat abgeschafft. Heute kann man an den ehemaligen Adelsbezeichnungen wie „Graf", „Freiherr", „von" oder „zu" im Nachnamen von Familien erkennen, dass sie früher zum Adel gehörten. Sie heißen z. B. von Büdingen oder von Thurn und Taxis.

### die Ader
1. Adern sind feine Schläuche im Körper von ● Menschen und Tieren. Man nennt sie auch Blutgefäße. Sie transportieren das Blut durch den Körper. Alle Adern gehören zum Blutkreislauf. Man unterscheidet verschiedene Blutgefäße: Aorta (Hauptschlagader), Arterien (Schlagadern) oder Venen (Blutadern).

**Ader**

2. Auch Blätter (● Blatt) haben Adern. Das sind die feinen Linien auf den Blättern. Sie gehen von der Mittelrippe auf dem Blatt aus und verzweigen sich zu einem feinen Netz. Die Blattadern versorgen Blätter mit ● Wasser und Nährstoffen.

**Blatt**

3. Kleine Spalten im ● Gestein, die mit ● Mineralen gefüllt sind, werden Ader genannt, z. B. die Goldader. 4. Unterirdische Wasserläufe werden als Wasseradern bezeichnet.

➡ menschlicher Körper

### das Adjektiv
Adjektive nennt man auch Wiewörter oder Eigenschaftswörter. Sie beschreiben ein ● Substantiv näher, z. B. „der köstliche Kuchen". Adjektive kann man steigern, z. B. groß, größer, am größten. Man kann mit ihnen Dinge vergleichen, z. B. Timo ist größer als Julia. Von vielen Adjektiven lässt sich das Gegenteil bilden: groß – klein, hell – dunkel.

➡ Grammatik, Verb, Wortarten

### adoptieren, die Adoption
Bei der Adoption nehmen ein ● Mann und eine ● Frau ein Kind, das sie nicht selbst gezeugt oder geboren haben, als ihr eigenes Kind an. Kinder werden adoptiert, weil sie keine Eltern mehr haben oder weil ihre Eltern vielleicht nicht für sie sorgen können. Ein adoptiertes Kind bekommt den Familiennamen der neuen Eltern und alle ● Rechte eines leiblichen Kindes. Kinder über 14 ● Jahren dürfen selbst entscheiden, ob sie adoptiert werden wollen. Ein ● Gericht muss die Adoption bestätigen. Manchmal lernen adoptierte Kinder ihre leiblichen Eltern später kennen.

➡ Familie

# Afrika

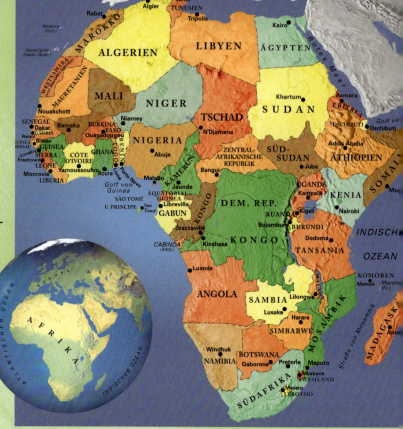

Afrika ist der zweitgrößte ➲ Kontinent der ➲ Erde und die Wiege der Menschheit. Hier lebten vor etwa 4 Millionen ➲ Jahren die ersten ➲ Menschen.

## Natur
Im Norden Afrikas liegt die Sahara, die größte ➲ Wüste der Erde. In Zentralafrika erstrecken sich tierreiche tropische ➲ Regenwälder. In den ➲ Savannen sind z. B. Elefanten, Giraffen, Nashörner, Zebras und Löwen zu Hause.

## Land und Leute
Erst Ende des 15. Jahrhunderts gelang es den Portugiesen, Afrika auf ihrem Weg nach Indien zu umsegeln. Der neue Seeweg weckte das Interesse der Europäer an diesem Kontinent. Die Seefahrer verkauften gefangene Afrikaner als ➲ Sklaven. Im 19. Jahrhundert besetzten Engländer, Franzosen, Deutsche und andere Europäer afrikanisches Land. Sie verließen diese Kolonien erst wieder im 20. Jahrhundert. Unabhängige afrikanische ➲ Staaten wurden gegründet. Afrika ist die ➲ Heimat vieler Völker (➲ Volk). Im Norden leben die hellhäutigeren Araber und Berber, südlich der Sahara verschiedene schwarzafrikanische Völker. Die meisten Afrikaner sind Bauern, die ➲ Mais, Weizen oder Hirse anbauen. Andere wie z. B. die Tuareg leben als ➲ Nomaden. ➲ Armut ist in Afrika weit verbreitet. Viele Menschen leiden unter Bürgerkriegen, Wasserknappheit und Hungersnöten. Über 30 Länder Afrikas zählen zu den ➲ Entwicklungsländern. Es gibt aber auch moderne Großstädte wie Kairo in ➲ Ägypten.

## Wirtschaft
Auf Plantagen werden Zuckerrohr, ➲ Kakao, ➲ Kaffee, ➲ Tee und ➲ Baumwolle angebaut. Die Edelhölzer der Regenwälder sind weltweit begehrt und werden rücksichtslos abgeholzt. Auch mit Gold, Diamanten, Kupfer, Zinn und Erdöl (➲ Öl) wird gehandelt. Aber trotz ihrer Bodenschätze sind die meisten Länder Afrikas nicht reich, weil ➲ Dürren, Bürgerkriege und niedrige Preise auf dem Weltmarkt die ➲ Wirtschaft schwächen.

➥ **Krieg, Markt, Wasser**

---

**Elefant**

**Fläche:** etwa. 30 Millionen km²
**Höchster Punkt:** Kilimandscharo (Tansania), 5895 m
**Größter See:** Victoriasee
**Längster Fluss:** Nil, 6695 km
**Zahl der Staaten:** 54
**Größte Stadt:** Kairo (Ägypten), etwa 16,2 Millionen Einwohner
**Gesamtbevölkerung:** etwa 1 Milliarde

### das Ägypten

Das ägyptische Reich entstand vor etwa 5000 ᗧ Jahren. Es wurde von ᗧ Pharaonen regiert. Damals begannen die ᗧ Menschen Städte (ᗧ Stadt) zu bauen. Sie erfanden den ersten ᗧ Kalender und eine ᗧ Schrift, die ᗧ Hieroglyphen. Priester und Beamte waren reich und lebten in prachtvollen Häusern. Die meisten Menschen waren arme Bauern, die in einfachen Hütten lebten und für die Reichen arbeiten oder die ᗧ Pyramiden bauen mussten. In diesen riesigen Grabstätten wurden die ᗧ Mumien der Pharaonen beigesetzt. Nachdem Ägypten etwa 2500 Jahre lang eines der mächtigsten Länder der ᗧ Erde war, wurde es 30 v. Chr. Teil des Römischen Reiches (ᗧ Römer). Heute ist Ägypten ein moderner islamischer ᗧ Staat.

➡ **Religionen**

### Aids

Aids ist bis heute eine unheilbare ᗧ Krankheit. Sie wird durch ein ᗧ Virus, das sogenannte HI-Virus (Humanes Immundefizienz-Virus), ausgelöst. Unser Körper hat ein Abwehrsystem, das uns vor Krankheitserregern schützt. Die Aidsviren zerstören das Abwehrsystem. Ohne die Abwehrkräfte kann selbst ein Schnupfen zum ᗧ Tod führen.

➡ **Immunsystem, menschlicher Körper**

### der Akkumulator

Eine ᗧ Batterie, die wieder aufgeladen werden kann, wird Akkumulator oder kurz Akku genannt. In jedem Handy ist ein Akkumulator vorhanden.

### die Algen

Algen sind im ᗧ Wasser lebende ᗧ Pflanzen. Je nach ᗧ Farbe der Algen unterscheidet man Rotalgen, Braunalgen und Grünalgen. Algen sorgen dafür, dass die ᗧ Gewässer sauber bleiben und mit ᗧ Sauerstoff versorgt werden. Algenarten wie z. B. das ᗧ Plankton dienen Tieren wie Krebsen und Garnelen als Nahrung. In ᗧ Asien sind Meeresalgen beliebte ᗧ Lebensmittel.

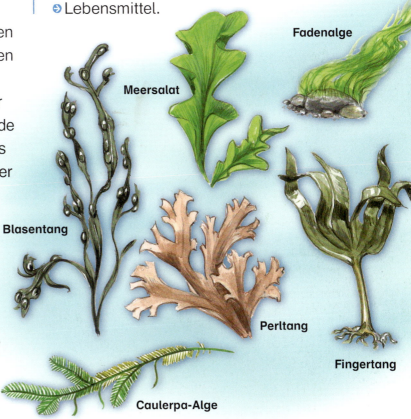

### der Alkohol

Der Alkohol ist eine farblose Flüssigkeit, die leicht brennt. In Bier, Wein, Schnaps und Likör ist Alkohol enthalten. Wer viel und häufig Alkohol trinkt, kann davon süchtig werden. Man verwendet reinen Alkohol auch in der ᗧ Medizin, um Wunden zu desinfizieren (reinigen).

➡ **Drogen, Sucht**

# das All

Das All wird auch Weltall, Universum oder Kosmos genannt. Wenn wir abends den Sternenhimmel betrachten, sehen wir nur einen kleinen Teil des Alls. Das All ist ein unvorstellbar großer Raum mit unzähligen Galaxien, Sternen und Planeten. Sterne sind selbstleuchtende Himmelskörper wie die ⊙ Sonne. Planeten bewegen sich um Sterne herum, wie z. B. die ⊙ Erde um die Sonne. Galaxien sind Anhäufungen von vielen Millionen Sternen und Planeten.

## Das Sonnensystem

Unsere Erde gehört mit sieben weiteren Planeten zum Sonnensystem. Die Planeten kreisen auf ihren Umlaufbahnen um die Sonne. Die Erde dreht sich innerhalb von 24 Stunden einmal um ihre ⊙ Achse. Diese Drehung verursacht den Wechsel zwischen ⊙ Tag und Nacht. Der ⊙ Mond ist der Begleiter der Erde. Innerhalb von 29,5 Tagen umkreist er die Erde einmal. Dieser Zeitraum entspricht etwa einem ⊙ Monat. Die Erde ist ungefähr 150 Millionen Kilometer von der Sonne entfernt. Unser Sonnensystem ist Teil der sogenannten Milchstraße. Die Milchstraße ist eine von 100 Milliarden Galaxien. Die mehr als 100 Milliarden Sterne der Milchstraße kann man nachts am ⊙ Himmel leuchten sehen.

## Die Entstehung des Alls

Wissenschaftler, die das All erforschen, werden Astronomen genannt. Sie vermuten,

Zu unserem Sonnensystem gehören acht Planeten: Merkur, Venus, Erde, Mars, Jupiter, Saturn, Uranus und Neptun. All diese Planeten bewegen sich auf ihren Bahnen um die Sonne. Sie sind verschieden weit von der Sonne entfernt. Merkur ist der Sonne am nächsten. Pluto ist ein Zwergplanet.

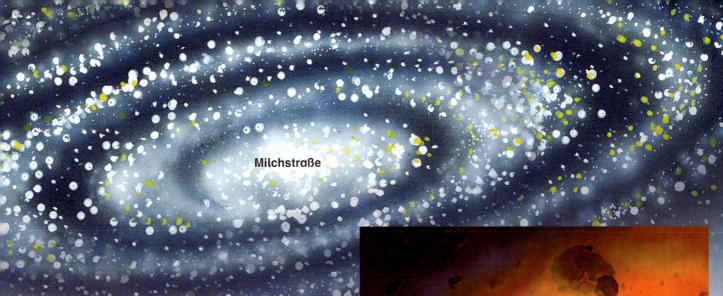

Milchstraße

Urknall

dass es vor etwa 15 Milliarden ◆Jahren eine gewaltige ◆Explosion gab. Man bezeichnet sie als ◆Urknall. ◆Gase breiteten sich aus und bildeten im Lauf von Jahrmillionen Sterne, Planeten und Galaxien. Unsere Sonne entstand 10 Milliarden Jahre nach dem Urknall aus einer Gas- und Staubwolke. Vor ungefähr 4,6 Milliarden Jahren entstand die Erde.

### Die Erforschung des Alls

Raumsonde

Astronomen beobachten mit großen Teleskopen in Sternwarten die Bewegung der Sterne und Planeten. Doch die Reichweite der Teleskope ist begrenzt. Um das Universum noch weiter zu erforschen, werden Teleskope auf Raumsonden ins All geschickt. Raumsonden sind Raumfahrzeuge, die zu weit entlegenen Planeten fliegen. Sie schicken Bilder von den Planeten an die Wissenschaftler auf der Erde. Auch Astronauten reisen ins All. Astronauten sind Wissenschaftler, die im Weltall ◆Experimente durchführen. Sie tragen Raumanzüge, die sie vor Kälte schützen und mit Atemluft versorgen. Mit der „Saturn-Rakete" gelangten 1969 die ersten Astronauten auf den Mond. Bis 2011 flogen sie mit Spaceshuttles ins All. Seit 1998 befindet sich außerdem die Internationale Raumstation „ISS" (International Space Station) im Bau. Hier leben und arbeiten Astronauten für längere ◆Zeit. Weil die Entfernungen im All so riesig sind, benutzen die Astronomen als Maßeinheit das Lichtjahr. Ein Lichtjahr ist die Entfernung, die das ◆Licht in einem Jahr zurücklegt. Für 300 000 km braucht das Licht eine Sekunde.

 **Raumfahrt**

Planetarium mit Teleskop

### die Allergie
Unser Körper hat ein Abwehrsystem, das uns vor schädlichen ⇨Bakterien schützt. Bei einer Allergie reagiert das Abwehrsystem besonders empfindlich auf bestimmte Reize wie z. B. Blütenpollen, Nüsse oder ⇨Haare. Sie können Fieber, Müdigkeit oder Ausschläge hervorrufen. Man sagt auch, der Körper reagiert allergisch auf etwas. Besonders häufig kommt der Heuschnupfen vor.

⇨ **Immunsystem, menschlicher Körper**

### das Alphabet
Alphabet nennt man die Reihenfolge der Buchstaben einer ⇨Schrift. Der ⇨Name kommt aus dem Griechischen. Dort heißen die ersten beiden Buchstaben Alpha und Beta. Das deutsche Alphabet hat 26 Buchstaben, die Umlaute ä, ö, ü und das ß. Andere ⇨Sprachen können eine andere Anzahl von Buchstaben haben. So hat das griechische Alphabet nur 24 Buchstaben, das russische dafür 33.

### die Alpen
Die Alpen sind das höchste ⇨Gebirge in ⇨Europa. Sie sind etwa 1200 km lang und bis zu 250 km breit. Die Alpen verbinden die Länder Frankreich, Italien, ⇨Schweiz, ⇨Deutschland, Liechtenstein, ⇨Österreich und Slowenien. Der Montblanc in Frankreich ist mit 4807 m der höchste Gipfel der Alpen.

**Alpen**

### das Alter
Mit dem Alter wird die ⇨Zeit des Bestehens eines Lebewesens oder einer Sache angegeben. Mammutbäume können bis zu 4000 ⇨Jahre alt werden, eine Riesenschildkröte bis zu 200 Jahre und der ⇨Mensch etwa 100 Jahre. Die durchschnittliche Lebenserwartung des Menschen hängt von seinen Lebensbedingungen ab. In Indien beträgt sie 62 Jahre, in ⇨Europa 77 Jahre.

ABCDEFGHIJKLMNOPQRSTUVWXYZ
**Deutsches Alphabet**

ΑΒΓΔΕΖΗΘΙΚΛΜΝΞΟΠΡΣΤΥΦΧΨΩ
**Griechisches Alphabet**

АБВГДЕЁЖЗИЙКЛМНОПРСТУФХЦЧШЩЪЫЬЭЮЯ
**Russisches Alphabet**

 **Wie nennt man Amphibien noch?**

Menschen werden heute immer älter, weil sich die Ernährung und die medizinische Versorgung verbessert haben.

**die Ameisen**

Ameisen sind ⇒ Insekten, die in großen ⇒ Staaten mit etwa 2 Millionen Tieren leben. Weltweit gibt es etwa 20 000 verschiedene Arten. Die ⇒ Königin ist die Mutter der Ameisen, mit denen sie ein ⇒ Volk bildet. Ihre Aufgabe ist das Eierlegen. Die sogenannten Arbeiterinnen kümmern sich um den Nestbau und den Nestschutz, die Futtersuche und die Pflege der ⇒ Eier und ⇒ Larven. Im Frühjahr legt die Königin Eier, aus denen neue Königinnen schlüpfen. Diese gründen nach der ⇒ Befruchtung eigene Ameisenstaaten. Ameisen ernähren sich von kleinen Tieren, Pflanzensaft, Nektar und ⇒ Samen; manche auch von den süßen Ausscheidungen der Blattläuse. Die Rote Waldameise spritzt aus einem Stachel Ameisensäure. Damit tötet sie z. B. Raupen. Für den Wald ist sie daher sehr nützlich und ihre Nester dürfen nicht zerstört werden.

**Amerika**

⇨ **Nordamerika Seite 116**

⇨ **Südamerika Seite 156**

**die Amphibien**

Amphibien, auch Lurche genannt, können im ⇒ Wasser und auf dem Land leben. Zu den Amphibien gehören z. B. Frösche (⇒ Frosch), Kröten, Molche und Salamander. Damit die Tiere nicht austrocknen, muss ihre Haut stets feucht sein. Daher leben Amphibien in feuchten Gebieten. Ihre ⇒ Eier legen sie meist im Wasser ab. Die daraus schlüpfenden ⇒ Larven haben Kiemen zum Atmen. Die erwachsenen Tiere atmen dann mit Lungen. Sie fressen ⇒ Insekten und andere kleine Lebewesen. Amphibien entwickelten sich aus den ⇒ Fischen und besiedelten als erste Tiere das feste Land. Die ersten ⇒ Reptilien stammen von den Amphibien ab.

⇨ **Erdzeitalter, Tierreich**

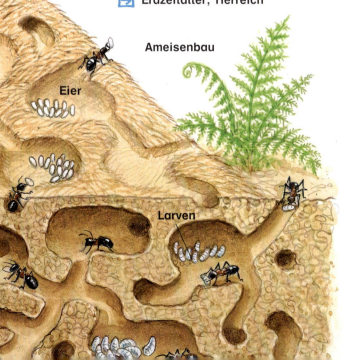

### das Aquädukt

Das ▸Wort ist lateinisch und bedeutet Wasserleitung. Aquädukte sehen aus wie lange ▸Brücken und sind aus ▸Stein erbaut. Sie transportieren ▸Wasser aus höheren Lagen über Täler (▸Tal) hinweg bis in die Städte (▸Stadt). Die ▸Römer bauten schon vor über 2000 ▸Jahren Aquädukte, um die Stadt Rom mit Wasser zu versorgen.

Aquädukt

### der Äquator

Der Äquator ist eine gedachte Linie um die ▸Erde herum. Er liegt genau zwischen ▸Nord- und Südpol und hat eine Länge von 40 075 km.

Äquator

### die Arbeitslosigkeit

Manche ▸Menschen finden keine Arbeit, weil sie z. B. keinen Schulabschluss und keine Ausbildung haben. Andere verlieren ihren Arbeitsplatz, weil sie von der Firma, für die sie gearbeitet haben, entlassen worden sind. Arbeitslose verdienen kein ▸Geld und können z. B. Miete, ▸Lebensmittel und ▸Kleidung nicht selbst bezahlen. Sie erhalten dafür vom ▸Staat Arbeitslosengeld und man hilft ihnen eine neue Arbeit zu finden. Für viele Menschen ist es sehr belastend, keine Arbeit zu haben.

➡ Beruf, Schule

### die Architektur

Architektur bedeutet das Entwerfen, Planen und Bauen von Gebäuden. Wenn ein Architekt einen Bauplan für ein Haus gezeichnet hat, bauen die Handwerker nach seinen Angaben das Haus. Während das Haus gebaut wird, kontrolliert der Architekt, ob alle Arbeiten richtig ausgeführt werden.

➡ Grundriss, Handwerk

### die Arena

Arena ist ein lateinisches ▸Wort und bedeutet Sand. Bei den ▸Römern war die Arena ein mit Sand bestreuter Kampfplatz. Heute nennen wir den runden Platz im Zirkuszelt oder Plätze für Sportwettkämpfe Arena.

Arena

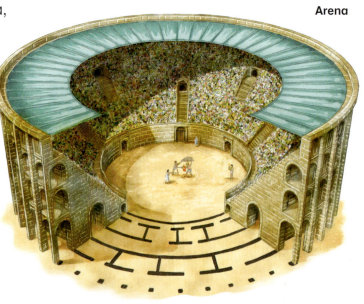

**die Armut**

In vielen Ländern der ◉ Erde leben ◉ Menschen, die sich weder ◉ Kleidung noch Nahrung kaufen können. Manche haben auch keine Wohnung; sie leben auf der Straße. Sie können ihre Kinder nicht in die ◉ Schule schicken, weil der Unterricht in ihrem Land ◉ Geld kostet. Auch bei uns gibt es Armut. Es können vor allem alte Menschen, Arbeitslose oder ◉ Familien mit vielen Kindern betroffen sein.

➡ **Arbeitslosigkeit**

**Asien**

➡ **Seite 16**

**die Asylanten**

Sogenannte Asylanten oder Asylbewerber sind ◉ Menschen, die in anderen Ländern Schutz (Asyl) suchen, weil sie in ihrer ◉ Heimat wegen ihrer Hautfarbe, ◉ Religion, Staatsangehörigkeit oder politischen Meinung verfolgt werden. Wenn sie in ihrem Heimatland wirklich in Gefahr sind, erhalten sie Asyl und dürfen in dem Land, in das sie geflohen sind, oder einem anderen sicheren Land bleiben.

**der Atlas**

**1.** Ein ◉ Buch mit vielen ◉ Landkarten nennt man Atlas. Die Mehrzahl von Atlas lautet Atlanten oder Atlasse. **2.** Atlas ist der Name eines ◉ Gebirges in ◉ Afrika.

**die Atmosphäre**

**1.** Als Atmosphäre bezeichnet man die Lufthülle, die unsere ◉ Erde umgibt. Sie erreicht eine Höhe von 1000 km. Die Atmosphäre enthält den lebensnotwendigen ◉ Sauerstoff. Sie mildert durch ihre Ozonschicht (◉ Ozon) die Hitze der Sonneneinstrahlung. In ihrer untersten Schicht, der Troposphäre, spielt sich das ◉ Wetter ab. **2.** Atmosphäre nennt man auch die Stimmung unter ◉ Menschen.

**das Atom**

Atome sind kleinste Teilchen von Stoffen wie z. B. Gold oder Kohle. Man kann sie nur mit einem besonderen ◉ Mikroskop sehen. Atome bestehen aus noch kleineren Teilchen. Bei der Spaltung von Atomen entsteht viel ◉ Energie. Mit der Kernenergie kann man z. B. ◉ Strom erzeugen.

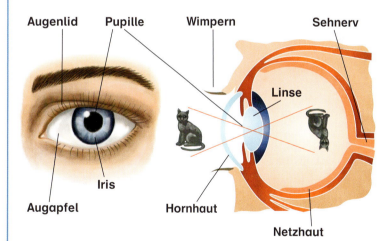

Augenlid  Pupille  Wimpern  Sehnerv  Linse  Iris  Augapfel  Hornhaut  Netzhaut

**das Auge**

Das Auge ist ein Sinnesorgan. Der runde Augapfel hat eine kleine Öffnung, die schwarze Pupille. Wenn ◉ Licht durch die Pupille fällt, wird ein Bild auf der Netzhaut im Augapfel erzeugt. Es steht auf dem Kopf. Auf der Netzhaut liegen Millionen von ◉ Zellen. Sie nehmen Licht und ◉ Farben wahr. Über den Sehnerv gelangt das Bild in das ◉ Gehirn.

➡ **Sinne**

# Asien

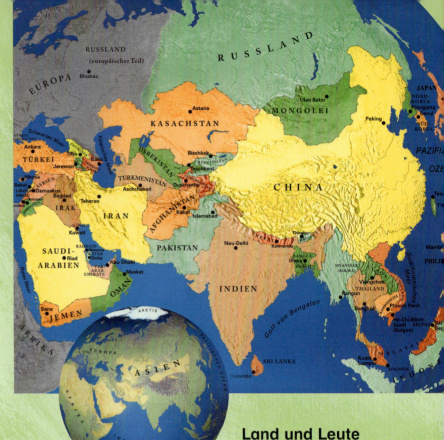

Asien ist der größte ⇒ Kontinent der ⇒ Erde. Hier sind alle großen ⇒ Religionen entstanden. Das Ural- und das Kaukasusgebirge bilden die ⇒ Grenze zu ⇒ Europa. Asien ist mit seinen 48 ⇒ Staaten und unterschiedlichen ⇒ Landschaften ein Kontinent der Gegensätze.

## Natur

Die Landschaften reichen von der kalten und baumlosen Tundra im Norden über riesige Nadelwälder (Taiga), hohe ⇒ Gebirge und ⇒ Wüsten in Zentralasien bis hin zu den feuchtwarmen ⇒ Regenwäldern im Süden. Auch was die ⇒ Temperaturen angeht, ist Asien ein Kontinent der Extreme: Während es in Ostsibirien bis zu minus 70 °C kalt wird, kann sich der Sand der Arabischen Wüste auf bis zu plus 70 °C erhitzen. Die Tierwelt Asiens ist entsprechend artenreich: In der Taiga findet man Elche, Wölfe und Sibirische Tiger, in den zentralasiatischen Gebirgen Schneeleoparden und ⇒ Yaks. In den großen Bergwäldern Chinas leben Pandabären. Und in den Regenwäldern sind z. B. Elefanten, Tiger und Orang-Utans zu Hause.

Panda

## Land und Leute

In Asien lebt über die Hälfte der Weltbevölkerung. Sie ist aber sehr ungleichmäßig über den Kontinent verteilt: Die sibirischen Wälder und ⇒ Steppen der Mongolei sind kaum bevölkert. In den fruchtbaren Flusstälern des Ganges in Indien und des Jangtsekiangs in China leben dagegen viele ⇒ Menschen. Sehr unterschiedlich sind auch die Lebensbedingungen: Die Länder im Südwesten Asiens wie z. B. die Arabischen Emirate oder Kuwait besitzen riesige Erdölvorkommen und sind dadurch reich. Bangladesch ist eines der ärmsten Länder der Erde, während auf den Malediven oder Philippinen der Tourismus ⇒ Geld bringt. Japan wiederum ist ein modernes Land und die stärkste Industrienation Asiens. Auch wenn Chinas ⇒ Wirtschaft stark im Aufschwung ist, leben die meisten Chinesen doch nicht in Großstädten wie Peking oder Schanghai, sondern auf dem Land und bauen z. B. ⇒ Reis an.

⇒ Industrie, Lebensraum Wald

**Fläche:** etwa 44 Millionen km²
**Höchster Punkt:** Mount Everest, 8850 m
**Größter See:** Kaspisches Meer
**Längster Fluss:** Jangtsekiang, 6380 km
**Zahl der Staaten:** 50
**Größte Stadt:** Tōkyō (Japan), etwa 36,7 Millionen Einwohner (Ballungsraum)
**Gesamtbevölkerung:** etwa 4,2 Milliarden

# Australien

Australien ist der kleinste ➔ Kontinent und ist umgeben vom Indischen und Pazifischen ➔ Ozean. Australien wurde als letzter Kontinent entdeckt. Es ist der einzige Kontinent, der aus nur einem ➔ Staat besteht.

## Natur

Der Westen und das Landesinnere sind sehr trocken und flach. Hier findet man ➔ Wüsten und ➔ Savannen mit einzelnen Bäumen (➔ Baum) und Sträuchern. Diese Gebiete sind kaum von ➔ Menschen bewohnt und werden deshalb von den Australiern als „Outback" (gesprochen: Autbäck), also Hinterland, bezeichnet. Ganz im Nordosten Australiens wachsen üppige ➔ Regenwälder. Da der australische Kontinent vor etwa 65 Millionen ➔ Jahren zur Insel wurde, gibt es hier eine ganz eigene Tierwelt: Schnabeltier, Känguru, Koala und Wombat leben z. B. nur in Australien. Ein spektakuläres Naturwunder ist das Große Barriereriff vor der Nordostküste. Mit einer Länge von 2000 km ist es das längste Korallenriff der Welt.

## Land und Leute

Die Ureinwohner Australiens sind die dunkelhäutigen ➔ Aborigines (gesprochen: Äboritschinies). 1788 kamen die ersten Engländer: Es waren Sträflinge, die man aus den überfüllten Gefängnissen Englands in der Nähe von Sydney in sogenannten Strafkolonien ansiedelte. Später folgten ihnen englische Siedler, die Schafzucht betrieben. Die als Jäger und Sammler lebenden Aborigines wurden in unfruchtbare Gebiete verdrängt (Reservate). Die alten Bräuche werden heute nur noch von wenigen Ureinwohnern gelebt. Die australische Bevölkerung besteht heute zum Großteil aus Einwanderern aus ➔ Europa.

## Wirtschaft

Die ➔ Landwirtschaft spielt in Australien eine große Rolle. Riesige Rinder- und Schafherden weiden im Landesinneren. Auch der Bergbau ist wichtig. In den Minen werden Eisenerz und andere ➔ Metalle abgebaut und als ➔ Rohstoffe ins Ausland verkauft.

**Koala**

**Fläche:** etwa 7,6 Millionen km²
**Höchster Punkt:** Mount Kosciusko, 2229 m
**Größter See:** Eyresee
**Längster Fluss:** Murray, 2375 km
**Zahl der Staaten:** 1
**Größte Stadt:** Sydney, etwa 4,3 Millionen Einwohner
**Gesamtbevölkerung:** etwa 22 Millionen

# das Auto

**Erste Autos**
Fast jede ⇨Familie besitzt heute ein Auto. Man kommt damit überall bequem hin und ist unabhängig von öffentlichen Verkehrsmitteln. Doch die Umweltbelastung durch die Schadstoffe in den ⇨Abgasen nimmt stetig zu. Dabei ist es noch gar nicht so lange her, dass das Auto entwickelt wurde. Carl Friedrich Benz und Gottlieb Daimler bauten 1885 und 1886 unabhängig voneinander die ersten Automobile mit Benzinmotor. Weil ⇨Pferde damals die wichtigsten Zugtiere waren, verglich man die Stärke der ⇨Motoren mit der Kraft von Pferden. Die Abkürzung PS steht für „Pferdestärke". Die ersten Autos wurden „Kutschen ohne Pferd" genannt. Die ersten Autofahrer hatten es noch schwer, da es kaum befestigte Straßen gab. Sie fuhren mit 12 km/h und waren damit etwa so schnell wie ein langsamer Radfahrer. In den USA stellte Henry Ford seit 1908 den preisgünstigen „Ford T" am Fließband her. Schon im ⇨Jahr 1927 gab es in den Vereinigten Staaten 15 Millionen Autobesitzer.

⇨ Industrie, Verkehr

**Ford T**

**Die Motorkutsche von Gottlieb Daimler (1886)**

**Die Teile eines Autos**
Ein Auto besteht aus Fahrwerk, Karosserie, Antrieb, Motor und Elektronik. Das Fahrwerk kann man mit den Beinen des Autos vergleichen. Dazu gehören die Räder (⇨Rad), die Stoßdämpfer und die Bremsen. Die Karosserie ist das Gehäuse über dem Fahrwerk, in dem der Autofahrer und seine Beifahrer sitzen. Sie müssen sich mit den Sicherheitsgurten anschnallen. Der Antrieb besteht aus dem Getriebe und der Schaltung. Über die Gelenkwelle und Zahnräder (⇨Zahnrad) des Getriebes wird die Kraft des Motors auf die Räder übertragen. Erst dann können sie sich drehen. Die Elektronik steuert viele Teile des Autos, die Scheinwerfer, das Antiblockiersystem (ABS), das Navigationssystem, das Radio oder das Auslösen der Air-

**Benzinmotor**

| Ansaugen | Verdichten | Zünden | Ausstoßen |
|---|---|---|---|
| 1 | 2 | 3 | 4 |

So funktioniert der Viertaktmotor: Bei diesem Vorgang entsteht die Kraft, die das Auto antreibt. Der Kolben saugt ein Gemisch aus Benzin und ➔ Luft an (1), verdichtet es (2), und ein Funken der Zündkerze bringt den Treibstoff zur ➔ Explosion (3). Schließlich drückt der Kolben die ➔ Abgase aus dem Zylinder (4).

bags. Die Forschung arbeitet an der Entwicklung von Motoren, die nur wenig ➔ Benzin verbrauchen (Drei-Liter-Auto) und an Solarmobilen, die mit Sonnenenergie betrieben werden.

### So fährt ein Auto

Um den Motor zu starten, wird der Zündschlüssel im Zündschloss gedreht. Im Motor wird Benzin verbrannt. Dadurch wird ➔ Energie erzeugt, um die Räder des Autos in Bewegung zu setzen. Autos haben neben dem Rückwärtsgang fünf oder sechs Gänge. Sie werden mit dem Schalthebel eingelegt. Dies ist vergleichbar mit der Kettenschaltung beim ➔ Fahrrad. In den niedrigen Gängen wird langsam gefahren, in den höheren Gängen schneller. Bevor der Autofahrer losfährt, legt er den ersten Gang ein. Damit das Auto fährt, drückt er mit dem Fuß das Gaspedal. Dadurch wird mehr Benzin in den Motor befördert. Je mehr der Fahrer beschleunigt, desto schneller schaltet er in den nächsthöheren Gang. Das Auto wird mit dem Lenkrad gesteuert. Wird die Bremse betätigt, verlangsamt sich das Auto und kommt zum Stehen.

➔ Geschwindigkeit, Katalysator

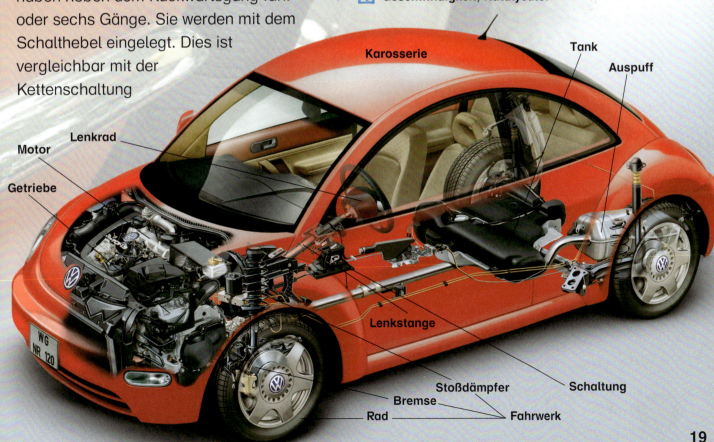

Was bedeutet: „Ich verstehe nur Bahnhof?"

### das Baby
Ein neugeborenes Kind wird Baby oder Säugling genannt. Anders als Tierkinder können Babys noch nicht laufen. Das lernen sie etwa mit einem ⊃ Jahr. Dann werden sie Kleinkinder genannt. Babys schreien viel, entweder weil sie ⊃ Hunger haben, müde sind, sich nicht wohl fühlen oder gestreichelt werden möchten. Viele Babys werden gestillt: Sie trinken an der Brust ihrer Mütter ⊃ Milch. Aus der ⊃ Zeit im Bauch der Mutter kennen sie bereits ⊃ Stimmen und Geräusche.
➔ Geburt

### der Bahnhof
**1.** Ein Bahnhof ist ein Gebäude, in dem Züge halten. Es gibt Kopfbahnhöfe, bei denen die Gleise im Bahnhof enden. Damit ein Zug weiterfahren kann, wird an sein Ende eine Lok angekoppelt. Bei Durchgangsbahnhöfen führen die Gleise den Bahnhof entlang. Züge halten am Bahnhof an und fahren in dieselbe Richtung weiter. In großen Städten (⊃ Stadt) gibt es nicht nur Bahnhöfe für die ⊃ Eisenbahn, sondern auch für Straßenbahnen, S-Bahn (Stadtschnellbahn) oder U-Bahn (Untergrundbahn).
**2.** Wenn jemand sagt: „Ich verstehe nur Bahnhof!", dann meint er, dass er etwas nicht versteht.

### die Bakterien
Bakterien sind sehr kleine Lebewesen, die man mit dem bloßen ⊃ Auge nicht sehen kann. Sie kommen überall vor: im Boden, im ⊃ Wasser, in der ⊃ Luft, in Lebewesen und auf allen Gegenständen. Nützliche Bakterien helfen uns z. B. bei der ⊃ Verdauung. Schädliche Bakterien können ⊃ Krankheiten auslösen.
➔ Immunsystem

### das Ballett
Ballett ist eine künstlerische Tanzform, bei der die Tänzerinnen und Tänzer mit Bewegungen eine Geschichte erzählen oder Gefühle ausdrücken. Um richtig Ballett tanzen zu können, muss man jahrelang trainieren, denn alle Schritte und Armpositionen sind genau festgelegt. Weil das Ballett vor etwa 350 ⊃ Jahren in Frankreich entstanden ist, haben alle Bewegungen französische ⊃ Namen.

**Barometer**

### das Barometer
Ein Barometer zeigt an, wie das ⊃ Wetter wird. Mit dem Barometer wird der Luftdruck gemessen. Der Luftdruck ist das Gewicht, mit dem die ⊃ Luft der ⊃ Atmosphäre auf die ⊃ Erde drückt. Bei hohem Luftdruck wird das Wetter schön. Bei niedrigem Luftdruck kündigt sich schlechtes Wetter an.

### die Batterie
Eine Batterie enthält chemische Stoffe, mit deren Hilfe sie elektrischen ⊃ Strom erzeugt, z. B. für eine Taschenlampe. Es gibt kleine Batterien für Hörgeräte und große Batterien für ⊃ Autos.
➔ Akkumulator

## der Bauernhof

Ein Bauernhof besteht aus dem Wohnhaus der Bauernfamilie, Ställen für das Vieh, Scheunen und Schuppen für Vorräte, Tierfutter, ⇒ Maschinen und Arbeitsgeräte. Ein Blumen- oder Gemüsegarten, ⇒ Wiesen und Felder gehören auch dazu.

⇒ Landwirtschaft

## der Baum

Bäume erkennt man an ihren Früchten (⇒ Frucht) und Blättern (⇒ Blatt). Es gibt ⇒ Laubbäume und ⇒ Nadelbäume. Laubbäume haben breite, flache Blätter. Auf Nadelbäumen wachsen schmale, nadelartige Blätter. Ein Baum besteht aus ⇒ Wurzeln, einem Stamm und einer Krone mit Zweigen. Die äußere Rinde (Borke) schützt den Baum. Jedes ⇒ Jahr bildet sich unter der Borke eine neue Schicht, der sogenannte Jahresring. Wie ein Ring legt sich die neue Schicht um die alte herum. An den Jahresringen kann man das ⇒ Alter eines Baumes ablesen. Im Splintholz liegen die Wasserleitungen, die das ⇒ Wasser von den ⇒ Wurzeln bis in die Blätter transportieren. Manche Baumarten liefern ⇒ Obst. Das ⇒ Holz der Bäume wird zur Papierherstellung, als Brennmaterial oder für den Hausbau verwendet.

⇒ Lebensraum Wald, Papier

Bauernhof

Planierraupe

Bagger

Betonmischer

### die Baumaschine

Baumaschinen nennt man Geräte für den Bau von Häusern, Straßen, ➔ Brücken und ➔ Tunneln. Es gibt z. B. Bagger, Planierraupen, Schaufellader, Bohrer, Krane, Stampfer und Betonmischer.

➔ Beton

Baumwollpflanze

### die Baumwolle

Baumwollpflanzen wachsen in warmen und tropischen Gebieten wie China, Indien und den USA. Wenn die walnussgroßen Fruchtkapseln reif sind, springen sie auf und die weißen Samenhaare quellen hervor. Aus den Baumwollfasern werden Fäden gesponnen, die zu Stoffen für Bekleidung (➔ Kleidung) verwebt werden. Die Baumwollsamen werden zu ➔ Öl gepresst oder dienen als Viehfutter.

### Bauwerke

➔ Seite 24

### die Befruchtung

Bei der Fortpflanzung von ➔ Menschen, Tieren und ➔ Pflanzen vereinigen sich eine weibliche und eine männliche Geschlechtszelle im Inneren des weiblichen Körpers. Diesen Vorgang nennt man Befruchtung. Eine männliche Samenzelle dringt dabei in eine weibliche Eizelle ein. Beide ➔ Zellen verschmelzen miteinander. Bei ➔ Säugetieren und Menschen wächst nun ein Embryo heran. So wird das Lebewesen ganz am Anfang seiner Entwicklung genannt. Es wächst im Laufe mehrerer ➔ Monate heran, bevor es geboren wird. Vögel (➔ Vogel) und ➔ Reptilien legen ➔ Eier, aus denen ihre Jungen schlüpfen. Nur manche Schlangen und Echsen brüten ihre Eier im Bauch aus und bringen lebende Junge zur Welt. Bei ➔ Amphibien und vielen ➔ Fischen werden die Eier im ➔ Wasser befruchtet. Die Weibchen legen ihre Eier im Wasser ab und die Männchen gießen ihren ➔ Samen darüber. Pflanzen vermehren sich durch Blütenstaub, der durch ➔ Wind, Wasser und ➔ Insekten verbreitet wird. An den Hinterbeinen der ➔ Bienen setzt sich Blütenstaub fest und wird von ihnen von Blüte zu Blüte transportiert. Der Blütenstaub wird auf die Narben der Blüten übertragen. So werden die Pflanzen bestäubt.

Befruchtung

➔ Baby, Blume, Schwangerschaft

## die Behinderung

Behinderte sind ⊙ Menschen mit schweren körperlichen, geistigen oder seelischen ⊙ Krankheiten. Sie brauchen Hilfe und Unterstützung, um am Leben teilzunehmen. Sie können von ⊙ Geburt an behindert sein, durch eine Krankheit oder einen Unfall. Viele körperbehinderte Menschen brauchen einen Rollstuhl. Körperlich und geistig behinderte Kinder besuchen häufig Sonderkindergärten und -schulen. Dort lernen sie je nach ihrer Behinderung alltägliche Dinge selbstständig zu tun. Viele erlernen dort auch einen ⊙ Beruf. Menschen mit einer Behinderung haben es oft schwer, z. B. weil sie keine Treppen gehen können oder weil sie Hindernisse nicht hören oder sehen.

⇨ Gebärdensprache

## das Benzin

Benzin ist eine klare, brennbare Flüssigkeit. Benzin wird aus Rohöl hergestellt. Damit Benzin in Fahrzeugen verwendet werden kann, werden ihm Zusatzstoffe beigefügt. Es gibt z. B. bleifreies Benzin, Superbenzin oder Flugbenzin. Das Vorkommen von Rohöl auf der ⊙ Erde ist begrenzt. Darum versucht man, Benzin durch andere Kraftstoffe zu ersetzen, z. B. durch Rapsöl oder Erdgas.

⇨ Auto, Motor, Öl

## der Berg

Ein Berg ist eine Erhebung in der ⊙ Landschaft. Er ist meist Teil eines ⊙ Gebirges. Mit 8850 Metern ist der Mount Everest in ⊙ Asien der höchste Berg der Erde.

## Bernstein

Bernstein ist versteinertes Harz von ⊙ Nadelbäumen. Harz ist eine klebrige Flüssigkeit, die aus der Rinde tropft. Manchmal sind im Bernstein Einschlüsse von ⊙ Insekten zu finden, die vor vielen Millionen ⊙ Jahren gelebt haben.

**In Harz eingeschlossenes Insekt**

## der Beruf

Mit einem Beruf verdienen Männer (⊙ Mann) und ⊙ Frauen das ⊙ Geld, das sie für den Lebensunterhalt brauchen. Einige Berufe gibt es schon seit Hunderten von ⊙ Jahren, z. B. den Landwirt oder den Bäcker. Viele alte Berufe sind ausgestorben, weil ihre Waren oder Dienste heute nicht mehr gebraucht oder von ⊙ Maschinen übernommen werden. So ist z. B. der Beruf des Wagners ausgestorben; er stellte Holzräder her. Andere alte Handwerksberufe werden auch heute noch gebraucht, beispielsweise Maurer, Köche oder Friseure. Immer wichtiger werden sogenannte Dienstleistungsberufe, in denen keine Waren hergestellt werden. Dazu gehören unter anderem Bankangestellte, Krankenschwestern und Hotelfachleute. Neue Berufe sind etwa durch die weite Verbreitung und Nutzung des ⊙ Computers entstanden, z. B. Programmierer oder Webdesigner. Manche Berufe muss man an einer ⊙ Universität studieren, z. B. wenn man Ärztin, Lehrer oder ⊙ Richter werden möchte. Andere erlernt man während einer Lehre.

⇨ Handwerk

# die Bauwerke

◦ Menschen brauchen Schutz vor ◦ Regen, ◦ Kälte, ◦ Wind und ◦ Sonne. Deshalb leben sie in Häusern. Schon die ersten Menschen bauten schützende Behausungen aus ◦ Holz, Lehm und Ton. Die ◦ Römer waren große Baumeister: Sie bauten Wasserleitungen, die ◦ Aquädukte, und Badeanstalten mit Fußbodenheizung. Gebäude wurden auch errichtet zur Verehrung von Gottheiten oder als Grabmale. Große Burgen und Schlösser für ◦ Könige oder Kaiser waren ein Zeichen von Macht und Reichtum. Große Festungsanlagen waren notwendig zur Sicherung von Städten (◦ Stadt) oder ◦ Grenzen. Viele Gebäude sind weltberühmte Wahrzeichen der Städte, in denen sie stehen, z. B. die ◦ Pyramiden in Gise bei Kairo.

### Chinesische Mauer
Die Chinesische Mauer ist das größte Befestigungswerk der ◦ Erde. Sie wurde etwa 200 v. Chr. errichtet und bis ins 15. Jahrhundert hinein immer wieder erweitert. Heute erstreckt sie sich über etwa 6300 km. Die Chinesische Mauer ist bis zu 10 m breit und hat Zinnen, Wachtürme und Tore.

### Kölner Dom
In vielen Städten Europas entstanden im ◦ Mittelalter große ◦ Kirchen, die auch Dom oder Kathedrale genannt werden. Ihr Bau konnte mehrere Hundert ◦ Jahre dauern. Entweder reichte das ◦ Geld nicht aus oder es kamen ◦ Kriege dazwischen. Der Bau des Kölner Doms begann 1248 und wurde 1880 beendet. Der Kölner Dom stammt aus der ◦ Zeit der Gotik. Das ist ein Stil der mittelalterlichen ◦ Kunst. Gotische Bauwerke haben viele spitze Türme und schmale, hohe Fenster. Die Kirchenfenster sind ◦ Mosaike aus vielen bunten Glassteinen. Der Kölner Dom ist eine der größten Kirchen der Welt. Den höchsten Kirchturm der Welt hat aber das gotische Ulmer Münster. Er ist 161,5 m hoch.

**Pyramiden von Giseh**

### Schloss Versailles

Der französische König Ludwig XIV. ließ im 17. Jahrhundert das prunkvolle Schloss Versailles bei Paris bauen. Er glaubte, dass er für Frankreich so wichtig sei wie die Sonne für die Erde. Das Schloss sollte seine Macht zeigen. Der berühmte Spiegelsaal hat auf der einen Seite Fenster und auf der anderen Spiegel. Die Spiegel lassen den Raum größer wirken. Abends spiegelt sich darin tausendfach das ⊙ Licht der ⊙ Kerzen. Das Schloss Versailles war Vorbild für viele Schlösser in Europa, z.B. für Schloss Sanssouci in Potsdam.

### Hochhäuser

In den Großstädten rund um die Erde stehen Hochhäuser („Wolkenkratzer"). Sie werden gebaut, weil es in den Städten wenige Flächen gibt, die man bebauen kann. Deshalb baut man in die Höhe. Ein festes ⊙ Gestein als Untergrund ist für Wolkenkratzer wichtig. Sonst könnten sie wegen ihres Gewichtes in den Boden einsinken. Hochhäuser sind ⊙ Erdbeben und starken Stürmen mehr ausgesetzt als flache Gebäude. Sie werden deshalb besonders stabil gebaut. Das 508 m hohe Taipei Financial Center (Taipeh 101) in Taiwan war bis 2010 das höchste Gebäude der Welt. Jetzt ist es Burj Khalifa in Dubai (Vereinigte Arabische Emirate) mit 828 m Höhe.

➡ **Ägypten, Architektur, Griechenland, Religionen, Weltwunder**

### Hundertwasser-Haus

Wie ein Spielzeughaus sieht das bunte Hundertwasser-Haus in Wien aus: Da gibt es schiefe Fenster, farbige Wände, wellige Böden, Muster aus Spiegeln und bunten Fliesen – und aus einem Fenster wächst sogar ein ⊙ Baum heraus. Der Künstler Friedensreich Hundertwasser entwarf dieses ungewöhnliche Haus. Es wurde 1986 fertiggestellt.

**Das Taipei Financial Center in Taipeh hat 101 Stockwerke**

# die berühmten Menschen

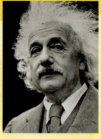
Anne Frank

Albert Einstein

Mutter Teresa

Manche ◦Menschen sind berühmt, weil sie etwas besonders gut können, z. B. singen, malen oder Fußball spielen. Andere werden berühmt, weil sie etwas erfunden oder entdeckt haben oder sich für eine Sache oder andere Menschen besonders einsetzen.

**Christoph Kolumbus (1451–1506)**
Christoph Kolumbus war Seefahrer. Er segelte nach Westen, um einen neuen Seeweg nach Indien zu finden. 1492 landete er in Amerika. Weil er dachte, in Indien zu sein, nannte er die Menschen dort ◦Indianer.

**Martin Luther (1483–1546)**
Der Mönch Martin Luther gründete eine neue christliche Glaubensrichtung, den Protestantismus. Luther war unzufrieden mit der katholischen ◦Kirche. Seiner Meinung nach kümmerte sie sich zu sehr um Reichtum und Macht. Er forderte eine Erneuerung der Kirche. 1555 wurde der evangelische Glaube anerkannt.

**Marie Curie (1867–1934)**
Marie Curie war eine berühmte Physikerin und Chemikerin. Zusammen mit ihrem Mann Pierre untersuchte Marie Curie ◦Uran und entdeckte die ◦Radioaktivität dieses ◦Gesteins. Dafür erhielten die Curies den Nobelpreis für Physik.

**Anne Frank (1929–1945)**
Anne Frank lebte mit ihrer ◦Familie in Amsterdam. Weil sie Juden waren, mussten sie sich vor den Nationalsozialisten (◦Nationalsozialismus) in einem Hinterhaus verstecken. Anne schrieb in ihr Tagebuch, was sie im Versteck erlebte. 1944 wurde die Familie Frank verraten und in Konzentrationslager gebracht. Dort starb Anne. Ihr Tagebuch wurde veröffentlicht und weltberühmt.

**Albert Einstein (1879–1955)**
Albert Einstein war Physiker und der berühmteste Wissenschaftler des 20. Jahrhunderts. Von ihm stammt die sogenannte Relativitätstheorie, die das physikalische Weltbild grundlegend veränderte. Für seine Erkenntnisse wurde Einstein mit dem Nobelpreis für Physik ausgezeichnet.

**Mutter Teresa (1910–1997)**
Mutter Teresa hieß eigentlich Agnes Gonxha Bojaxhiu. Mit 18 ◦Jahren wurde sie Nonne. In Kalkutta (Indien) gründete sie 1950 einen eigenen Orden. Seine Mitglieder kümmern sich um ◦Waisen, Kranke und Sterbende. In Indien wurde Mutter Teresa auch als „Engel der Armen" verehrt.

➔ Entdecker, Erfinder, Kloster, Naturwissenschaften, Religionen

Kolumbus

Martin Luther

Marie Curie

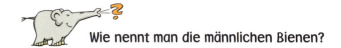 Wie nennt man die männlichen Bienen?

## der Beton

Beton ist ein dicker Brei aus Zement, Sand, ⊙ Wasser und Kies. Beim Trocknen wird Beton hart; man verwendet ihn für den Bau von Häusern und Straßen. In Betonmischfahrzeugen wird Beton zur Baustelle gebracht oder direkt auf der Baustelle hergestellt. Für Hochhäuser oder ⊙ Brücken wird der besonders feste Stahlbeton verwendet. Er besteht aus Beton, in den Stahlstangen eingebettet sind. Beton war schon für die ⊙ Römer ein wichtiger Baustoff. Sie errichteten damit Wohnhäuser und große Gebäude, ⊙ Aquädukte und Straßen.

⇒ Baumaschine

## die Biene

Honigbienen leben in einem Bienenvolk, das 20 000 bis 60 000 Tiere umfasst. Die ⊙ Königin legt täglich bis zu 3000 ⊙ Eier. Nach drei ⊙ Tagen schlüpfen daraus ⊙ Larven, die sich nach einer ⊙ Woche verpuppen. Etwa 10 bis 18 Tage später werden aus den Puppen junge Bienen. Die Arbeitsbienen haben viele Aufgaben: Sie bauen aus ⊙ Wachs die Bienenwaben. In diese sechseckigen Zellen legt die Königin ihre Eier. Sie sammeln Nektar (Zuckersaft der Blüten) und Blütenpollen (Blütenstaub). In ihrem Honigmagen stellen sie daraus ⊙ Honig her. Damit füttern sie die Larven und die Königin. Mit ihrem Giftstachel verteidigen sie das Bienenvolk. In einem Bienenvolk leben auch mehrere Hundert männliche Bienen, die Drohnen. Ihre Aufgabe ist die ⊙ Befruchtung der Königin. Findet eine Arbeitsbiene eine ergiebige Futterstelle, teilt sie den anderen Arbeiterinnen durch tanzartige Flugbewegungen (Schwänzeltanz) den Ort und die Entfernung der Futterstelle mit. Eine Arbeitsbiene lebt etwa vier Wochen.

In einem Bienenstock

**Klettfrucht**

**Klettverschluss**

### die Bionik

Die Bionik ist eine Wissenschaft. Das Wort Bionik setzt sich aus den Begriffen Biologie und ⮕Technik zusammen. Die Bionik nimmt Vorgänge in der ⮕Natur als Vorbild für viele nützliche Erfindungen. Dazu gehört z. B. der Klettverschluss an Jacken oder Schuhen. Vorbild waren die Früchte (⮕Frucht) der Klette. Ihre 200 Widerhaken verhaken sich im ⮕Fell von Tieren oder in der ⮕Kleidung von ⮕Menschen.

⮕ **Naturwissenschaften, Samen**

### das Blatt

Blätter sind wichtige Organe der ⮕Pflanzen. Der Farbstoff Chlorophyll gibt den Blättern ihre grüne ⮕Farbe. Im Herbst wird der Blattfarbstoff abgebaut und die Blätter von vielen Bäumen (⮕Baum) färben sich rot, braun und gelb. ⮕Wasser und Nährstoffe aus dem Boden werden über die ⮕Wurzeln der Pflanzen bis in die ⮕Adern der Blätter geleitet. Im Winter fallen die Blätter ab, weil die Bäume in der kalten Jahreszeit kein Wasser aus der ⮕Erde aufnehmen können. Mithilfe der ⮕Sonne wandelt das Chlorophyll Wasser und ⮕Kohlendioxid in Traubenzucker (⮕Zucker) um. Der Traubenzucker ernährt die Pflanzen. Bei diesem chemischen Vorgang, den man Fotosynthese nennt, entsteht ⮕Sauerstoff, den die Pflanzen an ihre Umgebung abgeben.

⮕ **Lebensraum Wald**

### die Blindenschrift

Mit der Blindenschrift können Blinde oder Sehbehinderte lesen und schreiben. Die Buchstaben sind erhabene Punkte, die man mit den Fingerspitzen ertastet. Nach ihrem ⮕Erfinder Louis Braille wird die ⮕Schrift auch „Brailleschrift" genannt.

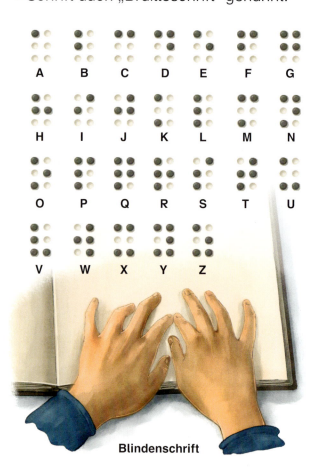
**Blindenschrift**

### die Blume

Eine Blume ist eine ⮕Pflanze, die Blüten trägt. Die Blüten enthalten die Geschlechtsorgane der Blumen. Sie werden schützend von den Kron- und den Kelchblättern umgeben. Die Staubbeutel enthalten den Blütenstaub, auch Pollen genannt. Im Fruchtknoten befinden sich die Samenanlagen. Jeder Fruchtknoten endet oben in der klebrigen Narbe. Bei der Bestäubung muss Blütenstaub auf die Narbe einer Blüte gelangen. Dann erst findet die ●Befruchtung im Fruchtknoten statt. Neue Früchte (●Frucht) mit ●Samen entwickeln sich. Einige Blüten können sich selbst bestäuben. Bei anderen bringen der ●Wind oder ●Insekten den Blütenstaub zur Narbe. Um Insekten anzulocken, haben viele Pflanzen farbenfrohe, duftende Blüten. Die meisten Blumen haben ●Wurzeln. Blumen, die schon am Ende des Winters blühen, haben ●Zwiebeln, z.B. Tulpen oder Krokusse.

### die Brille

Brillen sind Sehhilfen. Wer kurzsichtig ist, sieht weit entfernte Dinge unscharf. Wer weitsichtig ist, kann nahe Dinge wie Buchstaben nicht gut sehen. Das Brillenglas funktioniert dann wie eine ●Linse und korrigiert die Fehlsichtigkeit des Auges. Taucherbrillen, Schweißerbrillen, Schwimmbrillen und Sonnenbrillen schützen das ●Auge.

### die Brücke

**1.** Brücken sind ●Bauwerke, die eine Straße, Eisenbahngleise oder eine Wasserleitung über ein Hindernis führen. Es gibt feste und bewegliche Brücken. Zu den ältesten beweglichen Brücken zählt die Zugbrücke, die man in Burgen aus dem ●Mittelalter findet. Auch heute noch werden bewegliche Brücken, z.B. bei Hafeneinfahrten, gebaut. **2.** Auch die Kommandozentrale auf einem ●Schiff mit allen Steuer- und Navigationseinrichtungen wird Brücke genannt.

**Die Tower Bridge in London ist eine bewegliche Brücke. Die Fahrbahn wird hochgeklappt, damit große Schiffe durchfahren können.**

# das Buch

## Geschichte des Buches

Bereits vor 5000 ◦ Jahren ritzten die ◦ Menschen Schriftzeichen in Tontafeln, um anderen etwas mitzuteilen. Die ◦ Ägypter schrieben auf Papyrusrollen. Und vor etwa 2000 Jahren entstanden erste Bücher aus Pergament, getrockneter Tierhaut. Als man vor etwa 600 Jahren in ◦ Europa das erste ◦ Papier herstellte, mussten Bücher noch mühevoll von Hand abgeschrieben werden. Das taten Mönche im ◦ Kloster, denn sie gehörten zu den wenigen Menschen, die damals lesen konnten. Sie schrieben oft jahrelang an einem Buch und verzierten es kunstvoll. Deshalb waren diese Bücher sehr wertvoll. Mitte des 15. Jahrhunderts erfand Johannes Gutenberg den Buchdruck mit beweglichen Buchstaben, die aus Blei gegossen wurden (Lettern). Zwar musste jeder Text immer noch Buchstabe für Buchstabe von Hand zusammengesetzt werden, aber mithilfe der Druckerpresse konnte man nun beliebig viele Kopien anfertigen. So entstanden immer mehr Bücher, die auch nicht mehr so teuer waren. Heute werden die Buchseiten am ◦ Computer gestaltet und die Daten auf die Druckplatten übertragen.

Schriftrolle

Mönche schrieben Bücher ab.

## Wie entsteht ein Buch?

Zuerst schreibt ein Autor einen Text. Entweder hatte er selbst die Idee dazu oder er wurde von einem Verlag beauftragt, zu einem bestimmten Thema zu schreiben. Ein Verlag ist eine Firma, die Bücher oder Zeitschriften herstellt und verkauft. Dort arbeiten Lektoren und Redakteure, die die Texte der Autoren lesen und Verbesserungsvorschläge machen. Illustratoren

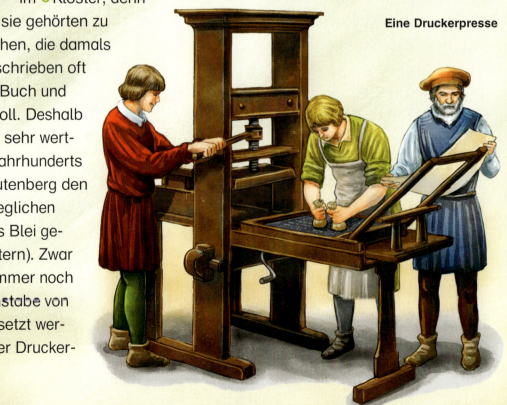
Eine Druckerpresse

Johann Wolfgang von Goethe (links) und Friedrich Schiller (rechts)

zeichnen Bilder zu den Texten. Die einzelnen Seiten werden dann von der Setzerei am Computer schön gestaltet. Zum Schluss werden alle Seiten gedruckt, zusammengeheftet und mit einem Umschlag versehen. Bücher können auch auf Lesegeräten gelesen werden. Dazu muss man die Daten der sogenannten E-Books (gesprochen: i-buk) aus dem ◯ Internet herunterladen.
Es gibt verschiedene Arten von Büchern: z. B. Gedichtbände mit vielen ◯ Gedichten, Nachschlagewerke oder Sachbücher, die über Themen wie Tiere oder ◯ Technik informieren. Bilderbücher sind vor allem für kleine Kinder gedacht. Geschichtenbücher enthalten kurze oder längere Erzählungen. Wenn eine Geschichte ein ganzes Buch füllt, ist es ein Roman.

### Berühmte Autoren

In allen Ländern gibt es Autoren, die auf der ganzen Welt bekannt sind. Zu ihnen gehören auch die deutschen Dichter Johann Wolfgang von Goethe (1749–1832) und Friedrich Schiller (1759–1805). Sie schrieben Romane, Theaterstücke, Reiseberichte und Gedichte. Goethes berühmtestes Werk ist das Theaterstück „Faust", an dem er fast 60 Jahre lang immer wieder arbeitete. Bekannte Gedichte von ihm sind z. B. „Der Zauberlehrling" und „Der Erlkönig". Andere Autoren schreiben vor allem für Kinder, so wie die Schwedin Astrid Lindgren (1907–2002). Auch sie ist weltberühmt. Ihre Bücher wurden in über 70 ◯ Sprachen übersetzt und mehrfach mit Preisen ausgezeichnet. Zu ihren bekanntesten Helden zählen Pippi Langstrumpf, Ronja Räubertochter und Michel aus Lönneberga.

### Bücherei

In einer Bücherei kann man sich Bücher, Hörbücher, Spiele, Filme und ◯ CDs ausleihen. Viele Büchereien bieten auch gemütliche Schmökerecken, Computerarbeitsplätze mit Internetzugang und Veranstaltungen für Kinder an.

**In der Bücherei**

➔ Comic, Fabel, Lexikon, Literatur, Märchen, Medien, Sage, Schrift, Science-Fiction, Wörterbuch

### die CD

CD ist die Abkürzung für die englische Bezeichnung „Compact Disc". Auf einer CD können Zeichen, Bilder oder ◯ Musik gespeichert werden.

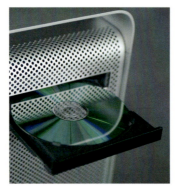

**CD und CD-Laufwerk**

Alle Informationen, egal ob Foto oder Musik, werden als winzig kleine Vertiefungen in die CD geprägt. Abgespielt werden sie im ◯ CD-Player. Es gibt verschiedene Arten von CDs: Auf einer „CD-R" kann man einmal Informationen speichern, auf einer „CD-RW" geht dies öfter. Die „CD-ROM" kann nur abgespielt werden. Eine ◯ DVD („Digital Versatile Disc") sieht aus wie eine CD; auf ihr können aber weitaus mehr Daten gespeichert werden, auch Filme. Abgespielt werden sie vom ◯ DVD-Player. Blu-ray Discs haben die höchste Speicherkapazität und bieten die beste Bildqualität.

→ Computer

### der CD-Player / DVD-Player

Der CD-Player ist das Gerät, mit dem man CDs abspielt; DVDs werden mit dem DVD-Player abgespielt. Ein Laserstrahl tastet die Vertiefungen auf den ◯ CDs oder DVDs ab und wandelt die gespeicherten Informationen in Zeichen, Bilder oder Töne um. In ◯ Computern sind DVD-Laufwerke eingebaut, mit denen sich CDs und DVDs abspielen lassen.

→ Computer, Laser

### der Comic

Comics sind Bildergeschichten. In Denk- oder Sprechblasen stehen die Texte, die die Comicfiguren sprechen. Mickymaus ist wohl die berühmteste Comicfigur der Welt. Der bekannteste europäische Comic ist „Asterix und Obelix". Eine neue Form des Comics stammt aus Japan, die „Mangas".

### der Computer

→ Seite 33

### der Container

Container sind große Behälter, in denen Waren transportiert werden. Sie sind alle gleich groß und können aufeinandergestapelt werden. Sattelschlepper, Güterzüge, Flugzeuge und ◯ Schiffe bringen die Container in alle Welt. Auch die Sammelbehälter für Altglas, ◯ Papier und ◯ Kunst- stoff sind Container.

→ Hafen, Recycling

### der Cowboy

Cowboys waren Viehhirten in ◯ Nordamerika, die auf ihren ◯ Pferden große Rinderherden zu den Viehmärkten in den Großstädten trieben. Lasso und Brandeisen waren ihre wichtigsten Werkzeuge. Mit dem Lasso fingen sie Rinder ein. Mit dem Brandeisen wurde das Zeichen des Rinderzüchters in das ◯ Fell des Rindes gebrannt. Ihr Hut schützte die Cowboys vor ◯ Regen und ◯ Sonne. Beinschützer aus Leder wurden über der Hose getragen.

# der Computer

Computer sind aus unserem Alltag nicht mehr wegzudenken. Ein Computer ist eine Art Rechenmaschine: Mit ihm kann man schreiben, rechnen, Texte und Bilder erstellen und bearbeiten, man kann E-Mails verschicken und empfangen, ⮕ Musik hören, Filme ansehen, Spiele spielen und in das ⮕ Internet gelangen. Man nennt den Computer auch „PC", das bedeutet „Personal Computer". Die elektronischen Informationen heißen „Daten". Einer der ersten Computer wurde 1946 in den USA gebaut. Er brauchte den Platz von etwa drei Klassenzimmern, wog so viel wie acht Lkw und benötigte so viel ⮕ Strom wie drei U-Bahn-Linien.

## Hardware

Die Geräte, die zu einem Computer gehören, bezeichnet man als „Hardware". Dazu zählen im Wesentlichen der Rechner, in dem die Computerprogramme arbeiten, der Bildschirm (Monitor) und die Tastatur, mit der man Buchstaben und ⮕ Zahlen eintippen kann. Mit der sogenannten Maus kann man an verschiedene Stellen auf dem Bildschirm klicken. Mit dem Drucker druckt man Bilder und Texte aus.

## Software

Die Programme, die auf dem Computer laufen, nennt man „Software". Ohne Software ist der Computer nur ein Gerät, das man ein- und ausschalten kann. Erst die Software sagt dem Computer, was er tun soll. Jeder Computer hat ein Betriebsprogramm, das den Computer steuert. Es sorgt dafür, dass der Computer sämtliche Befehle seines Anwenders versteht und ausführt. Will man schreiben, rechnen, E-Mails verschicken, Musik hören oder zeichnen, braucht man entsprechende Programme.

## Überall gibt es Computer

Viele ⮕ Menschen arbeiten mit einem Computer. In großen Industriebetrieben sind die Computerarbeitsplätze mit einem großen Rechner verbunden (vernetzt), der riesige Datenmengen speichern kann. Einen kleinen, tragbaren Computer nennt man „Laptop". Die kleinsten Computer sind die flachen „Tablet-Computer", z. B. das iPad. Man bedient ihn über den berührungsempfindlichen Bildschirm. Damit kann man auch unterwegs arbeiten oder spielen.

iPad

Auch Flugzeuge, Waschmaschinen, ⮕ Autos oder ⮕ Uhren werden von Computern gesteuert. Computergesteuert sind auch die Playstation und die Scannerkasse im Supermarkt. Das Lesegerät der Computerkasse liest den Strichcode ein und erkennt den Preis der Ware.

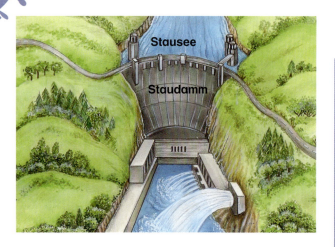

### der Damm

Dämme werden gebaut, um Land vor Überschwemmungen zu schützen, z.B. an der Meeresküste. Mit einem Staudamm wird ein ◦Fluss aufgestaut. Hinter dem Staudamm bildet sich dann ein Stausee. Das ◦Wasser des Sees gelangt über Wasserleitungen in die Häuser; es wird auch gebraucht, um Felder zu bewässern. Staudämme können auch dazu genutzt werden, elektrischen ◦Strom zu gewinnen.

➔ Energie

### die Dampfmaschine

Wenn ◦Wasser kocht, verwandelt es sich in Wasserdampf. Wird Wasser in einem geschlossenen Behälter erhitzt, kann der entstehende Dampf nicht entweichen. Es entsteht ein großer Druck. Die erste Dampfmaschine aus dem ◦Jahr 1712 nutzte diesen Druck aus: In einem Kessel wurde Wasser erhitzt. Der aufsteigende Wasserdampf drückte einen Kolben (ein bewegliches Maschinenteil) in einem röhrenförmigen Körper (Zylinder) nach oben. Sobald der Dampf abkühlte und sich in Wasser verwandelte, bewegte sich der Kolben wieder nach unten. So wurden früher ◦Maschinen, ◦Eisenbahnen und ◦Schiffe angetrieben.

### der Delfin

Delfine sind ◦Säugetiere, die den ◦Walen zugeordnet werden. Sie atmen mit der Lunge und die Weibchen säugen ihre Jungen. Delfine fressen kleine ◦Fische, Krebse und Tintenfische. Durch Pfiffe und Klicklaute verständigen sie sich untereinander. Mit Schallwellen, die von Beutetieren oder Hindernissen zurückgeworfen werden, orientieren sich Delfine im Meer. Mit 9 m Länge ist der Schwertwal (Orca) der größte Delfin. Delfine sind intelligente Tiere und sehr gelehrig.

➔ Schall, Tierreich

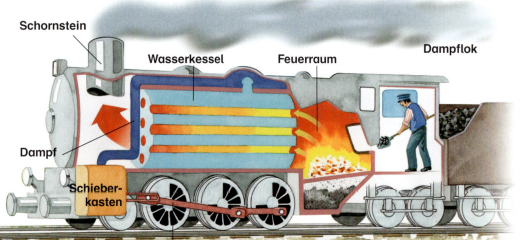

**Im Feuerraum der Dampflok wird Kohle verbrannt. Dadurch wird das Wasser im Kessel erhitzt. Wasserdampf steigt auf und wird zum Schieberkasten weitergeleitet. Dort treibt der Dampf über die Treibstangen die Räder (◦Rad) an. Durch den Schornstein entweichen die ◦Abgase.**

 Was gibt uns Energie?

Delfine

### die Demokratie
Demokratie heißt „Herrschaft des Volkes". Die Bevölkerung eines Landes bestimmt die Regierung durch ⇒Wahlen. Das ⇒Volk wählt die Abgeordneten der verschiedenen Parteien, die es im Parlament vertreten. In ⇒Deutschland heißt das Parlament Bundestag, in ⇒Österreich Nationalrat, in der ⇒Schweiz Bundesversammlung. Die Regierung übernimmt die politische Führung eines Landes. In einer Demokratie haben alle ⇒Menschen die gleichen ⇒Rechte und Pflichten.
⇨ Diktatur, Politik

### die Demonstration
**1.** Bei einer Demonstration wollen ⇒Menschen auf Straßen oder Plätzen auf politische Probleme aufmerksam machen oder für bestimmte Anliegen eintreten. Auf Plakaten und über Lautsprecher äußern sie ihre Meinung. **2.** Bei einer Demonstration wird Zuschauern vorgeführt, wie etwas funktioniert, z.B. ein neuer Automotor.
⇨ Diktatur

### Deutschland
⇨ Seite 36

### der Diabetes
Diabetes wird auch Zuckerkrankheit genannt. Für die Körperzellen ist ⇒Zucker der wichtigste Energielieferant. Insulin hilft, dass die ⇒Zellen den Zucker aufnehmen können. Fehlt einem ⇒Menschen Insulin oder hat er zu wenig davon, so bekommen seine Körperzellen nicht genug ⇒Energie.
⇨ Gesundheit und Ernährung, Krankheit, menschlicher Körper, Zelle

### der Dialekt
Ein Dialekt ist eine besondere Form einer ⇒Sprache. Obwohl in ⇒Deutschland, ⇒Österreich und in Teilen der ⇒Schweiz Deutsch gesprochen wird, klingt es nicht überall gleich. Buchstaben oder Wörter (⇒Wort) werden anders ausgesprochen oder es gibt unterschiedliche Bezeichnungen für eine Sache, z.B. Semmel, Schrippe oder Wecken für „Brötchen".

### Digital
Der ⇒Computer arbeitet mit digitalen Daten. Alle Texte und Bilder, die man in den Computer eingibt, werden in Zahlenreihen aus den Ziffern 1 und 0 übertragen. Die digitalen Daten werden im Computer verarbeitet und gespeichert.

### die Diktatur
In einer Diktatur bestimmt nicht das ⇒Volk, sondern ein Einzelner (Diktator) oder eine Partei. Die ⇒Menschen dürfen ihre Meinung nicht frei äußern. Sie haben kaum ⇒Rechte und keine freien ⇒Wahlen.
⇨ Demokratie

35

# Deutschland

Deutschland liegt mitten in ➲ Europa und hat neun Nachbarländer. Die Nordsee und die Ostsee bilden im Norden des Landes eine natürliche ➲ Grenze. Deutschland ist eine ➲ Demokratie und nach Russland das bevölkerungsreichste Land Europas.

**Aus der jüngsten Geschichte**
Als Deutschland 1945 den Zweiten ➲ Weltkrieg verloren hatte, kam es 1949 zur Gründung von zwei deutschen ➲ Staaten: die Bundesrepublik Deutschland (BRD) im Westen und die Deutsche Demokratische Republik (DDR) im Osten.

Der Reichstag in Berlin ist Sitz des Deutschen Bundestages.

Nach 40 ➲ Jahren öffnete die DDR 1989 ihre Grenzen und ein Jahr später folgte die ➲ Wiedervereinigung der beiden deutschen Staaten. Berlin wurde Hauptstadt. Deutschland besteht aus 16 Bundesländern. Die Städte (➲ Stadt) Berlin, Bremen und Hamburg sind eine Besonderheit, da sie zugleich auch Bundesländer sind.

**Natur**
Deutschland besitzt drei große ➲ Landschaften: das Tiefland im Norden, die Mittelgebirge und im Süden die ➲ Alpen. Das Norddeutsche Tiefland ist sehr flach. Landschaftlich einzigartig ist das ➲ Watt an der Nordseeküste. In der Nordsee liegen die nordfriesischen Inseln, wie z. B. Sylt und Föhr, in der Ostsee die großen Inseln Rügen und Usedom. Mecklenburg-Vorpommern im Nordosten ist sehr seenreich und ein Paradies für Vögel (➲ Vogel) wie Kraniche und Störche. Die Lüneburger ➲ Heide in Niedersachsen ist die größte Heidelandschaft. Im Landesinneren Deutschlands liegen die bewaldeten Mittelgebirge wie z. B. der Harz, der Thüringer Wald und das Erzgebirge. Der Feldberg (1493 m) im Schwarzwald ist der höchste Mittelgebirgsgipfel. In den Wäldern leben vor allem Hirsche, Rehe, Wildschweine und Füchse. Südlich der Schwäbischen und Fränkischen Alb beginnen das Alpenvorland und die Alpen. Im Süden Baden-Württembergs grenzt der Bodensee an die Nachbar-

Die Zugspitze ist der höchste deutsche Berg.

**Fläche:** etwa 360 000 km²
**Hauptstadt:** Berlin, 3,4 Millionen Einwohner
**Nationalfeiertag:** 3. Oktober (Tag der Deutschen Einheit)
**Höchster Punkt:** Zugspitze, 2962 m
**Gesamtbevölkerung:** etwa 82,5 Millionen

Schriftsprache ist das Hochdeutsch. Deutschland gilt in der ▸Geschichte als das „Land der Dichter und Denker", denn die deutsche ▸Literatur (z. B. Goethe, Schiller) und ▸Musik (z. B. Bach, Beethoven, Wagner) hatten großen Einfluss.

### Wirtschaft

Deutschland ist eines der führenden Industrieländer der Welt, obwohl es außer Kohle, Eisen und ▸Salz kaum Bodenschätze besitzt. Hergestellt werden z. B. ▸Autos, ▸Maschinen, elektrotechnische Geräte und chemische Produkte. Etwa die Hälfte

**Der Flughafen in Frankfurt/Main ist der größte in Europa.**

der Gesamtfläche wird landwirtschaftlich genutzt. Deutschland ist aufgrund der Landschaften und Sehenswürdigkeiten, wie z. B. Schloss Neuschwanstein in Bayern, ein beliebtes Reiseland.

➡ **Industrie, Landwirtschaft, Wirtschaft**

länder ▸Österreich und ▸Schweiz. Er ist einer der größten Seen Europas und ein wichtiger Trinkwasserspeicher. Längster deutscher ▸Fluss ist der Rhein (852 km).

➡ **Gebirge, Lebensraum Wald, Wasser**

### Land und Leute

Ein Drittel der Bevölkerung lebt in großen Städten wie Berlin, Hamburg, Dresden, Köln, Stuttgart und München. Eine der am dichtesten besiedelten Regionen ist das Ruhrgebiet. Die Deutschen sprechen viele ▸Dialekte, wie z. B. Plattdeutsch, Hessisch, Schwäbisch oder Sächsisch.

### die Diskriminierung

Diskriminierung bedeutet, dass manche ▸Menschen benachteiligt oder schlechter behandelt werden als andere. Menschen werden z. B. wegen ihrer Hautfarbe, ihrer Herkunft, ▸Religion oder ihrer politischen Meinung diskriminiert. Viele Leute haben ▸Vorurteile. Sie denken z. B., dass die anderen gewalttätig oder dumm sind, auch wenn dies gar nicht stimmt.

### die Diskussion

Bei einer Diskussion versuchen ▸Menschen mit unterschiedlichen Meinungen sich gegenseitig von ihrem Standpunkt zu überzeugen. Anders als bei einem Streit beschimpfen sie sich nicht, sondern sie hören einander zu, fallen sich nicht ins ▸Wort und melden sich, wenn sie etwas sagen wollen. Häufig gibt es einen Diskussionsleiter, der darauf achtet, dass alle zu Wort kommen und sich fair verhalten. Im Fernsehen kann man Diskussionen von Politikern sehen, z. B. vor oder nach ▸Wahlen.

### der Dolmetscher

Ein Dolmetscher übersetzt das, was jemand in einer fremden ▸Sprache sagt, in eine andere Sprache. Dolmetscher werden z. B. gebraucht, wenn sich ▸Menschen aus verschiedenen Ländern zu einem Vortrag oder einer Besprechung treffen. Politiker werden bei ihren Auslandsreisen von Dolmetschern begleitet. Jemand, der Bücher (▸Buch) oder Aufsätze in andere Sprachen überträgt, nennt man Übersetzer.

### das Doping

Manchmal nehmen Sportler besondere ▸Medikamente, um ihre Leistung zu verbessern. Sie hoffen, noch schneller laufen oder noch weiter springen zu können. Das ist nicht fair und deshalb auch verboten. Außerdem ist es für die ▸Gesundheit gefährlich. Im Urin oder Blut kann man feststellen, ob ein Sportler Dopingmittel genommen hat. Wenn ein Sportler sich gedopt hat, wird er disqualifiziert, d. h., er darf nicht mehr am Wettkampf teilnehmen oder eine Medaille wird ihm aberkannt.

▸ Sport

### das Dorf

Ein Dorf ist kleiner als eine ▸Stadt. Hier wohnen weniger ▸Menschen. Früher lebten meist nur Bauern in den Dörfern. In den Dörfern standen oft nur ein paar ▸Bauernhöfe. Heute gibt es in den Dörfern viel mehr Häuser und Dorfbewohner. Es gibt Einkaufsmöglichkeiten, einen Kindergarten, die Grundschule und Ärzte. Viele Dorfbewohner arbeiten außerhalb des Dorfes in einer Stadt oder im Industriegebiet.

▸ Industrie

### die Droge

Drogen sind Mittel, die z. B. aufputschen, beruhigen oder ▸Schmerzen lindern. Koffein im ▸Kaffee, ▸Tabak, ▸Alkohol und Arzneimittel sind erlaubte Drogen. Rauschmittel wie Haschisch, Heroin, Kokain oder Ecstasy sind verboten. Wer sie kauft, verkauft oder verwendet, macht sich strafbar. Drogen sind gefährlich

für die ◯ Gesundheit und können süchtig machen. Wer zu viel von einer Droge zu sich nimmt, kann daran sterben.
◯ Sucht

### der Dschungel
Dschungel ist eine andere Bezeichnung für die riesigen ◯ Regenwälder in ◯ Süd- und Mittelamerika, ◯ Afrika und ◯ Asien nördlich und südlich des ◯ Äquators. Das ◯ Klima im Dschungel ist feucht und warm.

### die Düne
Dünen sind durch ◯ Wind angehäufte Sandhügel an ◯ Küsten oder in ◯ Wüsten. Sie können bis zu 200 m hoch werden. Manche Dünen werden durch den Wind weiter vorwärtsgeweht und zerstören dabei fruchtbaren Boden. Man nennt sie Wanderdünen. Durch Bepflanzung der Dünen wird das Wandern verhindert.

### die Dürre
Wenn es längere ◯ Zeit nicht regnet und der Boden stark ausgetrocknet ist, spricht man von einer Dürre. Die Böden werden rissig und die ◯ Pflanzen vertrocknen. Tiere finden dann kaum noch Nahrung.

### der Düsenantrieb
Düsenflugzeuge wie die Boeing 747 haben ein Strahltriebwerk.

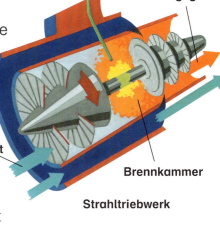

Damit erreichen sie ◯ Geschwindigkeiten von fast 1000 km/h. Das Strahltriebwerk saugt ◯ Luft an. In der Brennkammer vermischt sie sich mit Brennstoff. Dabei entstehen heiße ◯ Gase, die in einem Strahl hinten herausschießen und das Flugzeug nach vorn stoßen.
◯ Luftfahrt

### die DVD
DVD ist die Abkürzung für „Digital Video Disc" oder „Digital Versatile Disc". Sie sieht aus wie eine ◯ CD und wird auch von einem ◯ Laser gelesen. Anders als die CD können bei der DVD beide Seiten benutzt werden. Deshalb ist die DVD für digitale Filme und Videos geeignet.
◯ CD-Player/DVD-Player

### das Dynamit
Dynamit ist ein Sprengstoffgemisch und wurde 1866 von Alfred Nobel erfunden. Es besteht in der Hauptsache aus Nitroglycerin, das schon bei leichteren Erschütterungen explodiert. Dynamit wurde früher im Eisenbahnbau und in Bergwerken gebraucht. Heute verwendet man Sprengstoff, der sicherer zu benutzen ist.

Düne

### die Ebbe und die Flut

Ebbe und Flut werden auch „die Gezeiten" genannt. Sie sind regelmäßige Bewegungen des ➜ Ozeans und werden vom ➜ Mond ausgelöst. Der Mond zieht wie ein ➜ Magnet die Wassermassen an. Wenn sich das ➜ Wasser zurückzieht und an den ➜ Küsten der Meeresboden („Wattenmeer") sichtbar wird, spricht man von Ebbe. Bei Flut steigt das Wasser wieder an und überflutet den Meeresboden. Ebbe und Flut dauern zusammen etwa 12 Stunden.

Ebbe

Flut

➜ Watt

### das Echo

Wenn wir etwas rufen, breitet sich der Ruf als Schallwellen in alle Richtungen aus. Treffen die Schallwellen auf ein Hindernis wie z. B. einen ➜ Berg oder eine Tunnelwand, so werden sie wieder zurückgeworfen. Dann hören wir einige ➜ Zeit später ein Echo. Das Hindernis muss mindestens 33 m entfernt sein, sonst kann das ➜ Ohr nicht zwischen Ruf und dem Rückruf unterscheiden.

➜ Schall

### der Edelstein

Edelsteine sind in ➜ Gesteinen eingeschlossene ➜ Minerale. Sie sind besonders hart und haben verschiedene ➜ Farben. Sie werden geschliffen, poliert und zu Schmuck verarbeitet. Der wertvollste Edelstein ist der Diamant.

### das Ei

Ein Ei ist eine weibliche Geschlechtszelle (➜ Zelle), die nach der ➜ Befruchtung zu einer neuen ➜ Pflanze oder einem neuen Lebewesen heranwächst. Wie jedes Vogelei ist das Hühnerei von einer harten Kalkschale umgeben und im Inneren befinden sich das Eiweiß und der Dotter. Wird das Ei befruchtet, entwickelt sich ein Küken. Eiweiß und Dotter dienen ihm als Nahrung. Ist das Küken ausgewachsen, bricht es mit seinem Schnabel die Kalkschale auf und schlüpft heraus. Bei den meisten ➜ Säugetieren wachsen die befruchteten Eizellen im Körper der Mutter heran.

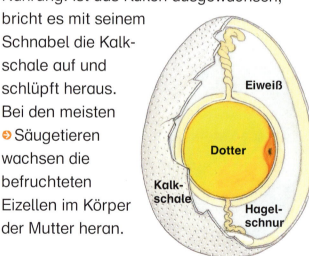

### das Eichhörnchen

Das Eichhörnchen ist ein Nagetier, das auf allen ➜ Kontinenten vorkommt, nur nicht in ➜ Australien. Das europäische Eichhörnchen lebt in Wäldern und Parkanlagen. Dort springt der geschickte Kletterer bis zu 3 m weit von einem ➜ Baum zum anderen. Mit dem buschigen Schwanz hält es

Eichhörnchen-kobel

das Gleichgewicht. In den Baumkronen baut das Eichhörnchen aus Zweigen und Laub sein Nest, den Kobel. Darin überwintert es auch. Das Eichhörnchen ernährt sich von Nüssen, Beeren und ⇒ Samen. Im Herbst vergräbt es Nüsse und Eicheln als Vorrat für den langen Winter.

⇒ **Lebensraum Wald, Winterschlaf**

### der Eisberg

Eisberge sind von einem ⇒ Gletscher oder vom Eis abgebrochene Teile, die in den ⇒ Meeren am ⇒ Süd- und ⇒ Nordpol treiben. Große Eisberge werden von Pinguinen und Robben als Rastplatz benutzt. Für die Schifffahrt sind Eisberge gefährlich, da nur ein kleiner Teil davon aus dem ⇒ Wasser ragt. 1912 sank das berühmte Passagierschiff „Titanic" nach einem Zusammenstoß mit einem Eisberg.

### die Eisenbahn

Die ersten Eisenbahnen waren ⇒ Dampfmaschinen auf Rädern (⇒ Rad). Heute werden die Eisenbahnzüge elektrisch oder mit Dieselmotoren angetrieben. Die Züge transportieren Personen und Güter über ein weit verzweigtes Schienennetz. Da sie weniger ⇒ Energie verbrauchen als ⇒ Autos, Lastwagen oder Flugzeuge, entlasten sie die Umwelt. Der ICE ist der modernste Zug in ⇒ Deutschland. Er fährt über 300 km/h. Die höchste Eisenbahnlinie ist der Andenexpress, der 4818 m über dem Meeresspiegel verkehrt. Die Transsibirische Eisenbahn („Transsib") ist die längste Bahnstrecke. Eine Fahrt von Moskau (Russland) nach Peking (China) dauert acht ⇒ Tage.

⇒ **Motor, Umweltschutz**

### die Eiszeit

In den Eiszeiten bedeckten riesige Eisflächen große Teile der ⇒ Erde. Jede Eiszeit dauerte mehrere Tausend ⇒ Jahre. Das ⇒ Klima war sehr kalt, die ⇒ Gletscher breiteten sich aus und der Meeresspiegel sank. Dadurch entstand eine Landbrücke zwischen ⇒ Nordamerika und ⇒ Asien, über die die Vorfahren der ⇒ Indianer nach Nordamerika einwanderten. Tiere wie das Mammut oder das Wollnashorn passten sich mit ihrem dichten ⇒ Fell den kalten Lebensbedingungen an. Im Eiszeitalter wechselten sich kältere und wärmere ⇒ Zeiten ab. Die letzte Eiszeit endete vor 11 000 Jahren.

Eisberg

⇒ **Erdzeitalter**

# die Energie

Energie ist die bewegende Kraft auf der ⇒ Erde. In der Physik bedeutet Energie gespeicherte Arbeit. Das kann man mit Essen vergleichen: Wer gut gegessen hat, hat genug Kraft und Energie für seine Arbeit. Wir benötigen elektrische Energie, nämlich ⇒ Strom für den ⇒ Computer, Haushaltsgeräte oder das Radio.

Wasserkraftwerk

**Energie aus Kraftwerken**
Seit 150 ⇒ Jahren nutzen wir natürliche Energiequellen wie Kohle, ⇒ Gas oder ⇒ Öl. In Wärmekraftwerken werden diese ⇒ Rohstoffe verbrannt. Die Hitze des ⇒ Feuers bringt ⇒ Wasser zum Verdampfen. Der aufsteigende Wasserdampf treibt große Schaufelräder (⇒ Turbinen) an. Diese Bewegungsenergie wird mithilfe von ⇒ Generatoren in Strom umgewandelt. Erdöl ist dabei der bedeutendste Energielieferant. Die meisten Erdölfelder liegen unter ⇒ Wüsten, Urwäldern und unter dem Meeresboden. Durch diese Arten der Energiegewinnung wird die Umwelt belastet. Das Verbrennen von Öl, Kohle und Gas lässt ⇒ Abgase entstehen, die unserer Umwelt schaden. Man kann Energie auch in Atomkraftwerken erzeugen. Dabei werden keine Abgase frei, aber es entsteht radioaktiver Abfall, der sehr gefährlich ist. Energie sollte nie verschwendet werden. Wer Energiesparlampen benutzt und beim Zähneputzen das Wasser nicht laufen lässt, spart Energie.

⇒ Abgase, Atom, Radioaktivität

**Erneuerbare Energie**
Erdöl, Gas und Kohle werden irgendwann verbraucht sein. Deshalb werden zunehmend Energien genutzt, die sich selbst immer wieder erneuern: Das sind die

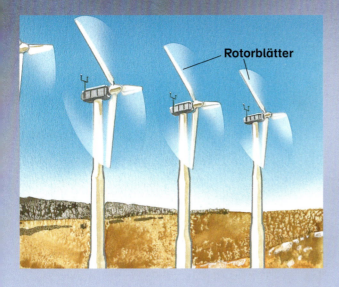

**Rotorblätter**

Die Windenergie wird im Windkraftwerk in elektrischen Strom umgewandelt.

**Spiegel**

Die Spiegel des Sonnenkraftwerks bündeln die Sonnenstrahlen. So entsteht Wärme, die zur Gewinnung von Strom genutzt wird.

Sonnenenergie, die Windenergie und die Wasserenergie. Moderne ⮕Technik hilft bei ihrer Nutzung. Auf der Erde kommt alle Energie von der ⮕Sonne. Sie erwärmt die Erde, lässt ⮕Pflanzen wachsen und ist für das ⮕Wetter verantwortlich. Die Sonne liefert in jeder Sekunde so viel Energie, wie alle ⮕Menschen pro Jahr verbrauchen. Viele Energiekraftwerke nutzen die Energie der Sonne und wandeln sie in elektrische Energie um. Durch Sonnenkollektoren, z.B. auf Hausdächern, wird Wasser erhitzt. Solaranlagen wandeln die Sonnenenergie in elektrische Energie um. Bei einem Wasserkraftwerk werden Turbinen durch die Kraft von fließendem Wasser angetrieben. Windkraftwerke nutzen die Kraft des Windes. Der ⮕Wind dreht die Rotorblätter. Die Rotorblätter setzen Generatoren in Bewegung und gewinnen so elektrische Energie.

⮕ Damm

**Kohlekraftwerk**

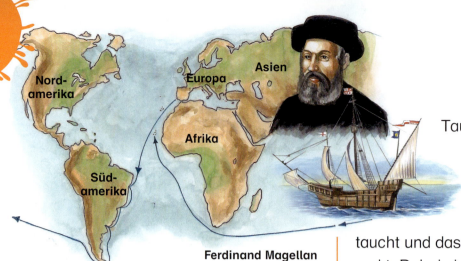

Ferdinand Magellan

### der Entdecker

Viele Länder der ▸ Erde wurden von Seefahrern entdeckt, die den Mut hatten, in unerforschte Gebiete aufzubrechen. Zu den großen Entdeckern gehören Christoph Kolumbus, der 1492 Amerika entdeckte, und Ferdinand Magellan, der 1522 den Seeweg um Amerika herum nach ▸ Asien fand. Auch Forscher können Entdecker sein: Der Archäologe Howard Carter fand 1922 das Grab des ▸ Pharao Tutanchamun.

▸ Berühmte Menschen

Howard Carter

### die Ente

Enten sind Wasservögel. Zwischen ihren Zehen haben sie Schwimmhäute. Damit können sie im ▸ Wasser paddeln. Ihr Gefieder streichen sie mit Fett aus der Bürzeldrüse am Schwanz ein. Dadurch bleibt es wasserdicht und schützt sie vor kaltem Wasser. Man unterscheidet Schwimm- und Tauchenten. Die bekannteste heimische Schwimmente ist die Stockente. Sie sucht ihre Nahrung, indem sie den Kopf untertaucht und das Hinterteil in die Höhe reckt. Dabei siebt sie mit ihrem Schnabel ▸ Samen und ▸ Insekten aus dem Wasser. Dies nennt man auch Gründeln. Die männliche Ente, der Erpel, hat ein buntes Gefieder. Das Weibchen trägt eine braune Tarnfarbe. Damit bleibt sie beim Ausbrüten ihrer ▸ Eier im ▸ Schilf verborgen.

▸ Feder, Tierreich, Vogel

### das Entwicklungsland

Entwicklungsländer sind Länder, in denen es wenig ▸ Industrie gibt und ein Großteil der ▸ Menschen sehr arm ist. Viele haben keine Arbeit und nur wenige können lesen und schreiben. Es gibt zu wenig ▸ Schulen und Krankenhäuser. Die meisten Entwicklungsländer gibt es in ▸ Afrika, ▸ Asien und ▸ Südamerika.

### das Erdbeben

Bei einem Erdbeben bewegt sich die Erdoberfläche. Die Beben entstehen, wenn sich die Erdplatten verschieben, aus denen die Erdkruste besteht. Diese

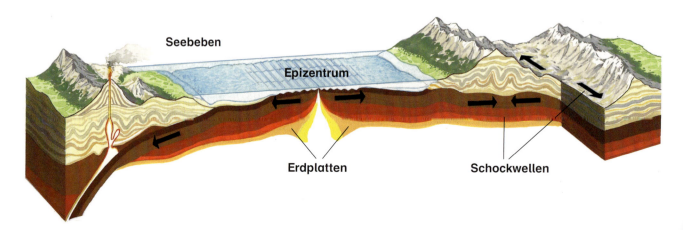

 Was ist ein Tsunami?

Gesteinsplatten können plötzlich brechen oder sich ruckartig verschieben. Durch den Ruck entstehen Schockwellen, die sich durch das ⇨Gestein ausbreiten. Mit einem Seismografen kann die Stärke der Schockwellen gemessen werden. Die Erdoberfläche kann aufbrechen. Die Stelle über dem Erdbebenherd nennt man Epizentrum. Bei Seebeben liegt der Erdbebenherd unter dem Meeresboden. Dabei entstehen Wellen mit über 30 m Höhe, sogenannte Tsunamis, die schwere Überschwemmungen zur Folge haben können.

**Die Schichten der Erde** (Mantel, Erdkruste, Äußerer Kern, Innerer Kern)

### die Erde

**1.** Die Erde ist fast 5 Milliarden ⇨Jahre alt. Die Erdkugel umgibt eine Gashülle, die ⇨Sauerstoff enthält. 70 Prozent der Erdoberfläche sind mit ⇨Wasser bedeckt. Wasser und Sauerstoff sind Voraussetzungen dafür, dass es Leben auf der Erde gibt. Die Erde ist aus vier Schichten aufgebaut. Die äußere Erdkruste ist 30 bis 60 km dick. Dann folgen der Erdmantel und der Erdkern. Im inneren Kern herrschen ⇨Temperaturen von 7000 °C. Die Erde gehört zu den neun Planeten, die um die ⇨Sonne kreisen. **2.** Erde ist eine Schicht auf der Erdoberfläche, die das ⇨Gestein der Erde bedeckt. Aus der Erde wachsen ⇨Pflanzen und Bäume (⇨Baum).

⇨ **All, Atmosphäre, Jahreszeiten, Tag und Nacht**

### das Erdzeitalter

Wissenschaftler teilen die ⇨Geschichte der ⇨Erde in vier Erdzeitalter ein.

**1. Erdfrühzeit (Präkambrium):**
vor 4000–570 Millionen ⇨Jahren:

⇨Bakterien und ⇨Algen entstehen.

**2. Erdaltertum (Paläozoikum):**
vor 570–250 Millionen Jahren:

Erste Weichtiere (⇨Quallen), Wirbeltiere (⇨Fische) und ⇨Insekten erscheinen. Auf dem sumpfigen Land wachsen ⇨Farne. ⇨Amphibien wechseln vom ⇨Wasser auf das Land und entwickeln sich zu ⇨Reptilien.

**3. Erdmittelalter (Mesozoikum):**
vor 250–65 Millionen Jahren:

Die ersten ⇨Säugetiere und ⇨Saurier leben auf der Erde. Wassertiere wie Ammoniten leben im warmen ⇨Meer. Auf der Erde herrscht tropisches ⇨Klima. Die Saurier sterben aus.

**4. Erdneuzeit (Neozoikum):**
vor 65 Millionen Jahren bis heute:

Vögel und Säugetiere entwickeln sich weiter. ⇨Nadel- und ⇨Laubbäume breiten sich aus. Affen und menschenähnliche Wesen tauchen auf. ⇨Eiszeiten beherrschen die Erde. Vor etwa 4 Millionen Jahren taucht der erste ⇨Mensch auf (der Australopithecus).

⇨ **Fossilien, Vogel**

### der Erfinder

Täglich nutzen wir die großartigen Ideen von Erfindern, z.B. wenn wir das ⇒ Licht einschalten oder den Reißverschluss schließen. Viele Erfinder sind berühmt geworden: Alexander Graham Bell mit dem ersten ⇒ Telefon (1876) und Thomas A. Edison mit der Entwicklung der Glühlampe (1879).

⇒ Berühmte Menschen

### die Erste Hilfe

Beim ⇒ Roten Kreuz kann man in Kursen lernen, wie man Erste Hilfe leisten und dadurch verletzten ⇒ Menschen helfen kann. Bei schlimmen Verletzungen sollte man mit einem Notruf den Rettungsdienst oder die ⇒ Feuerwehr alarmieren. In allen ⇒ Staaten der ⇒ Europäischen Union sowie in der ⇒ Schweiz gilt die Notrufnummer 112.

### die Eule

Eulen sind Waldbewohner und gehören zu den Greifvögeln. Sie begeben sich in der Dämmerung und nachts auf die Jagd. Lautlos schweben sie durch die ⇒ Luft. Mit ihren scharfen ⇒ Augen entdecken sie sogar bei Dunkelheit Mäuse, kleine Vögel (⇒ Vogel) oder ⇒ Insekten, von denen sie sich ernähren. Die größte Eule ist der Uhu. Er kann über 70 cm groß werden. Zu den bei uns heimischen Eulenarten gehören z.B. die Waldohreule und die Schleiereule.

⇒ Lebensraum Wald

### Europa

⇒ Seite 47

Seit wann gibt es den Euro?

Die Flagge der Europäischen Union ziert ein Kreis aus 12 Sternen. Die Zahl 12 steht für Einheit, der Kreis für Verbundenheit.

### die Europäische Union

Die Europäische Union (abgekürzt: EU) ist ein Zusammenschluss der meisten europäischen Länder. Die EU besteht seit dem 1. November 1993. Damals gehörten zwölf ⇒ Staaten, darunter auch ⇒ Deutschland, zur EU. Heute sind es 28 Staaten. Sie verfolgen gemeinsame politische Ziele und wollen dafür sorgen, dass die ⇒ Menschen in ⇒ Europa in ⇒ Frieden und Wohlstand leben können. Auch in Fragen des ⇒ Umweltschutzes und der ⇒ Wirtschaft arbeiten sie zusammen. Seit 1999 gibt es eine gemeinsame Währung, den Euro. Zur EU gehören: Belgien, Bulgarien, Dänemark, Deutschland, Estland, Finnland, Frankreich, Griechenland, Großbritannien, Irland, Italien, Kroatien, Lettland, Litauen, Luxemburg, Malta, Niederlande, ⇒ Österreich, Polen, Portugal, Rumänien, Schweden, die Slowakei, Slowenien, Spanien, die Tschechische Republik, Ungarn und der griechische Teil Zyperns. Weitere Länder werden in den nächsten ⇒ Jahren neue Mitglieder der EU werden.

⇒ Geld

# Europa

Europa ist der zweitkleinste ⮞Kontinent. Es grenzt im Osten an ⮞Asien. Russland und die Türkei liegen teilweise auf dem europäischen und dem asiatischen Kontinent.

**Fläche:** etwa 10,5 Millionen km²
**Höchster Punkt:** Elbrus (Südrussland), 5642 m
**Größter See:** Ladogasee (Russland)
**Längster Fluss:** Wolga, 3530 km
**Zahl der Staaten:** 47
**Größte Stadt:** Moskau (Russland), etwa 13,2 Millionen Einwohner
**Gesamtbevölkerung:** etwa 740 Millionen

Rothirsch

### Regionen

Im Norden wird Europa durch die Skandinavische Halbinsel (Norwegen, Schweden, Finnland) und die Insel Island begrenzt. Im Westen Europas liegen Frankreich und im Atlantischen ⮞Ozean die Britischen Inseln. Spanien und Portugal bilden im Südwesten die Iberische Halbinsel. Im Süden trennt das Mittelmeer Europa von ⮞Afrika. Die südlichen Länder haben das wärmste ⮞Klima Europas. Zu Südosteuropa gehören die Länder der Balkanhalbinsel wie Griechenland und Bulgarien. Und im Osten reicht Europa bis zum Ural- und Kaukasusgebirge und umfasst auch den westlichen Teil Russlands.

### Land und Leute

Das gemäßigte Klima, die fruchtbaren Böden und die Bodenschätze bieten den meisten ⮞Menschen in Europa gute Lebensbedingungen. Die ⮞Industrie ist in vielen europäischen Ländern sehr stark. Fast alle Kinder besuchen eine ⮞Schule. Es gibt aber auch ärmere Länder wie Albanien, Rumänien und Russland, wo manche Kinder ⮞obdachlos sind. Das Leben in den europäischen Ländern ist sehr unterschiedlich – so werden allein über 60 verschiedene ⮞Sprachen gesprochen. Die meisten Europäer sind Christen, nur in der Türkei und in Albanien gehört die Mehrheit der Bevölkerung dem Islam an. Die westlichen Länder Europas haben sich schon länger zur ⮞Europäischen Union zusammengeschlossen.

⮞ **Deutschland, Österreich, Religionen, Schweiz**

Die Entwicklung des Menschen

### die Evolution

Evolution bedeutet, dass sich Lebewesen von ⇒ Generation zu Generation verändern und sich weiterentwickeln, um sich ihrer Umwelt anzupassen. Wie die ⇒ Pflanzen und Tiere früher ausgesehen haben, kann man an ⇒ Fossilien erkennen. Wissenschaftler gehen davon aus, dass alle heutigen Tier- und Pflanzenarten aus Lebewesen, die nur aus einer ⇒ Zelle bestanden, entstanden sind. Man nimmt an, dass sich der ⇒ Mensch vor Millionen von ⇒ Jahren aus einem menschenaffenähnlichen Waldbewohner entwickelt hat.

⇒ Erdzeitalter

### die Expedition

Eine Expedition ist eine Reise von Forschern und ⇒ Entdeckern in unbekannte Gebiete. ⇒ Menschen, Tiere und ⇒ Pflanzen werden gesucht und ⇒ Landkarten der Gebiete gezeichnet. Der bemannte Flug zum ⇒ Mond 1968 war eine der aufwendigsten Expeditionen.

⇒ Raumfahrt

### das Experiment

Ein Experiment ist ein Versuch. Mit einem Experiment kann man etwas ausprobieren. Man kann z. B. untersuchen, was geschieht, wenn ein Glas über eine ⇒ Kerze gestülpt wird. Manchmal hat man schon eine Vermutung, was geschehen könnte. Wissenschaftler nennen diese Vermutung „Hypothese". Kommt das erwartete Ergebnis heraus, dann wird die Vermutung oder die Hypothese bestätigt. Oft ist es aber auch so, dass ein anderes Ergebnis eintritt. Dann ist die Hypothese widerlegt und man kann weitere Experimente machen.

Feuerwerk an Silvester

### die Explosion

Die farbenprächtigsten Explosionen sind Feuerwerke. In den Feuerwerksraketen befinden sich dieselben Stoffe wie in Wunderkerzen. Diese Stoffe verbrennen sehr schnell, wenn ein Funke sie erreicht. Durch die plötzliche Verbrennung entstehen heiße ⇒ Gase. Für diese Gase und die glühenden Teilchen ist in der Rakete nicht mehr genügend Platz. Darum zerplatzt die Rakete mit einem lauten Knall. In der Nähe von Feuerwerkskörpern ist es sehr gefährlich: Durch den lauten Knall kann das Trommelfell im ⇒ Ohr geschädigt werden. Außerdem kann man sich an den glühenden Teilchen verbrennen.

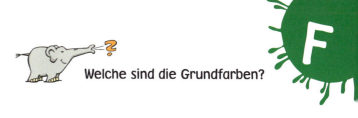

Welche sind die Grundfarben?

## die Fabel

Fabeln sind Geschichten, in denen Tiere sich wie ◉ Menschen verhalten. Manchen Tieren werden menschliche Eigenschaften zugeschrieben: z. B. der listige Fuchs, der dumme Esel, der sture Ziegenbock. Der Leser soll daraus lernen, wie man sich z. B. klug, fair oder freundlich verhält.

➡ Literatur

## das Fahrrad

Das erste Fahrrad aus dem ◉ Jahr 1817 war eine Laufmaschine. Später bekam das Fahrrad Pedale, die das Hinterrad über eine Kette antreiben. Es gibt Stadt- oder Cityräder, Trekkingräder, Mountainbikes, Rennräder und sogar Liegeräder. Ein Fahrrad für zwei Personen nennt man Tandem. Jeder Radfahrer muss sich an die Verkehrsregeln halten und darauf achten, dass das Fahrrad verkehrssicher ist: Es braucht Bremsen für Vorder- und Hinterrad, eine Klingel, ◉ Licht, Speichenreflektoren, einen weißen Rückstrahler vorn, einen roten Rückstrahler hinten und Rückstrahler an den Pedalen.

➡ Verkehrsregeln

## die Familie

In einer Familie leben verschiedene ◉ Generationen zusammen. Heute sind das meist Eltern und Kinder. Früher lebten Großeltern, Eltern, Kinder und manchmal auch Urgroßeltern in Großfamilien zusammen. In manchen Familien gibt es nur ein Elternteil, z. B. wenn sich die Eltern getrennt haben. Wenn Vater oder Mutter einen neuen Partner finden, der auch Kinder hat, leben Kinder aus zwei verschiedenen Familien als Geschwister in der neuen Familie.

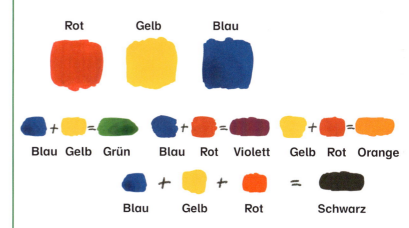

## die Farbe

Die Farben Rot, Blau und Gelb bezeichnet man als Primärfarben oder Grundfarben. Aus ihnen können alle anderen Farben gemischt werden. So wird aus Rot und Blau Lila, aus Rot und Gelb Orange und aus Gelb und Blau Grün. Die Grundfarben selbst lassen sich nicht durch Mischen herstellen. Wenn man die Grundfarben miteinander mischt, erhält man Schwarz.

➡ Kunst, Licht

Farn

### der Farn
Farne gehören zu den ältesten ᗒ Pflanzen, die es auf der ᗒ Erde gibt. Weltweit gibt es etwa 10 000 Farnarten. Farne wachsen an schattigen, feuchten Stellen. Deshalb gibt es die meisten Farne im tropischen ᗒ Regenwald. Palmfarne können dort mehrere Meter hoch werden. Farne bilden keine Blüten, sondern vermehren sich durch Sporen. Dies sind winzige Keimzellen an der Blattunterseite, die wie Körnchen aussehen.

### die Feder
Alle Vögel (ᗒ Vogel) haben ein Federkleid. Federn bestehen wie die ᗒ Haare und Fingernägel des ᗒ Menschen aus Horn. Den Vogeljungen wachsen zuerst die wärmenden und weichen Daunenfedern. Später bilden sich die festen Deckfedern. Mit den Schwungfedern an den Flügeln fliegt der Vogel. Ein- oder zweimal im ᗒ Jahr erneuert er sein Federkleid. Diesen Federwechsel nennt man die Mauser.

Federn

### der Feiertag
Viele Feiertage wie z. B. Ostern, Weihnachten und Pfingsten, Allerheiligen, Christi Himmelfahrt und Fronleichnam haben eine religiöse Bedeutung. Mit den Nationalfeiertagen wird an ein besonderes Ereignis in der ᗒ Geschichte eines Landes erinnert. In ᗒ Deutschland wird beispielsweise am 3. Oktober der ᗒ Wiedervereinigung gedacht (Tag der Deutschen Einheit). In ᗒ Österreich ist der 26. Oktober als Nationalfeiertag festgelegt. Die ᗒ Schweiz begeht ihre Bundesfeier am 1. August.
➡ Religionen

### das Fell
Das Haarkleid der ᗒ Säugetiere wird auch Fell genannt. Tiere schützen sich mit ihrem Fell vor Kälte und Nässe. Tiere wie z. B. der Leopard werden wegen ihrer Felle gejagt, obwohl das verboten ist. Sie sind deshalb vom Aussterben bedroht.
➡ Haare

### das Fernglas
Ein Fernglas vergrößert weit entfernte Gegenstände. Dadurch erscheinen sie näher. Es besteht aus zwei kurzen Fernrohren. Man kann mit beiden ᗒ Augen gleichzeitig hindurchschauen. Im Objektiv am unteren Ende des Fernglases entsteht ein kleines Bild von dem Tier oder Gegenstand, das du betrachten willst. Das Objektiv ist eine gewölbte ᗒ Linse aus Glas. Genau vor deinem Auge liegt eine weitere Linse. Das ist das Okular. Es vergrößert das Bild wie eine ᗒ Lupe.
➡ Licht

Okular
Objektiv

### das Feuer
Feuer entsteht durch eine Verbrennung. Ein Feuer kann nur brennen, wenn ᗒ Luft, brennbares Material und eine hohe

**Wie wird ein Feuer gelöscht?**

Waldbrände werden oft aus der Luft gelöscht. Zum Löschen werden Wasser oder chemische Löschmittel eingesetzt.

◦ Temperatur vorhanden sind. Früher nutzten die ◦ Menschen das Feuer für Wärme und ◦ Licht, zum Kochen, als Schutz vor wilden Tieren sowie zum Schmelzen von Eisen und Brennen von Tongefäßen. Heute wird das Feuer in vielen Bereichen durch ◦ Strom ersetzt: Gekocht wird auf dem Elektroherd, hell wird es durch das elektrische Licht.

⮕ Feuerwehr, Sauerstoff

### die Feuerwehr
Bei einem Feueralarm rückt die Feuerwehr mit einem Löschzug aus. Der Löschzug besteht aus einem Mannschaftswagen, einem Tanklöschfahrzeug mit großem Wassertank und einem Hubrettungsfahrzeug mit Drehleiter. Mit ◦ Wasser wird die ◦ Temperatur des brennenden Materials abgekühlt. Schaum oder Sand unterbrechen die Luftzufuhr und das ◦ Feuer erstickt. Brennbares Material wird weggeräumt. Nicht nur bei Bränden kommt die Feuerwehr zum Einsatz. Sie hilft auch bei Unfällen, Überschwemmungen, Sturmschäden, Umweltkatastrophen und sie rettet ◦ Menschen und Tiere in Not.

### der Fingerabdruck
Den eigenen Fingerabdruck kann man sehen, wenn man z. B. seinen Daumen erst auf ein Stempelkissen und danach auf ◦ Papier drückt. Der Fingerabdruck ist bei jedem ◦ Menschen einzigartig. Deshalb wurde ein Fingerabdruck früher auch als Unterschrift benutzt. Fingerabdrücke an einem Tatort helfen der ◦ Polizei bei der Aufklärung von Verbrechen.

**Fingerabdruck**

### der Fisch
Fische sind die ältesten Wirbeltiere der ◦ Erde. Sie leben im Süßwasser (◦ Flüsse, Seen) und im Salzwasser (◦ Meere). Man unterscheidet Friedfische, die sich von ◦ Plankton ernähren, und Raubfische, die andere Tiere jagen. Knorpelfische haben ein Skelett aus Knorpel; zu ihnen zählen ◦ Haie und Rochen. Die meisten Fische sind Knochenfische. Sie haben ein Knochenskelett und ihre Haut ist mit ◦ Schuppen bedeckt. Aus dem ◦ Wasser nehmen Fische mit ihren Kiemen ◦ Sauerstoff zum Atmen auf. Die meisten Fische legen ◦ Eier, aus denen ◦ Larven schlüpfen, die sich zu Fischen entwickeln. ◦ Wale und ◦ Delfine sind ◦ Säugetiere.

⮕ Befruchtung, Nahrungskette, Tierreich

### die Flagge

Eine Flagge oder Fahne wird von Ländern, Städten (→ Stadt), Sportmannschaften und Organisationen wie dem → Roten Kreuz verwendet. Eine Flagge ist meist ein rechteckiges, bunt bedrucktes Stofftuch, das an Stangen oder Schiffsmasten gehisst (aufgehängt) wird.

### der Flaschenzug

Flaschenzug

Ein Flaschenzug ist ein Gerät, mit dem man schwere Lasten heben kann. Dazu wird die Last, die man heben möchte, an einem Seil befestigt. Das Seil läuft über zwei Rollen: Eine befindet sich direkt über der Last, die andere oben. Am Seil wird die Last nach oben gezogen.

### der Flughafen

Es gibt Verkehrsflughäfen für Passagier- und Transportflugzeuge (engl. Airport, gesprochen: Ärport) und Militärflughäfen (engl. Airbase, gesprochen: Ärbäs). Im Kontrollturm (Tower, gesprochen: Tauer) werden die startenden und landenden Flugzeuge von den Fluglotsen überwacht. Die Start- und Landebahnen sind 2 bis 4 km lang und werden nur in den Hauptwindrichtungen Norden und Süden angelegt. Es gibt mehrere Terminals (gesprochen: Törminäls). Das sind Hallen, in denen Fluggäste ankommen oder auf ihren Abflug warten. Vor dem Abflug gibt man am Flugschalter in der Abflughalle sein Gepäck auf und checkt ein. Dazu zeigt man seinen Flugschein (Ticket) vor. Das Gepäck wird mit dem Förderwagen zum Flugzeug gebracht. Bevor die Fluggäste an Bord gehen dürfen, werden sie und das Handgepäck nach Waffen durchsucht. Die Passagiere werden mit Omnibussen zu den Flugzeugen gebracht oder sie betreten über eine bewegliche Fluggastbrücke das Flugzeug.

→ Luftfahrt

Tower, Start- und Landebahn, Fluggastbrücke, Vorfeld, Flughafen-Terminal

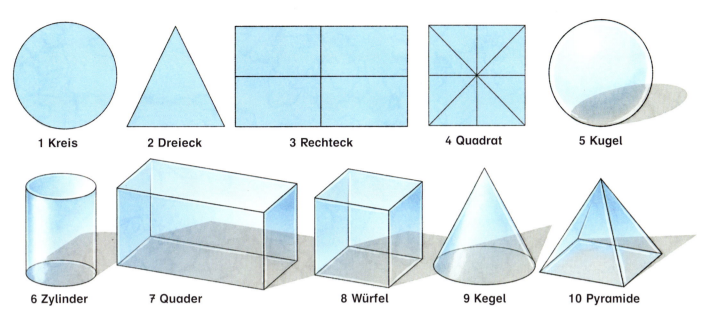

### der Fluss

Ein Fluss ist ein fließendes ⊃Gewässer. Sein ⊃Wasser kommt aus einer ⊃Quelle, von Zuflüssen und von ⊃Niederschlägen (⊃Regen, ⊃Schnee). Meist mündet der Fluss in einen anderen Fluss, einen See oder in das ⊃Meer. Ein Fluss fließt in einem Flussbett. Es wird vom Flussufer seitlich begrenzt. Flüsse sind wichtige Verkehrswege für den Schiffsverkehr. Staudämme an Flüssen dienen der Stromerzeugung.

➡ **Damm, Energie, Kanal, Schiff**

### die Formen und die Körper

Geometrische Formen sind eben, d. h. flach. Man kann sie zeichnen. **1.** Ein Kreis ist rund und hat einen Mittelpunkt. Jeder Punkt der Kreislinie ist vom Mittelpunkt gleich weit entfernt. Die Entfernung vom Mittelpunkt zur Kreislinie wird Radius genannt. **2.** Ein Dreieck hat drei Seiten und drei Ecken. Wenn alle Seiten eines Dreiecks gleich lang sind, nennt man es gleichseitiges Dreieck. **3.** Ein Rechteck ist ein Viereck. Wenn man es in der Mitte faltet, liegen immer zwei Ecken aufeinander. **4.** Ein Quadrat ist ein besonderes Rechteck, bei dem alle Seiten gleich lang sind. Man kann es längs, quer oder diagonal falten. Immer liegen zwei Ecken genau aufeinander. Geometrische Körper sind nicht flach, sondern dreidimensional. Man kann sie z. B. aus Knete herstellen. **5.** Eine Kugel ist wie ein Ball. Sie hat weder Ecken noch Kanten und besteht aus einer einzigen Fläche. **6.** Der Zylinder ähnelt einer Rolle. Er hat keine Ecken, aber drei Flächen. Die beiden Flächen an den Seiten sind rund, die dritte Fläche ist ein Rechteck. **7.** Ein Quader hat die Form eines Paketes und kann länglich sein. Er hat acht Ecken, zwölf Kanten und sechs Flächen. **8.** Ein Würfel ist ein besonderer Quader. Er hat genau wie der Quader acht Ecken, zwölf Kanten und sechs Flächen, aber die Flächen sind quadratisch. Deshalb sind alle Kanten bei ihm gleich lang. **9.** Der Kegel hat eine kreisförmige Grundfläche. Die zweite Fläche ist ein Halbkreis, der zu einer spitzen Tüte gefaltet ist. Der Kegel hat damit zwei Flächen, eine Ecke und eine Kante. **10.** Die Grundfläche der ⊃Pyramide ist ein Quadrat. Die vier Seitenflächen sind Dreiecke. Damit hat die Pyramide fünf Flächen, fünf Ecken und acht Kanten.

### das Fossil

Fossilien sind die versteinerten Überreste oder Abdrücke von Tieren und ◆Pflanzen, die vor langer ◆Zeit gelebt haben. Man findet sie in ◆Gesteinen. Fossilien geben Auskunft über die Entwicklung des Lebens auf der ◆Erde. Viele Fossilien sind frühere Meeresbewohner, wie z.B. Ammoniten oder ◆Saurier. Wenn ein Tier starb, sank es auf den Boden und seine Weichteile (Innereien und Muskeln) verwesten (1). Zähne (◆Zahn), Knochen oder Schalen wurden von Sand und Schlick bedeckt (2). Sie wurden im Laufe von Millionen von ◆Jahren zu ◆Stein (3). ◆Wind und ◆Regen trugen das Gestein ab und das Fossil kam zum Vorschein (4). Andere Fossilien sind in ◆Bernstein eingeschlossene Pflanzen und ◆Insekten oder gefrorene Überreste von Mammuts.

➡ **Erdzeitalter, Evolution, Tierreich**

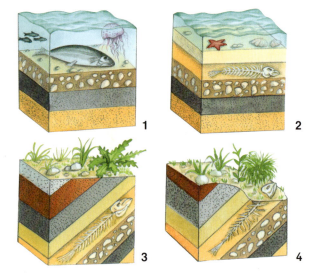

### die Frau

Frauen und Männer (◆Mann) unterscheiden sich durch ihre Geschlechtsorgane voneinander. Bei Mädchen und Frauen liegen die inneren Geschlechtsorgane geschützt

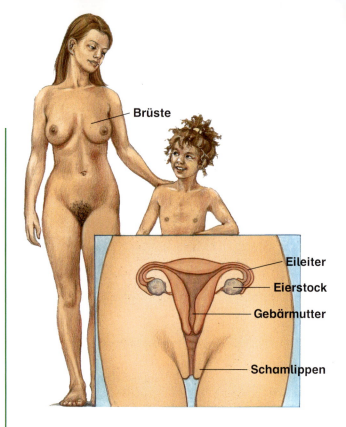

im Unterleib. Das sind die Gebärmutter, die Eierstöcke und die Eileiter. Jeden ◆Monat reift im Eierstock ein ◆Ei. Es wandert durch den Eileiter in die Gebärmutter. Wird es nicht befruchtet, wird die Eizelle mit etwas Blut ausgeschieden. Das nennt man auch Menstruation oder Periode. Die äußeren Geschlechtsmerkmale sind die Schamlippen. In der ◆Pubertät entwickeln sich Brüste und Schambehaarung.

➡ **Befruchtung, Schwangerschaft, Sexualität**

### die Freiheit

Freiheit bedeutet, dass jeder entscheiden kann, was er tun möchte, und von niemand zu etwas gezwungen wird. Die Freiheit des einen kann aber die Freiheit eines anderen einschränken. Wenn z.B. einer laut ◆Musik hören möchte, stört er vielleicht seinen Nachbarn beim Schlafen. Damit das Zusammenleben funktioniert, muss jeder ein bisschen Freiheit aufgeben und auf andere Rücksicht nehmen. ◆Gesetze sorgen dafür, dass alle ◆Menschen gleich viel Freiheit besitzen.

**der Frieden**

Frieden herrscht, wenn sich die ⮕ Menschen vertragen. Zwischen Ländern ist Frieden, wenn sie keinen ⮕ Krieg gegeneinander führen.

**der Frosch und die Kröte**

Frösche und Kröten gehören zu den ⮕ Amphibien. Sie ernähren sich von ⮕ Insekten, Würmern und ⮕ Schnecken. Frösche haben lange, kräftige Hinterbeine, mit denen sie sich vom Boden abstoßen. Kröten dagegen haben kurze Beine. Sie springen kaum, sondern laufen auf allen vieren. Kröten haben eine warzige Haut. Zur Fortpflanzung suchen Kröten und Frösche das ⮕ Wasser auf. Dort legen die Weibchen die befruchteten ⮕ Eier als Klumpen oder Laichschnüre ab. Nach einigen ⮕ Tagen schlüpfen daraus Kaulquappen, die einen langen Ruderschwanz haben und wie die ⮕ Fische mit Kiemen atmen. Nach und nach entwickeln sich Vorder- und Hinterbeine, und der Schwanz und die Kiemen bilden sich zurück. An Land atmen die Tiere mit Lungen.

➔ Befruchtung, Larve, Tierreich

**die Frucht**

Aus dem Fruchtknoten einer Blüte entwickelt sich nach der ⮕ Befruchtung die Frucht. Sie enthält die ⮕ Samen der ⮕ Pflanze. Es gibt unterschiedliche Fruchtsorten: Obst, Nüsse oder Hülsenfrüchte (z. B. Erbsen und Bohnen).

➔ Blume

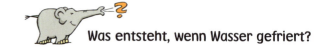

Was entsteht, wenn Wasser gefriert?

### das Gas

Alles auf der ●Erde ist entweder in festem, flüssigem oder gasförmigem Zustand. ●Sauerstoff ist z.B. ein Gas. ●Luft ist ein Gemisch aus mehreren Gasen. Bei Gasen sind die einzelnen Teilchen nur schwach miteinander verbunden und bewegen sich frei im Raum. ●Wasser kann alle drei Zustände annehmen: Gefrorenes Wasser ist fest (Eis). Bei Zimmertemperatur ist Wasser flüssig und wenn man es kocht, so steigt es als Gas auf. Man sagt auch: Es verdampft.

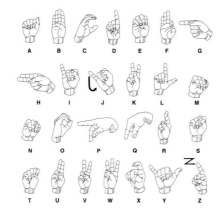

Gebärdensprache

### die Gebärdensprache

Die Gebärdensprache ist eine Fingersprache. Mit ihr können sich Gehörlose verständigen. Für jeden Buchstaben gibt es eine Handhaltung oder Fingerstellung. Manche Wörter (●Wort) oder Silben werden außerdem lautlos gesprochen.

➡ **Behinderung, Sprache**

### das Gebirge

Gebirge sind zusammenhängende Gebiete mit ●Bergen, Hochflächen und Tälern (●Tal). Sie bestehen aus Gesteinsschichten, die vor Millionen von ●Jahren durch starken Druck aus dem Inneren der ●Erde in die Höhe gefaltet wurden. Der Himalaja in ●Asien ist das mächtigste und höchste Gebirge der Erde. In ●Europa sind die ●Alpen das größte Hochgebirge.

➡ **Gestein, Pyrenäen**

### die Geburt

Etwa vier ●Wochen vor der Geburt dreht sich das ●Baby in seine Geburtsstellung. Es liegt dann mit dem Kopf nach unten im Becken der Mutter. Kurz vor der Geburt spürt die Mutter ein Ziehen im Bauch. Das sind die Wehen. Dabei ziehen sich die Muskeln der Gebärmutter zusammen. Die Fruchtblase, die das Kind im Mutterleib umgibt, platzt. Die Wehen werden immer stärker und schieben das Baby mit dem Kopf voran durch die Scheide der Mutter. Nach der Geburt wird die Nabelschnur durchtrennt. Durch sie wurde das Baby im Mutterleib mit ●Sauerstoff und Nährstoffen versorgt.

➡ **Frau, Schwangerschaft, Sexualität**

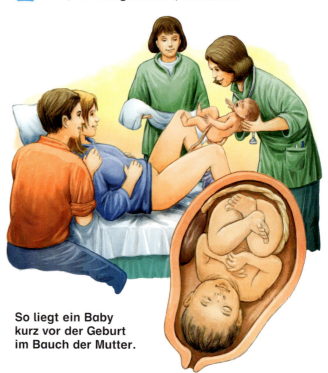

So liegt ein Baby kurz vor der Geburt im Bauch der Mutter.

## das Gedicht

Gedichte drücken Gefühle und Gedanken der Dichter aus. Oft reimen sich die Wörter (>Wort) am Ende der Zeilen. Wenn man ein Gedicht laut liest, hört man den Klang und den Rhythmus der Wörter. Die Silben werden abwechselnd betont und unbetont gesprochen. Gedichte gehören zu den ältesten Formen der >Literatur.

→ Buch, Reim, Vers

> **Die Ameisen**
>
> In Hamburg lebten zwei Ameisen,
> die wollten nach Australien reisen.
> Bei Altona auf der Chaussee
> da taten ihnen die Beine weh,
> und da verzichteten sie weise
> dann auf den letzten Teil der Reise.
>
> Joachim Ringelnatz

## das Gehirn

Das Gehirn befindet sich im Kopf. Es ist das „Kontrollzentrum" unseres Körpers. Über die Nerven ist es mit allen Organen und Körperteilen verbunden. So kann es alle Bewegungen, die Atmung, das Gleichgewicht und das Sprechen steuern. Mit dem Gehirn denken, träumen und erinnern wir uns. Außerdem verarbeitet es unsere Sinneseindrücke, also alles, was wir sehen, riechen, schmecken, hören oder fühlen.

→ Menschlicher Körper, Sinne, Traum

## das Geld

→ Seite 58

Blumenkohl, Spargel, Paprika, Gurke, Zwiebel, Tomate, Kopfsalat

## das Gemüse

>Pflanzen, deren Blätter (>Blatt), >Wurzeln, Früchte (>Frucht), >Zwiebeln oder Stiele man essen kann, nennt man Gemüse. Dazu gehören z. B. Blumenkohl, Gurken oder Zwiebeln. Auch manche Früchte werden als Gemüse bezeichnet, z. B. Tomaten oder Paprika. Sie sind ein wichtiges Nahrungsmittel für den >Menschen, da sie viele Vitamine liefern.

→ Gesundheit und Ernährung

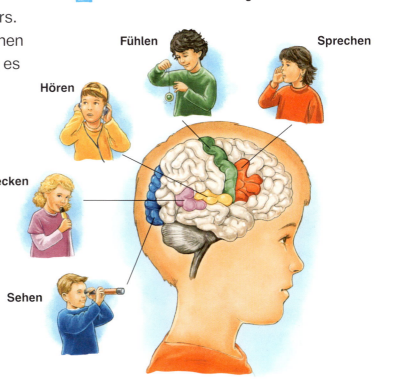

Hören, Fühlen, Sprechen, Schmecken, Sehen

# das Geld

Erste Münzen

### Wie das Geld entstand

Früher brauchten die ◦Menschen kein Geld. Sie jagten Tiere, bauten ◦Getreide an und nähten ihre ◦Kleidung selbst. Nach und nach begannen die Menschen, sich die Arbeit zu teilen. Verschiedene ◦Berufe entstanden. Ihre Waren tauschten die Menschen untereinander: z. B. Fleisch gegen Getreide, ◦Felle gegen Tontöpfe. Der Tauschhandel war aber oft unpraktisch, wenn z. B. jemand ein Schaf wollte, aber nur eine Kuh zum Tauschen hatte, die viel mehr wert war als das Schaf. Man brauchte also ein Tauschmittel, das je nach Wert des Gekauften in kleineren oder größeren Mengen übergeben werden konnte. Lange verwendete man z. B. ◦Muscheln, Getreide oder ◦Salz als Tauschmittel. Die ersten Münzen wurden vor mehr als 2600 ◦Jahren hergestellt. Und vor über 1000 Jahren entstanden in China schon die ersten Geldscheine.

Früher wurden Muscheln getauscht.

### Währung

Euro

Als Währung bezeichnet man das Geld, das in einem bestimmten Land benutzt wird. Zurzeit gibt es etwa 160 verschiedene Währungen auf der Welt. Zu den wichtigsten gehören der amerikanische Dollar, der japanische Yen, der Schweizer Franken und der Euro. Der Wechselkurs legt fest, wie viel Dollar man z. B. für einen Euro bekommt.

### Euro

Der Euro ist die gemeinsame Währung von siebzehn ◦Staaten der ◦Europäischen Union: Belgien, ◦Deutschland, Estland, Finnland, Frankreich, Griechenland, Irland, Italien, Luxemburg, Malta, Niederlande, ◦Österreich, Portugal, Slowakei, Slowenien, Spanien und Zypern. Die Einheitswährung wurde eingeführt, um den ◦Handel zwischen diesen Ländern zu vereinfachen. Die Geldschei-

Euroscheine und -münzen

ne und die Vorderseiten der Münzen sehen in allen Euroländern gleich aus. Die Rückseiten der Münzen gestaltete jedes Land selbst.

**Bis 2002 gab es in Europa über 40 Währungen.**

## Bank

Eine Bank verwaltet und verleiht Geld. Fast jeder Mensch hat ein Konto. Geldbeträge können auf das Konto eingezahlt (z. B. der Lohn) oder vom Konto ausgezahlt (z. B. die Miete) werden. Das kann per Überweisung geschehen, das heißt, das Geld wird dem Konto gutgeschrieben oder abgebucht. Man kann aber auch Bargeld am Bankschalter oder einem Geldautomaten abholen. Die Bank verleiht auch Geld an Menschen, die gerade mehr Geld brauchen als sie haben, weil sie z. B. ein Haus kaufen wollen. Für das ausgeliehene Geld, auch Kredit oder Darlehen genannt, muss man der Bank eine Leihgebühr bezahlen. Das sind die Zinsen. Ein Kredit muss innerhalb einer bestimmten ◗ Zeit an die Bank zurückgezahlt werden.

## Ohne Geld bezahlen?

In vielen Geschäften kann man heute auch bargeldlos mit einer EC-Karte oder Kreditkarte bezahlen. Ein Kartenlesegerät übermittelt alle wichtigen Informationen wie Kaufpreis, Kontonummer des Käufers usw. an den ◗ Computer der Bank. Damit niemand mit einer fremden Karte einkaufen kann, gibt man zur Sicherheit seine persönliche Geheimnummer (PIN) ein oder bestätigt den Kauf mit seiner Unterschrift. Die Bank überweist dann den Kaufpreis vom Konto des Käufers auf das Konto des Ladenbesitzers.

➡ **Armut, Markt, Rente, Wirtschaft, Zoll**

**Verschiedene Münzen**
In einigen Redewendungen verwendet man noch die Namen von Münzen, die früher im Umlauf waren.

„**Auf Heller und Pfennig bezahlen**":
Heller geht zurück auf den „Haller pfennic", der in der Stadt Schwäbisch Hall geprägt wurde. Bedeutung der Redewendung: einen Betrag ohne Abzug zurückzahlen.

„**Den letzten Groschen aus der Tasche ziehen**":
In Tours (Frankreich) prägte man im Mittelalter eine Münze, die „gros Tournois" hieß. Übersetzt bedeutet das „die große Münze aus Tours". Aus dem Wort „gros" wurde „grosch". Bedeutung: das letzte Geld ausgeben, das man hat.

„**Jede Mark umdrehen**":
Silber wurde mit einem Stempel versehen, der Marke. Mark war die Bezeichnung für eine Silbermünze. Bedeutung: sparen müssen.

## die Generation

Als eine Generation bezeichnet man eine Gruppe von →Menschen, die etwa gleich alt sind: die Kinder, die Eltern und die Großeltern. Weil jede Generation andere Interessen und Vorstellungen hat, kann es zwischen den Generationen zum Streit kommen. Vor allem in der →Pubertät sind viele Jugendliche anderer Meinung als ihre Eltern.

→ Familie

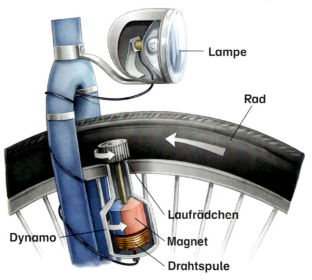

Fahrraddynamo — Lampe — Rad — Laufrädchen — Magnet — Drahtspule — Dynamo

## der Generator

Ein Generator ist eine →Maschine, die →Strom erzeugt. Sie verwandelt Bewegung in elektrische →Energie. Der bekannteste Generator ist der Fahrraddynamo. Wenn der Fahrradreifen sich bewegt, dreht er das Laufrädchen des Dynamos und einen →Magnet im Inneren des Dynamos. Bewegt sich ein Magnet über eine Drahtspule, so wird Strom erzeugt. Eine angeschlossene Lampe kann leuchten. Große Generatoren erzeugen in Wasser- oder Windkraftwerken so viel Strom, dass eine →Stadt damit versorgt werden kann.

## die Geografie

Das →Wort Geografie bedeutet übersetzt Erdbeschreibung oder Erdkunde. Die Geografie erforscht und beschreibt die →Erde. Sie untersucht das →Wetter, Länder, Flüsse (→Fluss), Seen und →Meere, →Landschaften und →Gebirge. Geografie beschäftigt sich auch damit, wie durch →Landwirtschaft und →Industrie die Erdoberfläche verändert wird. Außerdem beobachtet sie die Entwicklung der Weltbevölkerung.

## das Gericht

**1.** Ein Gericht klärt, ob jemand eine Straftat begangen und gegen →Gesetze verstoßen hat. Der →Richter fällt ein Urteil und setzt die Strafe fest. Der Angeklagte wird von einem →Rechtsanwalt verteidigt.
**2.** Gericht ist auch ein anderes →Wort für eine bestimmte Mahlzeit.

## die Germanen

Das →Volk der Germanen bestand aus vielen verschiedenen Stämmen: die Franken, Alemannen, Sachsen, Goten, →Wikinger, Normannen und Vandalen. Sie lebten vor etwa 3500 →Jahren in ganz →Europa und sogar in Nordafrika. Die Germanen waren Bauern und trieben →Handel. Sie führten aber auch →Kriege gegen die →Römer. Die Germanen verehrten viele Götter. Einige unserer Wochentage sind nach germanischen Göttern benannt. Der Donnerstag hat seinen →Namen von Thor oder Donar, dem Gott des Donners. Der Freitag wurde nach Freyja, Göttin der →Liebe, benannt.

→ Geschichte, Woche

## Geschichte
➡ Seite 62

## Geschützte Tiere und Pflanzen

**Fledermaus**

Viele Tier- und Pflanzenarten sind heute durch die Umweltverschmutzung und die Abholzung der Wälder ausgestorben. In ●Deutschland sind derzeit über 1000 Tierarten vom Aussterben bedroht. Vom Aussterben bedrohte ●Pflanzen und Tiere werden deshalb unter Naturschutz gestellt. Das bedeutet, dass man geschützte Tiere, wie z. B. Hirschkäfer, Fledermäuse, Hornissen und die Rote Waldameise, nicht fangen, verletzen oder töten darf. Der Enzian, die Silberdistel und viele Orchideenarten sind bedrohte Pflanzen, die nicht gepflückt, beschädigt oder ausgegraben werden dürfen. Eine „Rote Liste" führt alle gefährdeten Tiere und Pflanzen auf. Beinahe alle Länder der Welt sind dem Washingtoner Artenschutzabkommen (CITES) beigetreten. Darin wird der ●Handel mit gefährdeten Tieren und Pflanzen verboten. So darf man bei Reisen z. B. keine Schildkrötenpanzer oder Elfenbein als Andenken kaufen.

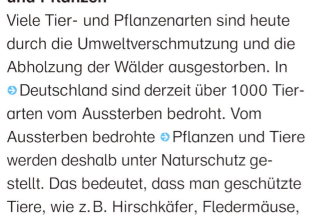
**Hirschkäfer**
**Silberdistel**

➡ **Tierschutz, Umweltschutz**

## die Geschwindigkeit

Wer bei einem Wettlauf gewinnt, war schneller als die anderen Läufer und hatte damit eine höhere Geschwindigkeit. Die Geschwindigkeit gibt an, wie lange jemand für eine bestimmte Strecke braucht. Wenn ein Wanderer sagt, dass er 6 km/h schafft, dann bedeutet dies, dass er 6 Kilometer in einer Stunde (lat. hora) geht. Wenn sich die Geschwindigkeit erhöht, nennt man das Beschleunigung.

## die Gesellschaft

**1.** Alle ●Menschen eines Landes bilden zusammen die Gesellschaft. Sie leben alle in der gleichen staatlichen Ordnung und für alle gelten die gleichen ●Gesetze. In einer multikulturellen Gesellschaft leben Menschen verschiedener Kulturen zusammen. **2.** Der Begriff Gesellschaft wird auch für Organisationen benutzt, die ein bestimmtes Ziel verfolgen. So gibt es Gesellschaften, die den ●Sport oder die ●Kunst fördern wollen. Andere Gesellschaften unterstützen Menschen in Not.

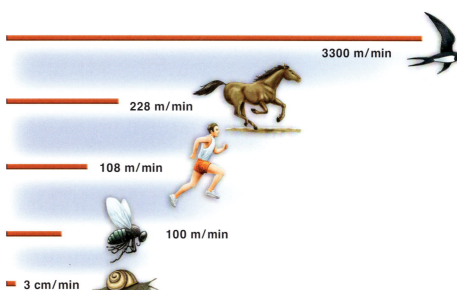
3300 m/min
228 m/min
108 m/min
100 m/min
3 cm/min

# die Geschichte

Geschichte beschäftigt sich damit, wie die ▸Menschen früher lebten und was in der Vergangenheit geschah. Die Wissenschaftler, die sich damit befassen, nennt man Historiker. Die Erforschung der letzten 100 ▸Jahre ist vergleichsweise einfach. Es gibt Fotos und Filme aus dieser ▸Zeit und man kann Menschen befragen, die damals schon gelebt haben. Man nennt sie „Zeitzeugen". Für die Zeit davor gibt es nur schriftliche Aufzeichnungen wie Briefe oder Urkunden. Auch Gegenstände wie z. B. Geschirr, Werkzeug oder ▸Kleidung geben Auskunft über das Leben früher. Reste alter Gebäude verraten, wie man früher wohnte.

*Urkunde*

## Zeitrechnung

Unsere Zeitrechnung beginnt mit dem Jahr null. Das ist das Geburtsjahr von Jesus Christus. Die Jahre danach werden fortlaufend gezählt. Das Jahr 2007 findet also 2007 Jahre nach Christi Geburt statt. Wir schreiben deshalb 2007 n. Chr. (nach Christus). Die Zeit vor Christi Geburt wird rückwärts gezählt. Ein Gebäude aus dem Jahr 500 v. Chr. (vor Christus) ist also älter als ein Gebäude aus dem Jahr 300 v. Chr. Manche Völker (▸Volk) oder ▸Religionen wie z. B. der Islam verwenden andere Zeitrechnungen. Die Geschichte der Menschheit wird in große Abschnitte eingeteilt: Urgeschichte, Altertum, ▸Mittelalter, Neuzeit und Zeitgeschichte.

*Speerspitze aus Eisen*

*Faustkeil aus Stein*

## Urgeschichte

Die Urgeschichte beginnt mit den ersten Menschen vor Zehntausenden von Jahren. Die Erfindung der ▸Schrift vor etwa 5000 Jahren leitete in ▸Europa und ▸Asien die Frühgeschichte ein. Die Menschen lernten allmählich, ihre Werkzeuge aus ▸Metall wie Bronze oder Eisen statt aus ▸Stein herzustellen.

## Altertum

Die Zeit des Altertums begann vor etwa 3000 Jahren. Griechenland (▸Griechen) und das Römische Reich (▸Römer) waren die wichtigsten ▸Staaten. Große Gebäude wurden gebaut, wie die Tempel in Griechenland oder das Kolosseum, eine ▸Arena in Rom. Die ersten Bücher (▸Buch) wurden geschrieben. Griechenland wurde berühmt für seine Denker und Künstler. Dieser Zeitabschnitt wird auch Antike genannt.

*Das Kolosseum in Rom*

## Mittelalter

**Mittelalterliche Wappen**

Das Mittelalter umfasst einen Zeitraum von etwa 1000 Jahren und begann mit dem Ende des Römischen Reichs im Jahr 476 n. Chr. Es war die Zeit der Ritter und Burgen. Häufig gab es ▶ Kriege, Hungersnöte und Seuchen wie die Pest.

## Neuzeit und Zeitgeschichte

Zu Beginn der Neuzeit fuhren die Menschen noch mit der Kutsche, heute fliegen sie ins ▶ All. In der Neuzeit erkämpften sich die Bürger in vielen Ländern mehr ▶ Rechte. Durch die Erfindung von ▶ Maschinen entstanden viele Fabriken. Viele Menschen zogen vom Land in die Städte (▶ Stadt), um dort zu arbeiten. Allmählich entstanden die Großstädte. Das 20. Jahrhundert ist geprägt von den beiden ▶ Weltkriegen und ihren Auswirkungen, aber auch durch wichtige Erfindungen und technischen Fortschritt. Unsere Gegenwart nennt man Zeitgeschichte.

▶ Ägypten, Entdecker, Erfinder, Germanen, Kelten, Raumfahrt, Steinzeit, Wikinger

### Urgeschichte 40 000 v. Chr.

**Steinzeit**

**Bronze- und Eisenzeit**
Die Menschen stellen Gegenstände aus Metall her.

**Ägypten**
Um 5000 v. Chr.

### Antike 1200–500 v. Chr.

**Griechen**

**Christi Geburt 0**

**Römer**

**Kelten**

**Germanen**

**Wikinger**

### Mittelalter 500–1500 n. Chr.

Das Mittelalter ist die Zeit der Ritter und Burgen. Viele Klöster werden gegründet.

### Neuzeit 1500–heute

**15. Jahrhundert**
Erfindung des Buchdrucks

**16. Jahrhundert**
Die Kirche teilt sich in eine katholische und eine protestantische Kirche.

Seefahrer wie Kolumbus entdecken unbekannte Länder.

**17. Jahrhundert**
Viele Menschen wandern nach Nordamerika aus.

Viele technische Erfindungen erleichtern die Arbeit in Fabriken und Landwirtschaft.

**18. Jahrhundert**
Neue Ideen wie Gleichheit, Freiheit und Gleichberechtigung breiten sich aus.

**19. Jahrhundert**
Die Dampfmaschine ist der Grundstein für Erfindungen wie Eisenbahn und Automobil.

Siedler und Goldgräber ziehen in den Westen Amerikas.

**20. Jahrhundert**
Erster Weltkrieg (1914–1918)

Anfang des 20. Jahrhunderts erkämpfen sich die Frauen in verschiedenen europäischen Ländern das Wahlrecht. Bis dahin durften nur Männer wählen.

Zweiter Weltkrieg (1939–1945)

Die Mondlandung (1969) ist ein wichtiger Schritt bei der Erforschung des Alls.

Wiedervereinigung der beiden deutschen Staaten (1990)

Attentat auf das World Trade Center in New York (2001)

### das Gesetz

**1.** Gesetze sind Regeln für das Zusammenleben der ●Menschen. Sie werden von der Regierung vorgeschlagen. Das Parlament verabschiedet sie. Die ●Polizei achtet darauf, dass sie eingehalten werden. Die wichtigsten Gesetze stehen im Grundgesetz. Dort ist z. B. festgeschrieben, dass alle Menschen gleich sind und niemand benachteiligt oder bevorzugt werden darf. **2.** In der ●Natur gibt es feste Regeln, die der Mensch nicht ändern kann. Man nennt sie Naturgesetze.

➡ Politik

### das Gestein

Gestein besteht aus flüssigen oder festen Teilchen von ●Mineralen. Sie bilden die Erdkruste. Auch Sand und Kies zählen zu den Gesteinen. Wenn die Gesteinsschichten der Erdkruste in die Höhe gedrückt werden, entstehen ●Gebirge. Geologen untersuchen Gesteine, um zu erfahren, wie die ●Erde aufgebaut ist und wie sie sich entwickelt hat. Dazu bestimmen Geologen auch das ●Alter von ●Fossilien, die in Gesteinen eingeschlossen sind.

➡ Erde

### Gesundheit und Ernährung

➡ Seite 66

### das Getreide

Getreide ist seit Tausenden von ●Jahren das wichtigste Nahrungsmittel der ●Menschen. Bereits vor 8000 Jahren haben die Menschen der ●Steinzeit auf Äckern

Weizen  Roggen  Gerste  Hafer  Hirse  Reis

Getreide angepflanzt. Getreidekörner sind die ●Samen von Gräsern. Einige Getreidearten wie ●Reis oder Hirse werden als ganze Körner gegessen. Andere, wie z. B. Weizen oder Roggen, werden zu Mehl gemahlen. Daraus werden Brote und Nudeln hergestellt. Gerste wird an Schweine verfüttert oder für das Brauen von Bier verwendet. Hafer dient als Pferdefutter und seine Körner werden auch zu Haferflocken gepresst. In ●Asien ist Reis das Grundnahrungsmittel. ●Mais wird vor allem in Mittel- und ●Südamerika angebaut. Für ●Afrika ist Hirse die wichtigste Getreidepflanze.

### die Gewalt

Als Gewalt bezeichnet man Handlungen, mit denen einer Person oder einer Sache Schaden zugefügt werden soll. Außer der körperlichen Gewalt, wie Schlagen oder Treten, gibt es auch eine seelische Gewalt. Dabei werden z. B. durch Auslachen, Beschimpfen oder jemanden wie ●Luft behandeln die Gefühle eines ●Menschen verletzt.

Was sind fließende Gewässer?

## das Gewässer

Gewässer sind Ansammlungen von ➔Wasser auf und unter der Erdoberfläche. Es gibt stehende Gewässer (z. B. Teich, Weiher, See) und fließende Gewässer (z. B. ➔Quelle, Bach, ➔Fluss). Zu den unterirdischen Gewässern zählen Grundwasser und Wasser in ➔Höhlen.

## das Gewissen

Unser Gewissen sagt uns, ob das, was wir tun, richtig oder falsch, gut oder schlecht ist. Wenn man etwas tut, obwohl man weiß, dass es eigentlich falsch ist, hat man ein schlechtes Gewissen.

## das Gewitter

Ein Gewitter entsteht, wenn kalte und warme ➔Luft in der ➔Atmosphäre aufeinandertreffen. In den hoch aufgetürmten ➔Wolken bewegen sich Wassertröpfchen und Eisteilchen sehr schnell auf und ab. Dabei entsteht Elektrizität, die sich mit einem Blitz entlädt. Blitze erhitzen die Luft so stark (30 000 °C), dass sie sich explosionsartig ausdehnt. Dies hört man als Donner. Da sich der ➔Schall langsamer fortbewegt als das ➔Licht, hört man den Donner erst, nachdem der Blitz zu sehen war. Die ➔Geschwindigkeit des Schalls beträgt etwa 300 m in der Sekunde. Wenn zwischen Blitz und Donner also drei Sekunden ➔Zeit vergehen, ist das Gewitter noch etwa 900 m entfernt.

➔ Strom

## das Gewürz

Gewürze braucht man beim Kochen. Sie machen das Essen sowie Getränke schmackhafter. Die meisten Gewürze werden aus ➔Pflanzen hergestellt. Man verwendet Früchte (➔Frucht) (Paprika), ➔Samen (Senf), Knospen (Nelken), Rinde (Zimt), ➔Wurzeln (Ingwer), ➔Zwiebeln und Blätter (➔Blatt) (Minze). Die Gewürze fördern die Verdauung.

**Gewitter**

# die Gesundheit und die Ernährung

Unser Körper braucht Bewegung, Hygiene und gesunde Ernährung. Bewegung macht munter. Wenn man müde ist, hilft es oft schon, sich zu recken und zu strecken. Bewegung hilft auch gegen Übergewicht.

## Hygiene
Hygiene bedeutet Körperpflege. Dazu gehören das Waschen von Körper und ◦ Haaren, die Hautpflege, aber auch die Pflege der Finger- und Fußnägel und das Putzen der Zähne (◦ Zahn).

## Ernährung und Trinken
Wenn wir essen und trinken, nehmen wir Nährstoffe auf. Sie sind in den Nahrungsmitteln enthalten. Unser Körper wandelt sie in ◦ Energie um. Die Lebensmittelpyramide zeigt, von welchen ◦ Lebensmitteln man mehr oder weniger essen sollte. Frisches ◦ Obst, ◦ Gemüse oder Vollkornprodukte versorgen uns mit Ballaststoffen. Die sind pflanzlich und unverdaulich, d. h. unser Körper scheidet sie wieder aus. Sie machen satt und fördern die Darmtätigkeit. So sorgen Ballaststoffe für eine gute ◦ Verdauung. Obst und Gemüse enthalten Vitamine. Unser Körper besteht zu mehr als der Hälfte aus ◦ Wasser. Da wir durch Schwitzen und Atmung ständig Wasser verlieren, müssen wir viel trinken. Am besten trinkt man Mineralwasser, Kräuter- oder Früchtetee.

*Lebensmittelpyramide*

## Fette, Kohlenhydrate und Eiweiß
Fette und Kohlenhydrate geben dem Körper Kraft und Wärme. Gesunde Kohlenhydrate sind in Getreideprodukten und ◦ Kartoffeln enthalten. Wir brauchen auch Fette, z. B. pflanzliche Fette aus Nüssen oder Olivenöl. In Kuchen, Wurst und Fast Food (Hamburger und Pommes frites) ist oft viel Fett versteckt. Besonders in Milchprodukten, Fleisch, ◦ Fisch und ◦ Eiern sind Eiweiße enthalten. Eiweiße sind Baustoffe. Sie bilden Knochen und Knorpel neu und helfen beim Wachsen.

➡ Getreide, Öl

## der Geysir

Ein Geysir ist eine heiße
→ Quelle. Wie ein Springbrunnen stößt er in meist regelmäßigen Abständen heißes → Wasser und Dampf aus. Das Wasser der Geysire stammt aus Grundwasser, das in der Tiefe von vulkanischer Wärme erhitzt wird. Das Wasser beginnt zu kochen. Es entsteht Wasserdampf, der mit hohem Druck explosionsartig in die Höhe geschleudert wird. Geysire, die bis zu 40 m hohe Fontänen ausstoßen können, gibt es hauptsächlich in vulkanischen Gebieten auf Island, in Neuseeland oder den USA.

→ **Explosion, Vulkan**

**Geysir**

## das Gift

Gifte schaden → Menschen, Tieren und → Pflanzen. Sie können über den Mund, die → Nase oder über Verletzungen in der Haut in den Körper gelangen. Oft fühlt sich die Person dann unwohl. Einige Gifte können aber auch betäuben oder sogar zum → Tod führen. Manche Gifte können in geringen Mengen heilen und sind in → Medikamenten enthalten. Auch viele Haushaltsreiniger und einige → Pilze enthalten Gifte. Ob etwas giftig ist, keine Wirkung hat oder heilt, hängt von der Menge des enthaltenen Stoffes ab.

## das Glas

Glas ist ein durchsichtiger Werkstoff, den → Menschen schon seit 5000 → Jahren herstellen. Man schmilzt bei etwa 1500 °C eine Mischung aus Quarzsand, Soda und Kalk. Die abgekühlte Schmelze kann man verarbeiten: Sie kann zu Fensterglas gewalzt oder zu Vasen und Gläsern gegossen werden. Manche Gläser werden von einem Glasbläser an einem langen Rohr geblasen. → Brillen oder → Ferngläser werden mit geschliffenem Glas hergestellt. Glas kann wiederverwertet werden, weil man es einschmelzen kann.

→ **Recycling**

## die Gleichberechtigung

Gleichberechtigung bedeutet, dass alle → Menschen die gleichen → Rechte haben. Früher durften → Frauen nur wenige → Berufe ausüben und nicht wählen. Vor etwa 60 → Jahren wurde die Gleichberechtigung von → Mann und → Frau im → Gesetz festgeschrieben. Auch die Gleichstellung von allen Menschen durch das Gesetz nennt man Gleichberechtigung. In Südafrika sind Schwarze und Weiße erst seit wenigen Jahren gleichberechtigt. Vorher hatten die Weißen Sonderrechte, die die Schwarzen benachteiligten. Den Kampf um Gleichberechtigung nennt man Emanzipation.

→ **Afrika, Wahl**

Wie heißt das Steingeröll eines Gletschers?

### der Gletscher

Gletscher sind Eismassen, die hoch oben in ⇒ Gebirgen entstehen. Sogar auf Bergen in der Nähe des ⇒ Äquators gibt es Gletscher. Auch die Pole der ⇒ Erde sind von dicken Eisschichten bedeckt. ⇒ Schnee drückt die darunterliegenden Schneeschichten so stark zusammen, dass sie zu Eis werden. Im Gebirge bewegt sich das Eis langsam bergab und bildet eine Gletscherzunge. Das Gletschereis kann je nach Temperatur zwischen 200 m oder 6 km pro ⇒ Jahr fließen. Bei der Bewegung wird das Eis rissig und es bilden sich Gletscherspalten. Gletscher können auch ⇒ Berge abschleifen oder sich in Täler (⇒ Tal) eingraben. Sie hinterlassen u-förmige Täler, tiefe Seen oder Fjorde. Das sind Täler, die vom Meer überflutet wurden. Steingeröll, das ein Gletscher mit sich führt und ablagert, wird Moräne genannt. Am Ende der Gletscherzunge tritt Schmelzwasser als Gletscherbach aus. Während der ⇒ Eiszeit bedeckten viele Gletscher weite Teile der ⇒ Erde. Durch den Klimawandel und die Erwärmung der Erde schmelzen viele Gletscher ab.

⇒ Nordpol, Südpol

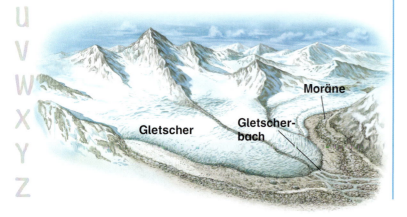

### der Globus

**1.** Ein Globus hat die Form einer Kugel und ist eine verkleinerte Nachbildung der ⇒ Erde oder eines anderen Himmelskörpers. Auf Erdgloben kann man die ⇒ Kontinente und ⇒ Meere in der richtigen Lage und im richtigen Größenverhältnis abbilden. **2.** Globus ist auch eine Bezeichnung für unsere Erde.

⇒ All

### die Grammatik

Grammatik ist die Lehre vom Aufbau der ⇒ Sprache. Regeln geben z. B. an, wie Wörter (⇒ Wort) richtig zu Sätzen (⇒ Satz) zusammengefügt werden, wie man die Formen eines ⇒ Verbs bildet, die Zeiten oder die vier Fälle der Hauptwörter (Nomen) richtig anwendet.

### die Grenze

Eine Grenze ist eine gedachte Linie, die Länder, Städte (⇒ Stadt), Gemeinden oder Grundstücke voneinander trennt. An der Grenze zwischen zwei Ländern muss man oft seinen Ausweis vorzeigen. Waren, die man über die Grenze mitnehmen möchte, müssen beim ⇒ Zoll angemeldet werden.

### die Griechen

Auf dem Gebiet des heutigen Griechenlands lebten die ⇒ Menschen vor etwa 3000 Jahren in verschiedenen Städten (⇒ Stadt), wie z. B. Athen und Sparta. Jede Stadt hatte ihre eigene Regierung, ihre eigenen ⇒ Gesetze und Götter. Die Städte waren oft miteinander verfeindet und führten ⇒ Kriege gegeneinander. In Athen

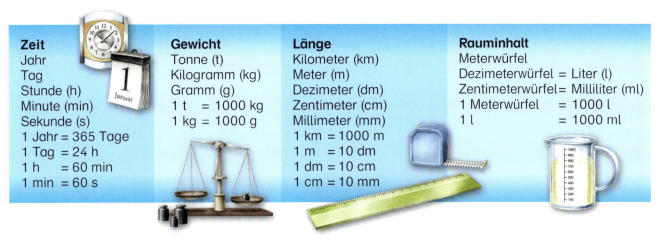

| Zeit | Gewicht | Länge | Rauminhalt |
|---|---|---|---|
| Jahr | Tonne (t) | Kilometer (km) | Meterwürfel |
| Tag | Kilogramm (kg) | Meter (m) | Dezimeterwürfel = Liter (l) |
| Stunde (h) | Gramm (g) | Dezimeter (dm) | Zentimeterwürfel = Milliliter (ml) |
| Minute (min) | 1 t = 1000 kg | Zentimeter (cm) | 1 Meterwürfel = 1000 l |
| Sekunde (s) | 1 kg = 1000 g | Millimeter (mm) | 1 l = 1000 ml |
| 1 Jahr = 365 Tage | | 1 km = 1000 m | |
| 1 Tag = 24 h | | 1 m = 10 dm | |
| 1 h = 60 min | | 1 dm = 10 cm | |
| 1 min = 60 s | | 1 cm = 10 mm | |

entstand vor 2500 ↪ Jahren die erste ↪ Demokratie. Die politischen ↪ Rechte galten aber nur für Männer (↪ Mann) aus Athen, die älter als 30 Jahre waren. ↪ Frauen und ↪ Sklaven (unfreie Menschen) hatten keine Rechte. Die Griechen befassten sich mit ↪ Literatur, Philosophie und Wissenschaft. Viele berühmte Denker, wie z. B. Aristoteles, Sokrates und Plato, waren Griechen. Dichtung, ↪ Theater und ↪ Kunst spielten eine wichtige Rolle. Alle vier Jahre fanden die ↪ Olympischen Spiele statt. Die Griechen verehrten viele verschiedene Götter, denen sie prächtige Tempel bauten. Über die griechischen Götter gibt es viele Geschichten, die man Mythen nennt. Der oberste Gott hieß Zeus. Nach seiner Tochter Athene, der Göttin der Weisheit, wurde die Stadt Athen benannt. Im Jahr 197 v. Chr. eroberten die ↪ Römer Griechenland.

⇨ **Geschichte, Politik, Religionen**

**Olympische Spiele im alten Griechenland**

### die Größen und Maßeinheiten
Maße und Gewichte benötigt man, um herauszufinden, wie schwer, groß, voll, lang oder breit etwas ist. Zu den Maßeinheiten gehören auch ↪ Zeit und ↪ Temperatur.

### der Grundriss
Ein Grundriss ist das Bild einer Wohnung oder eines Hauses. Alle Zimmer sind darin eingezeichnet. Man sieht sie von oben. Wer umzieht, braucht oft den Grundriss der neuen Wohnung. Man kann dann ausprobieren, wie die Möbel dort stehen sollen.

Grundriss

⇨ **Architektur**

### das Gummi
Gummi wird aus dem milchigen Saft des Kautschukbaumes hergestellt. Die Rinde des Kautschukbaumes wird angeschnitten und der Milchsaft in Schalen aufgefangen. Er wird zu Gummi weiterverarbeitet. Meist wird Gummi aus ↪ Öl oder Kohle hergestellt. Aus Gummi werden z. B. Schuhsohlen, Reifen oder Gummibälle gemacht.

### das Haar

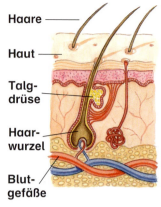

Haare gehören wie Finger- und Fußnägel zur Haut und bestehen aus Horn. Es gibt sie nicht nur auf dem Kopf, sondern am ganzen Körper. Bei einer Gänsehaut stellen sich die Härchen am Körper auf. Nur die Handflächen und Fußsohlen haben keine Haare. Vor allem die Kopfhaare schützen uns vor Hitze und Kälte. Junge ◆ Menschen haben etwa 100 000 Haare auf dem Kopf. Tiere werden durch ihr ◆ Fell zusätzlich vor Nässe und Kälte geschützt. Außerdem können Tiere sich damit tarnen.

### der Hafen

Ein Hafen ist ein Wasserbecken, an dem ◆ Schiffe ankern oder anlegen können. Früher wurden Häfen in Meeresbuchten oder Flussmündungen angelegt, wo die Schiffe vor Sturm, Hochwasser, Eis und hohen Wellen geschützt waren. Moderne Häfen sind meist künstlich angelegt. Der Hafen braucht ein Becken, das tief genug für große Schiffe sein muss. In den großen Handelshäfen werden Waren und Güter an- und abtransportiert. Die Ufer sind befestigt, damit Schiffe anlegen können. Es gibt Straßen, Gleise, Kräne und Lagerhäuser. Bevor sehr große Schiffe in einen Hafen einlaufen, müssen sie oft den eigenen Antrieb ausschalten. Sonst machen sie zu große Wellen und gefährden damit kleinere Schiffe. Diese großen Schiffe werden dann von kleinen Schleppern in den Hafen gezogen. In den Docks werden Schiffe repariert.

◆ Handel

### der Hai

Haie sind ◆ Fische, die ein Skelett aus Knorpeln haben. Ihre Haut ist nicht mit ◆ Schuppen, sondern von winzigen Zähnchen bedeckt. Haie sind Meeresbewohner und ernähren sich von kleineren Fischen. Ihre spitzen Zähne (◆ Zahn) stehen in mehreren Reihen hintereinander. Insgesamt gibt es etwa 250 Haifischarten. Mit einer Länge von 18 m ist der Walhai der größte Hai. Er ernährt sich nur von ◆ Plankton. Der Katzenhai wird nur 80 cm

Hafen

**Karibischer Riffhai**

groß. Haie wie Menschenhaie, Blauhaie, Hammerhaie und der Weiße Hai können auch dem ●Menschen gefährlich werden.

➡ Meer, Tierreich

### der Handel

Handel ist der Austausch von Waren oder von ●Geld und Waren. Wenn ein Bauer z.B. große Mengen ●Kartoffeln anbaut, kann er sie an den Großhandel verkaufen. Der Großhandel kauft Waren in großen Mengen und verkauft sie an den Einzelhandel. Der Einzelhandel heißt so, weil er die Waren an den einzelnen Verbraucher, also den Kunden, verkauft.

➡ Wirtschaft

### das Handwerk

Handwerk bedeutet Handarbeit. Mit Händen und Werkzeugen werden Waren angefertigt. Handwerksberufe sind z.B. Bäcker, Schlosser, Zimmermann, Metzger (Fleischer) oder Friseur. Um einen Handwerksberuf zu erlernen, muss man eine Ausbildung (Lehre) machen. Nach der Abschlussprüfung ist man Geselle. Nach einigen Gesellenjahren und dem Besuch der Meisterschule kann man die Meisterprüfung ablegen.

➡ Beruf, Schule

### das Haustier

Vor etwa 10 000 ●Jahren zähmten die ●Menschen der ●Steinzeit Wildtiere wie ●Hunde, Rinder und Schweine. Haustiere leben im oder am Haus und werden zu verschiedenen Zwecken gehalten. Nutztiere wie Rinder, Schweine oder Geflügeltiere (z.B. Puten, Hühner) werden wegen ihres Fleisches gemästet. Aber auch andere Tierprodukte wie ●Milch, ●Eier, ●Wolle, ●Federn, ●Honig und Leder nutzt der Mensch. Früher waren ●Pferde und Ochsen Arbeitstiere, die bei der Feldarbeit eingesetzt wurden. In einigen Ländern sind Kamele, Esel und Schlittenhunde Zugtiere. Pferde werden noch zu Sportzwecken wie Dressur- oder Springreiten und Pferderennen gezüchtet. Viele Menschen halten sich z.B. ●Katzen, Hunde, Meerschweinchen, Kaninchen oder Wellensittiche.

### der Hebel

Hebel helfen schwere Lasten anzuheben. Ein Hebel ist eine Stange, die sich um einen Punkt oder eine ●Achse drehen lässt. Je länger der Hebel ist, desto weniger Kraft wird benötigt, um eine Last anzuheben. Wippe, Zange, Nussknacker oder Flaschenöffner sind Hebel.

**Hebel**

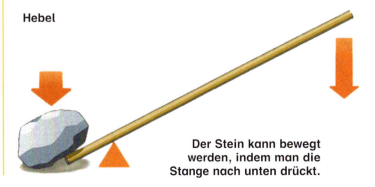

**Der Stein kann bewegt werden, indem man die Stange nach unten drückt.**

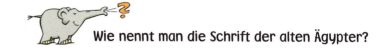

Wie nennt man die Schrift der alten Ägypter?

### die Heide

Die Heide ist eine baumlose ⏵Landschaft. Die meisten Heidelandschaften sind entstanden, weil im ⏵Mittelalter große Wälder abgeholzt wurden. Die dadurch gewonnenen Flächen wurden als Viehweiden genutzt. Auf einer Heide wachsen Heidekraut, Wacholder oder Kiefern. Bekannte deutsche Heidelandschaften sind z. B. die Lüneburger Heide in Niedersachsen oder die Schorfheide in Brandenburg.

⇒ Deutschland

### die Heimat

Heimat ist dort, wo man geboren ist oder wo man sich zu Hause fühlt. Das kann ein Land, eine ⏵Stadt, ein ⏵Dorf, ein Platz oder ein bestimmtes Haus sein. Für viele ⏵Menschen ist ihre Heimat dort, wo vertraute Menschen leben, z. B. die ⏵Familie oder sehr gute Freunde. Wenn man an einem anderen Ort ist und sich dort nicht so wohl fühlt, bekommt man Heimweh.

### die Heilpflanze

Heilpflanzen enthalten Wirkstoffe, die ⏵Krankheiten lindern oder heilen können. Die heilenden Stoffe können in den Blättern (⏵Blatt), ⏵Samen, Blüten, Stängeln oder ⏵Wurzeln enthalten sein. Heilpflanzen wie Kamille, Salbei oder Ringelblume werden z. B. zu ⏵Tee, Salben oder Pillen verarbeitet. Heilwirkungen haben auch ⏵Gewürze wie Kümmel und Anis. Heilpflanzen wie Fingerhut, Eisenhut oder Efeu darf man nur auf ärztlichen Rat einnehmen.

⇒ Medikament

### die Heizung

Früher wärmten die ⏵Menschen ihre Behausungen mit Feuerstellen, später mit offenen Kaminen und Öfen. Moderne Häuser werden mit einer Zentralheizung beheizt. Ein großer Öl- oder Gasbrenner im Keller erhitzt ⏵Wasser. Eine ⏵Pumpe verteilt das heiße Wasser durch die Heizungsrohre bis in die Heizkörper. Sie erwärmen sich und geben die Wärme an den Raum ab. An den Heizkörpern befinden sich Thermostate, mit denen man die ⏵Temperatur im Raum regeln kann.

⇒ Feuer, Öl, Strom

Kamille

Heizung
Kaltes Wasser
Heißes Wasser
Brenner

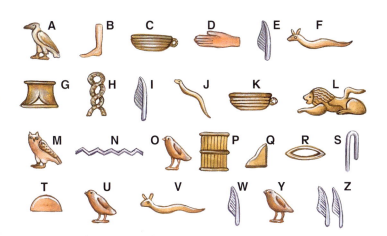

### die Hieroglyphen

Das →Wort Hieroglyphen stammt aus dem Griechischen und bedeutet „heilige Schriftzeichen".
Man bezeichnet damit vor allem die
→Schrift der alten Ägypter. Manche Zeichen stehen für einen Buchstaben, so wie in unserem →Alphabet, andere Zeichen stehen für ein ganzes Wort.

→ Ägypten, Griechen

### der Himmel

**1.** Der Himmel wird auch Himmelsgewölbe oder Firmament genannt. Wenn man im Freien steht und den Himmel betrachtet, sieht er wie eine riesige Halbkugel aus, die sich über der →Erde wölbt. Durch das einfallende Sonnenlicht erhält der Himmel seine blaue →Farbe. Der Horizont ist der Punkt, an dem Himmel und Erde scheinbar zusammenstoßen. **2.** In vielen →Religionen wird der Himmel als das Reich Gottes angesehen.

### die Himmelsrichtung

Es gibt vier Himmelsrichtungen: Norden, Süden, Osten und Westen. Nach dem Stand der →Sonne können sie bestimmt werden. So kann man sich das merken: Im Osten geht die Sonne auf. Im Süden nimmt sie ihren Lauf. Im Westen will sie untergehn. Im Norden ist sie nicht zu sehn. Zur Bestimmung der Himmelsrichtung benutzt man einen →Kompass.

**Hieroglyphen**

### die Höhle

Höhlen sind große unterirdische Hohlräume oder Gänge. Sie entstehen, wenn Regenwasser durch Kalkstein in die →Erde sickert. Im Laufe der →Zeit löst das →Wasser den Kalkstein auf. Dabei bilden sich unter der Erde Höhlen mit Flüssen (→Fluss) und Seen. Wenn Kalkwasser von der Höhlendecke tropft, entstehen Tropfsteine. Diese werden Stalaktiten genannt, wenn sie wie Zapfen von der Decke herabhängen. Stalagmiten sind Säulen, die vom Boden nach oben wachsen. Höhlen dienten den →Menschen der →Steinzeit als Wohnstätten. In dieser Zeit entstanden auch Felsbilder, die ersten Werke der →Kunst.

### das Holz

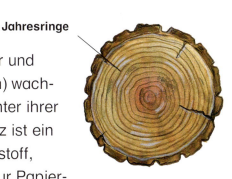

**Jahresringe**

Wenn Sträucher und Bäume (→Baum) wachsen, entsteht unter ihrer Rinde Holz. Holz ist ein wichtiger →Rohstoff, den man z. B. zur Papierherstellung, für den Haus- und Möbelbau oder als Brennstoff verwendet. Man unterscheidet das Weichholz der →Nadelbäume und das Hartholz der →Laubbäume. Bei einem gefällten Baum kann man dessen Jahresringe erkennen. Ein heller und ein dunkler Ring zeigen das Wachstum eines →Jahres an.

→ Papier, Lebensraum Wald

Wie werden junge Hunde genannt?

### die Homosexualität

Das griechische ❯ Wort „homo" bedeutet gleich. Homosexualität ist die ❯ Liebe zwischen zwei ❯ Menschen des gleichen Geschlechts. Männer (❯ Mann), die Männer lieben, nennen sich selbst Schwule. ❯ Frauen, die Frauen lieben, nennen sich Lesben. Die Liebe zwischen Menschen unterschiedlichen Geschlechts nennt man Heterosexualität.

➜ **Sexualität**

### der Honig

Honig ist der dickflüssige Süßstoff, der aus Nektar und Pollen von ❯ Bienen hergestellt wird. Ein Bienenvolk kann mehrere Kilogramm Honig im ❯ Jahr erzeugen. Im Honigmagen einer Biene werden Nektar und Pollen zu Honig verarbeitet und danach in den Vorratswaben des Bienenstocks abgelagert. Der Imker, ein Bienenzüchter, schleudert dann mit einer Honigschleuder den Honig aus den Waben. Er versorgt die Bienen dafür mit Zuckersirup.

### der Hund

Hunde gehören zur ❯ Familie der ❯ Raubtiere. Zu den hundeartigen Raubtieren zählen auch Wölfe, Füchse, Schakale und Kojoten. Vor mehr als 10 000 ❯ Jahren wurden Wölfe von den ❯ Menschen der ❯ Steinzeit gezähmt. Hunde sind wahrscheinlich die ältesten ❯ Haustiere. Weltweit gibt es heute etwa 500 Hunderassen, deren Vorfahr der Wolf ist. Zweimal im Jahr bringen die Hündinnen bis zu zehn Junge (Welpen) zur Welt. Die männlichen Hunde werden Rüden genannt. Hunde können sehr gut hören und riechen. Darum werden einige von ihnen für bestimmte Aufgaben gezüchtet oder ausgebildet. So gibt es z. B. Blindenhunde, Wachhunde, Jagdhunde oder Suchhunde, die ❯ Drogen und verschüttete Menschen aufspüren.

➜ **Tierreich**

### der Hunger

Mit Hunger signalisiert uns unser Körper, dass er ❯ Energie braucht. Wenn man dem Körper nicht durch Essen Nährstoffe und Energie liefert, holt er sich die Energie aus den Fettreserven des Körpers. Dadurch verliert man an Gewicht. Man kann viele ❯ Tage ohne Nahrung überleben, aber man wird immer schwächer und verhungert, wenn die Fettreserven aufgebraucht sind.

➜ **Gesundheit und Ernährung, menschlicher Körper**

### der Hydrant

Ein Hydrant ist wie ein großer Wasserhahn. Er ist verbunden mit dem Wasserleitungssystem einer Gemeinde oder ❯ Stadt. Die ❯ Feuerwehr oder die Straßenreinigung kann mit Schläuchen daraus ❯ Wasser entnehmen. Viele Hydranten stehen gut sichtbar an Straßen oder Plätzen. Bei anderen ist nur ihr Deckel in der Straße sichtbar. Rot umrandete Schilder an Hauswänden weisen auf sie hin. Die ❯ Zahlen darauf geben den Abstand zwischen dem Schild und dem Hydranten an.

**Hydrant**

### der Igel

Der Igel ist ein ●Säugetier und gehört zur ●Familie der Insektenfresser. Statt ●Haaren hat der Igel harte Stacheln. Bei der ●Geburt sind die Igeljungen blind und ihre Stacheln noch ganz weich. Der Igel lebt in Wäldern, Gärten und Hecken. Nachts frisst er ●Insekten, Mäuse, ●Schnecken, Vogeleier und Früchte (●Frucht). Bei Gefahr rollt sich der Igel zu einer stacheligen Kugel zusammen. Im Herbst muss sich der Igel ein Fettpolster anfressen, bevor er im Winter in den ●Winterschlaf fällt. 15 verschiedene Igelarten gibt es in ●Europa, ●Asien und ●Afrika.

➡ Ei, Tierreich

### das Iglu

Ein Iglu ist eine runde Schneehütte, wie die ●Inuit sie früher bauten. Für ein Iglu schnitt man Blöcke aus hartem ●Schnee und schrägte sie ab. Die Blöcke wurden dann wie Ziegelsteine zu einem gewölbten Bau zusammengesetzt. Oben ließ man früher eine Öffnung frei, damit der Rauch des ●Feuers abziehen konnte. Heute leben aber alle Inuit in Häusern. Übrigens kann man der Iglu oder das Iglu sagen.

### das Immunsystem

Das Immunsystem ist das Abwehrsystem unseres Körpers. In der ●Luft sind ●Bakterien und Viren (●Virus), die über unsere Haut oder durch ●Lebensmittel in den Körper gelangen. Sie können uns krank machen. Werden diese Krankheitserreger von den Schleimschichten in ●Nase, Mund, Rachen und Darm nicht aufgehalten, übernimmt das Immunsystem ihre Abwehr. Weiße Blutkörperchen bilden Abwehrstoffe (Antikörper), die mit den Krankheitserregern Klumpen bilden. Diese Klumpen werden dann von sogenannten Fresszellen abgetötet.

➡ Aids, Allergie, Gesundheit und Ernährung, Krankheit, menschlicher Körper

### die Impfung

Impfungen schützen ●Menschen und Tiere vor ●Krankheiten. Unser ●Immunsystem kann sich nicht gegen alle Krankheitserreger wehren. Man kann sich z. B. gegen Pocken, Keuchhusten, Masern, Mumps oder die Grippe impfen lassen. Bei Schutzimpfungen werden winzige Mengen von abgeschwächten Krankheitserregern gespritzt. Der Körper bildet Abwehrstoffe (Antikörper) gegen diese Krankheit, ohne dass man an ihr erkrankt. Unser Immunsystem merkt sich die Krankheitserreger und legt einen Vorrat an Abwehrstoffen an. Gelangen diese Krankheitserreger später in den Körper, erkennt das Immunsystem sie wieder. Es bildet so schnell Antikörper, dass die Krankheit nicht ausbricht.

# die Indianer

Indianer – auch Indios genannt – sind die Ureinwohner Amerikas. Sie leben dort seit fast 30 000 ⇒Jahren. Es gab über 500 Stämme mit meist eigener ⇒Sprache und unterschiedlichen Bräuchen.

## Die Indianerstämme
In Mittelamerika entwickelten sich die Hochkulturen der Maya und Azteken, in ⇒Südamerika die der Inka. Im äußersten Norden leben die ⇒Inuit. Die bekanntesten Indianer ⇒Nordamerikas sind die Präreindianer. Sie folgten den großen Bisonherden in der ⇒Prärie. Zu ihnen gehörten Stämme wie die Crow, Sioux und Apachen. Die Puebloindianer, wie die Navajo oder Hopi, lebten als Bauern im Südwesten. Sie bauten Stein- oder Lehmhäuser. Die Irokesen und Algonkin waren in den Waldgebieten zu Hause. Sie wohnten in festen Hütten, den Wigwams. An der Nordwestküste lebten Stämme wie die Haida und Nootka.

*Tipis der Präreindianer*

*Totempfahl der Haida*

Sie stellten Totempfähle mit den ⇒Wappen der jeweiligen ⇒Familie auf.

## Geschichte
Ihren ⇒Namen erhielten die Indianer von den Europäern. Als Kolumbus 1492 Amerika entdeckte, glaubte er, in Indien gelandet zu sein, und nannte deswegen die ⇒Menschen dort Indianer. Die Ausbreitung der Siedler aus ⇒Europa veränderte das Leben der Indianer: Die Europäer beanspruchten Land für ihre Farmen, bauten eine Eisenbahnlinie und schossen die Bisonherden ab. Dadurch verloren die Präreindianer ihre Lebensgrundlage. Sie versuchten ihr Land zu verteidigen. Schließlich wies man ihnen Gebiete zu.
In diese Reservate mussten alle Indianer umziehen. Ihre Sprachen und Feste wurden ihnen verboten. Noch heute lebt ein großer Teil der Indianer in Reservaten. Sie pflegen aber wieder ihre Traditionen und alten Sprachen.

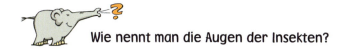
Wie nennt man die Augen der Insekten?

### die Industrie

In Industriebetrieben werden mithilfe von
◦ Maschinen Waren oder ◦ Rohstoffe hergestellt, z. B. ◦ Autos, ◦ Kleidung oder Spielzeug. Bei der Herstellung werden Rohstoffe gewonnen (z. B. Erdöl) oder verarbeitet (z. B. wird aus Erdöl Plastik hergestellt). Jeder Arbeiter führt eine ganz bestimmte Tätigkeit aus. In der Autoindustrie werden z. B. am Fließband von einem Arbeiter die Scheinwerfer des Autos montiert, ein anderer baut die Bremsleitung ein. Industriegebiete entstehen, wo es günstige Bedingungen für die Herstellung und den Vertrieb von Waren gibt: z. B. eine Autobahn, einen ◦ Hafen oder Rohstoffe.

→ Öl

### das Insekt

Insekten sind die größte Gruppe im ◦ Tierreich. Man kennt fast eine Million Insektenarten, es können aber noch viel mehr sein. Zu den Insekten gehören z. B. ◦ Ameisen, ◦ Bienen, ◦ Schmetterlinge, Käfer und Fliegen. Der Körper der Insekten besteht aus einem Panzer aus Chitin. Er gliedert sich in drei Teile: Kopf, Brust und Hinterleib. An der Brust befinden sich drei Beinpaare. Viele Insekten besitzen zwei Flügelpaare und können fliegen. Am Kopf haben sie ◦ Augen, Fühler und Mundwerkzeuge, mit denen sie fressen. Die großen Augen der Insekten nennt man auch Facettenaugen, weil sie aus vielen einzelnen Augen bestehen. Insekten legen ◦ Eier, aus denen Maden, Raupen oder ◦ Larven schlüpfen. Die Maden und Raupen verpuppen sich. Aus der Puppe entsteht dann das fertige Insekt. Viele Insektenarten leben in ◦ Staaten zusammen, z. B. die Ameisen.

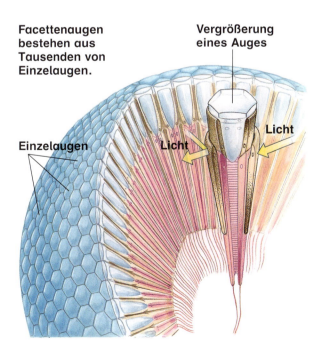

Facettenaugen bestehen aus Tausenden von Einzelaugen.

Vergrößerung eines Auges

### der Instinkt

Das Verhalten von Tieren ist ihnen angeboren. Die Verhaltensweisen, die man nicht erlernen muss, nennt man Instinkt. Bei Gefahr sticht eine ◦ Biene und der ◦ Igel rollt sich instinktiv zusammen; Vögel (◦ Vogel) wissen durch den Instinkt, wann sie Nester bauen müssen. Ein ◦ Baby greift instinktiv zu, wenn man einen Finger an sein Händchen hält. Die angeborenen Instinkte werden in der Kindheit noch trainiert. Eine junge ◦ Katze jagt zwar instinktiv eine Maus. Um sie fangen zu können, muss sie aber noch oft üben.

Was ist ein Kajak?

### die Intelligenz

Mit Intelligenz wird die Fähigkeit bezeichnet, Zusammenhänge zu erkennen und Probleme zu lösen. Intelligent ist, wer vernünftig handelt, Wissen leicht behält und schnell verstehen und denken kann. Während der ●Mensch seinen Verstand einsetzt, verhalten sich Tiere nach dem ●Instinkt.

### das Internet

Das Internet besteht aus vielen Computernetzen rund um den Erdball, die miteinander verbunden sind. Wenn ein ●Computer über ein Modem an das Telefonnetz angeschlossen ist, kann man im Internet surfen und zu fast jedem Thema Informationen finden. Man kann von Websites Spiele, Programme, Bilder oder ●Musik herunterladen. Außerdem kann man z. B. elektronische Briefe (E-Mails) verschicken oder Bankgeschäfte erledigen.

➡ **Telefon, Medien, Podcast**

### die Inuit

Inuit ist der richtige ●Name der Eskimos. Für die Inuit ist „Eskimo" (Rohfleischesser) ein Schimpfwort und sollte deshalb nicht benutzt werden. Die Inuit leben in Alaska, Kanada, Sibirien und Grönland. Sie haben sich ganz auf das Leben in ●Schnee und Kälte eingestellt. Früher bewohnten sie während der Jagd ●Iglus. Ihre Waffen und Werkzeuge stellten sie aus Knochen und Treibholz her. Aus Walrippen und Häuten bauten sie Boote, sogenannte Kajaks, und mit ihren Hundeschlitten konnten sie weite Strecken zurücklegen. Heute wohnen die Inuit in Häusern und haben ●Strom und Fernseher. Sie leben zum Großteil immer noch von der Jagd, verwenden aber nun Gewehre und Motorschlitten. Die Inuit haben viel von ihrer ursprünglichen Lebensweise aufgegeben. Sie versuchen aber, ihre alten Bräuche zu bewahren.

➡ **Nordamerika**

Die Inuit

## das Jahr

Die ⇒ Erde braucht ein Jahr für ihren Lauf um die ⇒ Sonne. Ganz genau sind es 365 ⇒ Tage und etwa sechs Stunden. Da ein Kalenderjahr aber nur 365 ⇒ Tage dauert, wird alle vier Jahre ein Schaltjahr in den ⇒ Kalender aufgenommen. In jedem Jahr, dessen Jahreszahl durch vier teilbar ist, kommt der 29. Februar als Schalttag dazu. Ein Schaltjahr hat also 366 Tage. Ein Jahr besteht aus 12 ⇒ Monaten und den vier ⇒ Jahreszeiten.

*Die Jahreszeiten: Frühling (20./21. März), Sommer (21. Juni), Herbst (22./23. September), Winter (21./22. Dezember)*

## die Jahresfeste

Alle ⇒ Religionen haben regelmäßig wiederkehrende Festtage. Sie werden mit festlichen Gottesdiensten gefeiert. Die ältesten christlichen Festtage sind der Sonntag, Ostern und Pfingsten. Später wurde auch Epiphanias (Heilige Drei ⇒ Könige), Weihnachten und Christi Himmelfahrt gefeiert. An diesen ⇒ Tagen haben die Geschäfte geschlossen, es findet kein Unterricht in der ⇒ Schule statt und die meisten ⇒ Menschen arbeiten nicht.

➡ **Feiertag**

## die Jahreszeiten

Die vier Jahreszeiten Frühling, Sommer, Herbst und Winter entstehen durch die unterschiedlich starke Strahlung der ⇒ Sonne auf die ⇒ Erde und die Dauer von ⇒ Tag und Nacht. Im Sommer ist der ⇒ Nordpol der Sonne am stärksten zugeneigt und auf der Nordhalbkugel, wo ⇒ Europa liegt, herrscht Sommer. Die Sonne steht hoch am ⇒ Himmel und die Tage sind länger und wärmer. Im Herbst werden die Tage kühler und kürzer. Ab Dezember ist der ⇒ Südpol der Sonne zugeneigt. Dann ist bei uns Winter. Die Sonne steht tief am Himmel und die Tage sind sehr kurz und kalt. Am Nord- und Südpol gibt es nur zwei Jahreszeiten: Sommer und Winter.

## der Joghurt

Joghurt ist ein gesundes Nahrungsmittel, das aus ⇒ Milch hergestellt wird. Damit die Milch dick und säuerlich wird, fügt man sogenannte Milchsäurebakterien bei. Es gibt ungesüßten Naturjoghurt und Joghurts in den verschiedensten Geschmacksrichtungen. Man kann auch das Joghurt sagen.

➡ **Bakterien**

## der Journalist

Journalisten berichten darüber, was in einer ⇒ Stadt, einem Land oder auf der Welt passiert. Sie arbeiten für das Fernsehen, das Radio, für Zeitschriften oder Zeitungen. Sie führen Gespräche z. B. mit Sportlern, Künstlern oder Politikern und schreiben über wichtige Ereignisse.

➡ **Medien**

### das Kabel
Kabel sind Leitungen für elektrischen ●Strom. Die Leitungen bestehen aus mehreren Drähten aus ●Metall. Diese sind zum Schutz mit einer Schicht aus ●Kunststoff ummantelt.

### der Kaffee
Kaffee wird aus Kaffeebohnen gewonnen. Sie wachsen in den roten Früchten (●Frucht) des Kaffeestrauchs. Er wächst in ●Afrika, ●Asien und ●Südamerika. Nach dem Pflücken werden die Bohnen getrocknet, geröstet und gemahlen. Das Pulver wird mit heißem ●Wasser überbrüht und gibt seinen Geschmack an das Wasser ab.

**Kaffeestrauch**

### der Kakao
Der Kakaobaum wächst in warmen Ländern wie ●Südamerika und ●Afrika. An seinem Stamm blühen das ganze ●Jahr über Blüten. Aus ihnen wachsen große Kakaoschoten heran. In jeder Schote befinden sich etwa 40 Kakaobohnen. Die Schoten werden gepflückt, zerteilt und getrocknet. Nach dem Trocknen werden die Kakaobohnen herausgeschält. Durch Gären und Trocknen erhalten die Bohnen ihren Geschmack. In Schokoladefabriken werden die Bohnen geröstet,

**Kakaobaum**

geschält und gemahlen. Übrig bleibt das Kakaopulver, das zu ●Schokolade oder zu Kakaogetränken weiterverarbeitet wird.

### der Kaktus, die Kakteen
Diese stacheligen ●Pflanzen wachsen in ●Wüsten und ●Steppen. Sie können in dem trockenen ●Klima überleben, weil sie in ihrem Stamm ●Wasser speichern. Kakteen haben keine Blätter (●Blatt), sondern Dornen, die sie vor Tieren schützen.

### der Kalender
Ein Kalender gibt die Einteilung des ●Jahres in ●Tage, ●Wochen und ●Monate an. Alle vier Jahre wird ein weiterer Tag in den Kalender aufgenommen (29. Februar): Man nennt ihn Schalttag und das Jahr Schaltjahr.

### die Kamera
Mit einer Kamera (Fotoapparat) kann man Fotos, mit einer Filmkamera Filme aufnehmen. Durch den Sucher kann man den Bildausschnitt sehen, der später auf dem Foto abgebildet ist. Durch das Objektiv wird ein Bild aufgenommen. Wird der Auslöser gedrückt, öffnet sich der Verschluss des Objektivs und Lichtstrahlen gelangen in die Kamera. Sie belichten den Negativfilm in der Kamera. Der Film wird später entwickelt. Von den Bildern werden Abzüge auf ●Papier hergestellt. Bei Digitalkameras wird das Bild in Millionen von kleinen Bildpunkten aufgelöst. Auf dem Mini-Bildschirm auf der Kamera kann man das Foto sofort nach der Aufnahme ansehen, speichern oder löschen.

**Woher stammen die Kartoffeln?**

Die Bilder können in den Speicher eines ⮕ Computers übertragen und ausgedruckt werden. Filmkameras funktionieren wie Fotokameras. Pro Sekunde werden 24 Einzelbilder aufgenommen.

### der Kanal
**1.** Ein Kanal ist ein künstlicher Wasserlauf für den Schiffsverkehr, z. B. der Nord-Ostsee-Kanal in ⮕ Deutschland. Große Kanäle verbinden ⮕ Meere miteinander. Der Panamakanal z. B. verbindet Pazifik und Atlantik. **2.** Abwässerkanäle führen Schmutz- und Regenwässer ab. **3.** Die ⮕ Kabel, die man zur Übertragung von elektronischen Nachrichten benötigt, werden ebenfalls als Kanäle bezeichnet.

⮕ Schiff, Wasser

### die Kartoffel
Die Spanier brachten die Kartoffel im 16. Jh. von ⮕ Südamerika nach ⮕ Europa. Alle Teile der Kartoffelpflanze, die über der ⮕ Erde wachsen, sind giftig. Wir essen nur die Knollen. Sie wachsen unter der Erde. Kartoffeln werden nur gekocht gegessen, z. B. als Salzkartoffeln, Pommes frites oder Kartoffelbrei.

**Kartoffel**

### der Käse
Käse ist ein Nahrungsmittel aus der ⮕ Milch von Kühen, Ziegen oder Schafen. Bei der Herstellung von Käse werden besondere ⮕ Bakterien in die Milch gegeben, damit sie gerinnt und sich festigt. Dadurch gewinnt man die flüssige Molke und den Käsebruch. Dieser wird abgeschöpft und in Formen gepresst. Je nach Käsesorte gibt man ⮕ Salz, ⮕ Gewürze oder Schimmelpilze dazu. Es gibt Hartkäse (Emmentaler), Weichkäse (Camembert), Schimmelkäse (Gorgonzola) und Frischkäse.

### der Katalysator
Der Katalysator (Kat) ist ein Gerät im ⮕ Auto. Er sorgt dafür, dass die schädlichen ⮕ Abgase schnell verbrannt und nicht an die ⮕ Luft abgegeben werden.

### die Katastrophe
Schreckliche Ereignisse mit schlimmen Folgen nennt man Katastrophen. ⮕ Menschen und Tiere werden verletzt oder getötet, Gebäude und ⮕ Landschaften zerstört. Es gibt Naturkatastrophen wie ⮕ Erdbeben, Überschwemmungen, Flutwellen (Tsunamis) oder Vulkanausbrüche.

⮕ Vulkan

### die Katze
Katzen sind ⮕ Säugetiere und gehören zur ⮕ Familie der ⮕ Raubtiere. Man unterscheidet Großkatzen, z. B. Löwen, Tiger oder Leoparden, und Kleinkatzen, z. B. Luchse und Wildkatzen. Alle Katzen sind hervorragende Jäger mit einem sehr guten Seh-, Hör- und Tastvermögen. Mit ihren langen Schwänzen halten sie beim Klettern und Springen das Gleichgewicht.

**Katze**

⮕ Tierreich

### die Kelten

Die Kelten siedelten vor etwa 3000 ➜ Jahren in Gebieten, die heute in Großbritannien, Frankreich, ➜ Deutschland, Norditalien und Spanien liegen. Die ➜ Römer nannten dieses ➜ Volk Gallier. Die Kelten waren in viele Stämme aufgeteilt, die zwar die gleiche ➜ Sprache, die gleichen Bräuche und die gleiche ➜ Religion hatten, aber untereinander ständig ➜ Krieg führten. Die Kelten waren Bauern und Schmiede. Sie verwendeten Eisen zur Herstellung von Werkzeugen, Waffen und Wagenrädern.

➜ Geschichte

### die Kerze

Eine Kerze ist ein Beleuchtungsmittel aus ➜ Wachs mit einem Docht. Zündet man den Docht der Kerze an, beginnt er zu brennen. Das Wachs um ihn herum wird warm und flüssig. Es wird in den Docht gesogen und verbrennt dort. Beim Verbrennen entstehen Rußteilchen. Die Kerzenflamme leuchtet, weil die Rußteilchen beim Verbrennen glühen.

➜ Abgase

### die Kirche

1. Die Kirche ist das Gebäude, in dem sich Christen zum Gottesdienst versammeln und beten. Taufe, ➜ Kommunion, ➜ Konfirmation oder Hochzeit werden ebenfalls in einer Kirche gefeiert. Meistens haben Kirchen einen hohen Glockenturm. Große Kirchen nennt man Dom, Kathedrale oder Münster. 2. Als Kirche bezeichnet man eine Gemeinschaft von Gläubigen, z. B. die katholische oder die evangelische Kirche.

➜ Bauwerke, Religionen

### die Kläranlage

Verbrauchtes ➜ Wasser wird in der Kläranlage in mehreren Arbeitsschritten gereinigt. Zuerst entfernen Rechen den groben Schmutz, wie z. B. ➜ Papier, ➜ Holz oder Dosen. Im Absetzbecken sinken Sand und schwere Schmutzteilchen auf den Boden und werden entfernt. Im Belebungsbecken „fressen" ➜ Bakterien mithilfe von ➜ Sauerstoff Schmutzteilchen, die im Wasser gelöst sind, z. B. Urin oder ➜ Zucker. Chemikalien sorgen dafür, dass die giftigen Stoffe aus dem Wasser entfernt werden. Am Schluss wird das Wasser gefiltert; erst dann gelangt es wieder in die ➜ Natur. Zurück bleibt Klärschlamm.

### die Kleidung

Mit Kleidung schützen wir uns vor Kälte, Nässe, ➜ Wind und ➜ Sonne. In manchen Ländern ➜ Afrikas oder ➜ Asiens tragen die ➜ Menschen andere Kleidung als wir, z. B. lange Gewänder oder Schleier. Früher haben sich auch bei uns die Menschen anders gekleidet. ➜ Frauen trugen z. B. keine Hosen. Bekleidung wird aus Stoffen hergestellt. Sie bestehen aus natürlichen Fasern, wie ➜ Wolle, ➜ Seide und ➜ Baumwolle, oder aus Kunstfasern wie z. B. Fleece (gesprochen: Flies).

82

Die Klimazonen der Erde

## das Klima

Unter Klima versteht man alle Erscheinungen des ↪Wetters, die über längere ↪Zeit in einem Gebiet der ↪Erde herrschen: Dazu zählen ↪Temperatur, ↪Niederschläge, ↪Wind, ↪Wolken und Luftfeuchtigkeit. Auf der Erde gibt es verschiedene Klimazonen. An den Polen ist es immer sehr kalt, während es am ↪Äquator heiß und trocken ist. In ↪Europa ist das Klima gemäßigt: Die Sommer sind nicht übermäßig heiß und die Winter nicht besonders kalt. In anderen Klimazonen ist es im Winter kalt, im Sommer sehr heiß. Als Klimawandel bezeichnet man das allmähliche Ansteigen der ↪Temperaturen in der ↪Atmosphäre und der ↪Meere.

## das Kloster

Die Bezeichnung Kloster stammt vom lateinischen ↪Wort „claustrum". Das bedeutet „abgeschlossener Ort". Ordensmänner heißen Mönche, Ordensfrauen nennt man Nonnen. Klöster gibt es in verschiedenen ↪Religionen: im Buddhismus, im Christentum und im Islam.

## das Kohlendioxid

Kohlendioxid (genauer: Kohlenstoffdioxid) ist ein geruch- und farbloses ↪Gas, das in der ↪Luft vorhanden ist. Es entsteht z. B. bei der Verbrennung von Gas oder ↪Öl. ↪Pflanzen nehmen Kohlenstoffdioxid auf und wandeln es mithilfe von Sonnenlicht in lebenswichtige Nährstoffe um.

➦ Blatt

## die Kohlensäure

Kohlensäure ist eine schwache Säure. Sie kommt nur in ↪Wasser gelöst vor. Kohlensäure entsteht, wenn man ↪Kohlendioxid mit Wasser verbindet. Mineralwasser oder Sprudel enthalten Kohlensäure; sie ist künstlich zugesetzt.

Wofür braucht man einen Kompass?

### die Kommunikation
Den Austausch von Informationen nennt man Kommunikation. Man kann sich einem oder vielen ➜ Menschen mit ➜ Worten, Tönen, Bildern, Schriftzeichen oder Bewegungen verständlich machen. Taube oder stumme Menschen verständigen sich mit der ➜ Gebärdensprache. Gefühle drücken wir mit Bewegungen aus (Körpersprache). Telekommunikation ist der Austausch über Entfernungen hinweg, z. B. beim Telefonieren oder über das ➜ Internet.

➜ Medien, Telefon

### die Kommunion
Kommunion kommt aus der lateinischen ➜ Sprache und bedeutet „Gemeinschaft". Die Katholiken denken in der Kommunion an das letzte Abendmahl Jesu mit seinen Jüngern und empfangen das heilige Brot. Ihre Erstkommunion feiern Kinder etwa mit acht ➜ Jahren.

➜ Religionen

Magnetnadel
Kompass

### der Kompass
Der Kompass ist ein Instrument zur Bestimmung der ➜ Himmelsrichtungen. Bei einem Magnetkompass dreht sich eine Eisennadel über der Windrose mit den ➜ Himmelsrichtungen. Die Spitze der Magnetnadel zeigt immer nach Norden, weil sie durch das Magnetfeld am ➜ Nordpol angezogen wird.

➜ Magnet

### das Kondom
Ein Kondom ist eine Hülle aus dünnem ➜ Gummi. Sie wird vor dem Geschlechtsverkehr über den Penis gezogen. Mit dem Kondom wird verhindert, dass ➜ Samen in die Scheide der ➜ Frau gelangen und ein ➜ Ei befruchten. Kondome schützen vor ansteckenden ➜ Krankheiten.

➜ Aids, Befruchtung, Fortpflanzung, Mann, Sexualität

### die Konfirmation
In der evangelischen ➜ Kirche feiern junge Christen im ➜ Alter von 14 ➜ Jahren Konfirmation. Mit diesem Fest werden sie in die Gemeinde der Erwachsenen aufgenommen. Die jungen Christen bekennen ihren Glauben und dürfen das erste Mal am Abendmahl teilnehmen.

➜ Religionen

### der König
Vom ➜ Mittelalter bis ins 20. Jh. war der ➜ König der Herrscher eines Landes. Er war das Oberhaupt der Regierung, erließ ➜ Gesetze und war der oberste ➜ Richter. Nach dem ➜ Tod eines Königs wurde meist der älteste Sohn sein Nachfolger. Einige Königreiche gibt es heute noch, z. B. in Dänemark, Großbritannien und den Niederlanden. Die Könige oder Königinnen sind Staatsoberhäupter. Sie vertreten z. B. ihre Länder bei Staatsbesuchen im Ausland.

➜ Politik

### der Kontinent
Kontinente oder Erdteile sind große zusammenhängende Landteile der ➜ Erde. Sie liegen auf den Platten der Erdkruste. Die

Kontinente der Erde sind ⬢Europa, ⬢Asien, ⬢Afrika, ⬢Nordamerika und ⬢Südamerika, ⬢Australien und die Antarktis. Vor etwa 300 Millionen ⬢Jahren gab es auf der Erde nur einen Kontinent: den Urkontinent Pangäa. Vor etwa 250 Millionen Jahren teilte sich Pangäa in die zwei Landmassen Laurasia und Gondwana. Im Lauf der Jahrmillionen bildeten sich daraus die Kontinente. Sie befinden sich auch heute noch in Bewegung. Der Abstand zwischen Amerika und Europa vergrößert sich pro Jahr um bis zu 4 cm.

➡ **Erdbeben, Südpol**

### die Krankheit

Oft kündigt Fieber eine Krankheit an. Dann muss man sich ausruhen oder zum Arzt gehen und ⬢Medikamente einnehmen. Einige Krankheiten können nur im Krankenhaus behandelt werden. Es gibt Krankheiten wie z. B. ⬢Aids, die nicht geheilt werden können. Krankheiten wie Masern, Röteln, Scharlach oder Windpocken kommen fast nur bei Kindern vor und werden deshalb auch Kinderkrankheiten genannt. Gegen manche Krankheiten kann man sich durch eine ⬢Impfung schützen.

➡ **Gesundheit und Ernährung**

### die Kräuter

Kräuter sind ⬢Pflanzen, die als ⬢Gewürze in der Küche oder als ⬢Heilpflanzen in der ⬢Medizin verwendet werden.

**Pangäa**

**Laurasia und Gondwana**

**Die Kontinente entstehen**

**Die Kontinente heute**

### der Krieg

Ein Krieg ist ein Streit, der mit Waffen ausgetragen wird. Er ist das Gegenteil von ⬢Frieden. Meist bekriegen sich dabei zwei Länder. Bei einem Bürgerkrieg kämpfen die ⬢Menschen in einem Land gegeneinander.

➡ **Geschichte, Weltkrieg**

### der Kristall

Kristalle sind Gesteinsformen der ⬢Minerale. Sie haben glatte Flächen und gleichmäßige Kanten. Viele Schmucksteine sind besonders schöne und große Kristalle, z. B. Bergkristalle.

### die Kunst

➡ **Seite 86**

### der Kunststoff

Kunststoff oder Plastik ist ein Material, das hauptsächlich aus ⬢Öl und Kohle hergestellt wird. Kunststoff kann biegsam sein und zu Folien oder Garnen verarbeitet werden. Kunststoffe sind Nylon, Perlon, Styropor, PVC oder Polyester.

### die Küste

Eine Küste ist die ⬢Grenze zwischen ⬢Meer und Land. An sandigen Flachküsten kann man baden. An Steilküsten schlagen die Wellen an die Felsen. Sie verändern ständig das Aussehen der Küste, indem Sand und Steingeröll weggewaschen oder angeschwemmt werden.

# die Kunst

Kunst ist der Oberbegriff für Gemälde, Zeichnungen, Fotografien, Filme, Musikstücke oder ●Bauwerke. Schon die ●Menschen der ●Steinzeit schufen vor über 15 000 ●Jahren Höhlenmalereien. Zu den Künsten gehören z. B. Malerei, Bildhauerei, ●Musik, ●Architektur, ●Literatur, ●Tanz und ●Theater.

**Das berühmteste Porträt ist die „Mona Lisa" von Leonardo da Vinci. Das Bild hängt im Louvre in Paris.**

### Malerei
Bei der Malerei trägt der Künstler mit einem Hilfsmittel (z. B. Pinsel, Spachtel oder Finger) ●Farben auf einen Untergrund wie ●Papier, ●Holz oder Leinwand auf. Es gibt verschiedene Arten von Bildern: das Porträt (Bild einer Person), die Landschaftsmalerei, das Stillleben (kunstvolle Anordnung von ●Blumen oder ●Obst) und die abstrakte Malerei (●Formen und Linien).

### Bildhauerei
Bildhauer schaffen Figuren oder Gegenstände aus Ton, ●Stein, Holz oder ●Metall. Man nennt sie auch Skulpturen oder Plastiken.

### Kunststile
Jeder Künstler hat seine eigene „Handschrift". Man sagt auch: Der Künstler hat seinen eigenen Stil. Es gibt in der ●Geschichte der Kunst viele verschiedene Stilrichtungen. Manche Künstler eines bestimmten Zeitabschnitts können einen ähnlichen Stil haben: etwa weil sie die gleiche Maltechnik verwenden oder den Stil eines anderen Künstlers übernehmen und weiterentwickeln. Trotzdem sehen ihre Bilder natürlich nicht gleich aus. Zeiträume, in denen mehrere Künstler einen ähnlichen Stil haben, nennt man Epochen. Wichtige Epochen der modernen Kunst sind z. B. der Impressionismus, der Expressionismus und die abstrakte Malerei.

**Claude Monet malte in vielen Bildern seinen Garten im Stil des Impressionismus.**

### Impressionismus (etwa 1860–1890)
Die Impressionisten wollten mit ihren Bildern zeigen, was sie sahen. Die ungemischten Farben wurden in kräftigen Tupfern und Strichen aufgetragen. Die Künstler achteten dabei besonders auf das Spiel

**Niki de Saint Phalle schuf fröhlich-beschwingte Frauenfiguren, die „Nanas".**

von Licht und Farben in der Natur und malten ihre Bilder meist im Freien. Das war damals etwas ganz Neues. Die französischen Maler Claude Monet, Auguste Renoir und Paul Cézanne gehören zu den berühmtesten Impressionisten.

Franz Marcs Bild „Kühe" ist ein Meisterwerk des Expressionismus.

## Expressionismus (etwa 1905–1925)

Das Wort „Expression" bedeutet Ausdruck. Die Expressionisten drückten in ihren Bildern ihre Gefühle und Stimmungen aus. Sie malten die Natur und Gegenstände nicht mehr so, wie sie in Wirklichkeit aussehen, sondern in wilden Formen. Sie verwendeten grelle Farben. Die bedeutendsten Expressionisten waren z. B. die deutschen Maler Franz Marc und August Macke.

## Abstrakte Malerei (etwa Anfang 20. Jahrhundert)

Auf abstrakten Bildern sind keine Gegenstände oder Menschen, sondern nur noch Farben, Formen und Linien zu sehen. Sie sollen Gefühle wecken – und jeder Betrachter kann selbst entscheiden, was er auf dem Bild sieht. Wassily Kandinsky und Paul Klee gehören zu den bekanntesten Vertretern der abstrakten Malerei.

In dem Gemälde „Komposition Nr. 7" will Wassily Kandinsky Gefühle ausdrücken.

### Ein besonderer Künstler

Es gab und gibt viele Künstler, die ihren ganz eigenen Stil entwickelten und damit unverwechselbare Kunstwerke schufen. Dazu gehört z. B. der holländische Maler Vincent van Gogh (1853–1890). Er gilt als einer der ersten modernen Maler, der sich in keine Epoche einordnen lässt. Van Gogh lebte in Südfrankreich, weil ihm die Farben und das Licht dort so gut gefielen. Er war ein einsamer, kranker und armer Mann. Einige Zeit lebte er wegen geistiger Verwirrung in einer Heilanstalt. Zu seinen Lebzeiten verkaufte er nur wenige Bilder. Trotzdem blieb er bei seinem Stil. Heute gehören seine Bilder zu den teuersten der Welt.

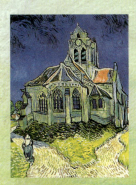

Vincent van Gogh malte Landschaften und Gebäude wie die Kirche von Auvers-sur-Oise mit kräftigen Pinselstrichen.

Labyrinth

### das Labyrinth
**1.** In einem Labyrinth ist es schwer, den richtigen Weg zu finden. Es besteht aus vielen Gängen. Man verirrt sich leicht, denn die Gänge kreuzen sich immer wieder. Ein Labyrinth kann ein Gebäude, ein Irrgarten oder ein gemaltes Bild sein. **2.** Ein Teil im Inneren des ⊃ Ohres wird so genannt.

### die Landkarte
Auf einer Landkarte ist die Erdoberfläche wie aus großer Höhe gezeichnet. Flüsse (⊃ Fluss) sind als blaue Linien eingezeichnet, Straßen und Schienen als schwarze Linien, Städte (⊃ Stadt) und Dörfer (⊃ Dorf) als rote Flecken. Für Burgen oder ⊃ Kirchen gibt es meist besondere Zeichen. Die ⊃ Landschaft ist auf einer Landkarte sehr stark verkleinert abgebildet. Ein Maßstab wie z. B. 1:100 000 bedeutet, dass 1 cm auf der Karte 100 000 cm (= 1 km) in der ⊃ Natur entsprechen. Landkarten werden zur Orientierung in einer fremden Umgebung benötigt.

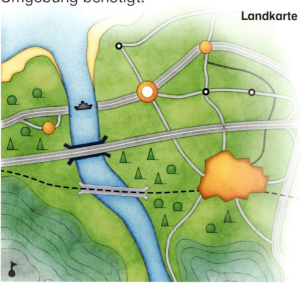

Landkarte

### die Landschaft
Eine Landschaft ist ein bestimmtes Gebiet auf der ⊃ Erde. Es gibt verschiedene Landschaftsformen, z. B. die ⊃ Küste, ⊃ Berge oder ⊃ Wüsten. Das Aussehen einer Landschaft wird von der ⊃ Natur bestimmt, z. B. durch ⊃ Klima oder ⊃ Gewässer. Der ⊃ Mensch prägt Landschaften durch Abholzen von Wäldern oder Trockenlegen von ⊃ Mooren.

→ **Heide, Lebensraum Wald, Prärie, Steppe**

### die Landwirtschaft
Landwirtschaft ist die Nutzung des Bodens für den Anbau von ⊃ Pflanzen oder die Haltung von Tieren. Schon die ⊃ Menschen der ⊃ Steinzeit betrieben Ackerbau und hielten Tiere. Auf ⊃ Bauernhöfen werden Nahrungsmittel wie ⊃ Obst, ⊃ Gemüse, ⊃ Getreide oder Fleisch erzeugt. Viele Bauernhöfe sind heute Großbetriebe, die sich spezialisiert haben, z. B. auf Milchwirtschaft, Schweinezucht oder auf den Anbau von Getreide. Durch den Einsatz von modernen ⊃ Maschinen und Geräten können immer größere Felder bewirtschaftet werden. Dünger und Pflanzenschutzmittel erhöhen die Ernteerträge. Weil ihr Einsatz aber die Umwelt belastet, verzichten viele Bauern darauf und betreiben ihre Landwirtschaft ökologisch.

→ **Umweltschutz**

### der Lärm
Als Lärm bezeichnen wir störende, laute Geräusche. Zu viel Lärm kann krank machen. Er kann zu Schwerhörigkeit, Kopfschmerzen, Schlaflosigkeit oder

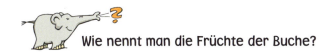 Wie nennt man die Früchte der Buche?

Nervosität führen. Bei Arbeiten an lauten ⊙ Maschinen sollte deshalb ein Gehörschutz getragen werden.

### die Larve

Maikäferlarve

Maikäfer

Viele Tiere verändern bei der Entwicklung zum erwachsenen Tier ihr Aussehen, z. B. ⊙ Insekten oder Frösche (⊙ Frosch). Eine Larve ist eine Zwischenform bei der Entwicklung. Sie schlüpfen aus den ⊙ Eiern, die die Weibchen nach der Paarung ablegen. Die Larven der ⊙ Schmetterlinge sind die Raupen. Bei den Maikäfern heißen sie Engerlinge und bei den Fliegen Maden. Die Larven verpuppen sich nach einer gewissen ⊙ Zeit und werden starr und trocken. In der Puppenhülle verwandelt sich die Larve in das erwachsene Tier. Die Kaulquappen der Frösche sind auch Larven. Die Verwandlung einer Larve zum erwachsenen Tier nennt man Metamorphose.

 Tierreich

### der Laser

Ein Laserstrahl besteht aus ⊙ Licht. Der Laserstrahl ist so stark gebündelt, dass man damit sogar ⊙ Metall zerteilen kann. Laser werden in ⊙ CD-Playern eingesetzt. Dort tasten sie die Vertiefungen der ⊙ CD ab. In der ⊙ Medizin werden Laser bei Operationen genutzt. Mit einem Laserstrahl kann man besonders genau schneiden oder Blutgefäße verschließen. Bei der Scannerkasse im Supermarkt liest ein Laserstrahl den Preis auf der Ware ab.

### der Laubbaum

Laubbäume haben im Gegensatz zu ⊙ Nadelbäumen breite, flache Blätter (⊙ Blatt). An der Form ihrer Blätter kann man die unterschiedlichen Laubbäume bestimmen: z. B. sind die Blätter der Kastanie gelappt, die der Buche rund. Ihre Rinde, Knospen, Blüten und Früchte (⊙ Frucht) sind unterschiedlich. Zu den Früchten gehören z. B. Kastanien (Rosskastanie), Eicheln (Eiche) oder Bucheckern (Buche). Im Herbst stellen sich die Laubbäume auf den Winter um. Nährstoffe und ⊙ Wasser werden in den ⊙ Wurzeln und Ästen gespeichert. Die Blätter sterben ab. Aus den Knospen treiben im nächsten Frühling die neuen Blätter.

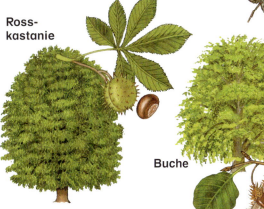
Eiche, Rosskastanie, Buche

### die Lawine

Wenn große Schneemassen durch Neuschnee, ⊙ Wind oder warme ⊙ Temperaturen an einem Berghang ins Rutschen kommen, entsteht eine Lawine. Lawinen reißen ⊙ Steine und ⊙ Bäume mit sich und können Häuser zerstören. Es gibt auch Schlamm-, Geröll- und Steinlawinen.

➔ Schnee

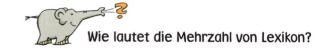
Wie lautet die Mehrzahl von Lexikon?

### das Lebensmittel

Alles, was wir roh oder gekocht essen können, nennt man Lebensmittel. Getränke zählen auch dazu. Zu den Grundnahrungsmitteln gehören z.B. ⮞ Kartoffeln, Nudeln, ⮞ Gemüse oder Brot. Sie geben dem Körper ⮞ Energie, weil sie viele Nährstoffe (Eiweiß, Fett, Kohlenhydrate, Vitamine und Ballaststoffe) enthalten. Süßigkeiten, ⮞ Kaffee, ⮞ Tee oder ⮞ Zucker sind Genussmittel.

➡ Gesundheit und Ernährung

### der Lebensraum

Ein Lebensraum ist die „Wohnung" vieler verschiedener Tiere und ⮞ Pflanzen. Die Lebewesen, die einen Lebensraum besiedeln, nennt man Lebensgemeinschaft. Zu den verschiedenen Lebensräumen zählen z.B. ⮞ Gebirge, ⮞ Gewässer oder ⮞ Wüsten. Die Tiere und Pflanzen sind sehr gut an die Lebensbedingungen angepasst: Sie können Kälte oder Hitze überstehen oder kommen mit wenig Nahrung aus. In ihrem Lebensraum pflanzen sie sich fort und ziehen ihre Jungen auf.

➡ Lebensraum Wald

### der Lebensraum Wald

➡ Seite 92

### das Lernen

Alles, was wir wissen oder können, haben wir irgendwann gelernt. ⮞ Babys lernen zu krabbeln und zu laufen. Kleinkinder erlernen die Bedeutung von einzelnen Wörtern (⮞ Wort) und beginnen zu sprechen. Später lernen Kinder u.a. Schreiben, Lesen und Rechnen. Lernen hört nie auf und es umfasst alle Bereiche des Lebens.

### das Lexikon

In einem Lexikon (Mehrzahl: Lexika) werden Begriffe erklärt. Damit man einen Begriff schnell finden kann, sind die Begriffe nach dem ⮞ Alphabet geordnet. Es gibt Lexika zu bestimmten Themen, wie z.B. ein Tierlexikon. Ein Lexikon mit vielen Bänden nennt man Enzyklopädie.

### das Licht

Licht besteht aus Strahlen, die man sehen kann. Energiesparlampen oder die ⮞ Sonne erzeugen Licht. Obwohl das

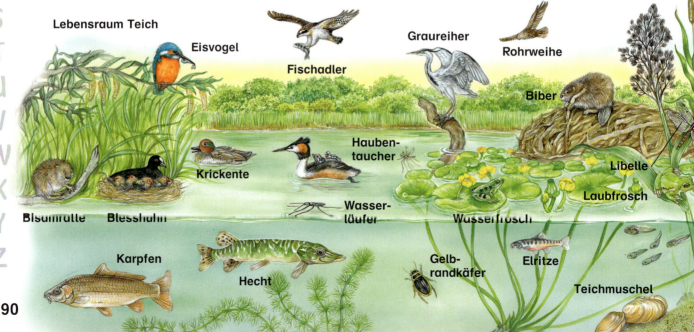

Lebensraum Teich: Eisvogel, Fischadler, Graureiher, Rohrweihe, Biber, Bisamratte, Blesshuhn, Krickente, Haubentaucher, Wasserläufer, Libelle, Laubfrosch, Wasserfrosch, Karpfen, Hecht, Gelbrandkäfer, Elritze, Teichmuschel

Sonnenlicht weiß aussieht, enthält es die ⊃Farben des ⊃Regenbogens. Licht bewegt sich mit der größten ⊃Geschwindigkeit fort, die überhaupt möglich ist. Es braucht für die 150 Millionen km große Entfernung zwischen Sonne und ⊃Erde nur etwa 8 min.

### die Liebe

Liebe ist ein Gefühl, das man ⊃Menschen gegenüber empfindet, die einem viel bedeuten und mit denen man gern zusammen ist. Man wünscht sich, dass es ihnen gut geht, und würde fast alles für sie tun. Menschen, die man liebt, möchte man streicheln und mit ihnen schmusen.

➔ Familie, Sexualität, Homosexualität

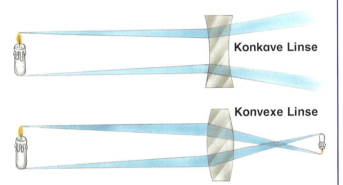

Konkave Linse

Konvexe Linse

### die Linse

Linsen lassen Dinge größer oder kleiner erscheinen. Sie sind meist aus ⊃Glas oder ⊃Kunststoff, denn sie müssen lichtdurchlässig sein. ⊃Lupen, ⊃Kameras, ⊃Ferngläser, ⊃Brillen und ⊃Mikroskope enthalten Linsen. Mit der Linse im ⊃Auge können wir sehen. Nach innen gewölbte Linsen streuen ⊃Licht und verkleinern Gegenstände (konkave Linse). Nach außen gewölbte Linsen sammeln das Licht und vergrößern Gegenstände (konvexe Linse).

### die Literatur

Literatur ist der Oberbegriff für alle Arten von Texten, z.B. für Briefe oder Zeitungsartikel. Unter Literatur versteht man aber vor allem ⊃Gedichte, Theaterstücke und Romane. Romane sind ausführliche Erzählungen, in denen ein Erzähler oder eine Hauptperson von einem Ereignis berichtet.

➔ Buch, Fabel, Märchen, Sage, Theater

### das Lot

Ein Lot ist ein Faden, an dem ein Gewicht befestigt ist. Das Gewicht ist kegelförmig und zeigt mit der Spitze nach unten. Maurer benötigen ein Lot, damit sie gerade (senkrechte) Mauern bauen können.

Lot

### die Luft

Die Luft ist eine Mischung aus verschiedenen ⊃Gasen. Wenn der ⊃Wind weht, kann man die Luft spüren. Luft hat auch ein Gewicht. Das ist der Luftdruck, der mit dem ⊃Barometer gemessen wird. Auf sehr hohen ⊃Bergen nimmt der Luftdruck ab, das heißt die Luft wird dünner.

### die Luftfahrt

➔ Seite 94

### die Lupe

Ein Vergrößerungsglas nennt man auch Lupe. Mithilfe der ⊃Linse in der Lupe kann man klein gedruckte ⊃Schrift vergrößert lesen oder ⊃Pflanzen und Tiere genauer betrachten.

# der Lebensraum Wald

Flächen mit dicht stehenden Bäumen (➔ Baum) und anderen ➔ Pflanzen nennt man Wald. In diesem wichtigen ➔ Lebensraum leben auch viele Tiere. Etwa ein Drittel der Erdoberfläche ist mit Wäldern bedeckt, vor 10 000 ➔ Jahren war es noch mehr als die Hälfte.

### Verschiedene Wälder
In den feuchtwarmen ➔ Tropen wächst der üppige ➔ Regenwald. Die kühleren, nördlichen Gebiete von ➔ Nordamerika, ➔ Europa und ➔ Asien sind mit Nadelwäldern bedeckt. Regenwald und Nadelwald bedecken große Teile der ➔ Erde. Laubwald findet sich in den gemäßigten Klimaregionen Amerikas, Europas und Asiens. Bei uns gibt es Laubwälder oder Laubmischwälder, die mit ➔ Nadelbäumen durchmischt sind. Sie wurden aufgeforstet, das heißt von Menschenhand gepflanzt. In der Forstwirtschaft hegt und pflegt der Förster die Bäume, deren ➔ Holz später als ➔ Rohstoff verkauft wird. Dabei dürfen aber nicht mehr Bäume gefällt werden, als wieder nachwachsen.

➔ Klima, Laubbaum

### Wälder sind wichtig
Wälder reinigen und verbessern die ➔ Luft, da die Blätter (➔ Blatt) der Bäume ➔ Kohlendioxid in ➔ Sauerstoff umwandeln. ➔ Moose speichern Feuchtigkeit und verhindern, dass das Regenwasser zu schnell versickert und an anderer Stelle zu Überschwemmungen führt. Die ➔ Wurzeln der Bäume festigen den Boden. In ➔ Gebirgen werden Wälder zum Schutz vor ➔ Lawinen angelegt. Wälder dämpfen auch ➔ Lärm. Schließlich sind Wälder auch ein Ort der Ruhe und Erholung für den ➔ Menschen und Lebensraum vieler Tiere.

### Stockwerke des Waldes
Der Wald gleicht einem Haus mit mehreren Stockwerken. In der Bodenschicht sind die ➔ Wurzeln verankert. Im Waldboden leben zahlreiche ➔ Bakterien, die Pflanzen- und Tierreste verwerten. Dabei entstehen Nährstoffe, die die Pflanzen über

Regenwald

Nadelwald

Laubwald

Mischwald

Buntspecht

Rothirsch

ihre Wurzeln aufnehmen. Tiere wie ➲ Regenwurm, Maus, Dachs und Fuchs haben im Erdreich ihre unterirdischen Wohnungen. Moose, ➲ Pilze und totes Laub bilden die Moosschicht. Hier fühlen sich ➲ Ameisen, Kröten und Käfer wohl. In der Strauch- bzw. Krautschicht findet man neben Waldsträuchern wie Heidelbeeren und Brombeeren auch ➲ Farne, Gräser, Waldblumen und junge Bäumchen. Davon ernähren sich Reh, Rothirsch und ➲ Insekten. Die Baum- oder Kronenschicht besteht aus den Baumkronen der ➲ Laub- und Nadelbäume.

**Gefahren für den Wald**
Viele Wälder sind krank. Seit einigen Jahren kann man beobachten, dass die Nadeln und Blätter der Bäume braun werden und abfallen. Im Laufe der ➲ Zeit stirbt der ganze Baum, da seine Wurzeln geschädigt sind. Der Grund dafür ist der ➲ saure Regen. Kranke Bäume sind anfälliger für Schädlinge wie den Borkenkäfer, die den Baum weiter schwächen. Eine weitere Gefahr sind Waldbrände, die vor allem bei großer Trockenheit in wärmeren Gebieten entstehen. Ein großer Waldbrand zerstört den in vielen Jahren gewachsenen Baumbestand und Tiere verlieren ihren Lebensraum. Durch Abholzung und Brandrodung sind die Regenwälder stark bedroht, was sich auch auf unser ➲ Klima auswirkt.

➡ **Nahrungskette, Tierreich, Tierspuren, Umweltschutz, Wohnungen der Tiere**

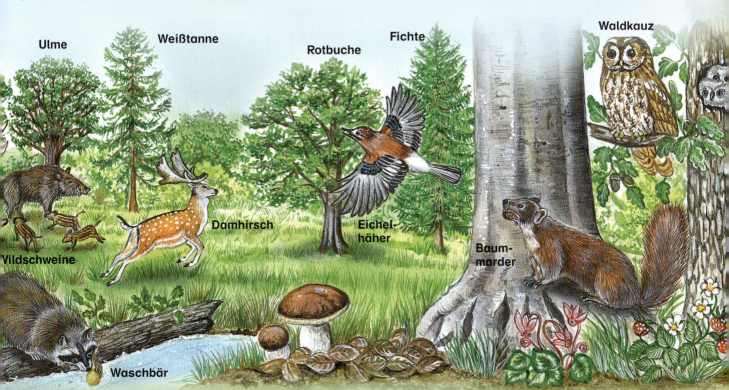

# die Luftfahrt

### Der Traum vom Fliegen

Schon immer träumten die ➔ Menschen vom Fliegen. Leonardo da Vinci zeichnete schon vor über 500 ➔ Jahren Pläne für ein Fluggerät. Die ersten Flüge waren aber erst Anfang des 20. Jh. möglich. Der erste motorisierte Flug gelang 1901 Gustav Weißkopf und 1903 den Brüdern Wright.

Zeppelin

### Ballons und Luftschiffe

Ballons fahren mit dem ➔ Wind. Am Ballon hängt der Passagierkorb. Vor dem Start wird die ➔ Luft im Ballon so lange mit einem Brenner erhitzt, bis sich der Ballon aufrichtet und aufsteigt. Der Ballon hebt ab, weil warme Luft leichter ist als kalte. Wenn der Fahrer landen will, drosselt er die Hitzezufuhr. Luftschiffe sind zigarrenförmige Luftfahrzeuge. Sie werden nach ihrem ➔ Erfinder Graf Zeppelin auch Zeppeline genannt. Der Körper des Luftschiffes ist mit ➔ Gas gefüllt. Das leichte Gas lässt es in der Luft schweben. Unterhalb des Luftschiffkörpers befinden sich eine Gondel mit der Fahrgastkabine, die ➔ Motoren und Propeller. Das Luftschiff wird vom Kapitän gesteuert.

### So fliegt ein Flugzeug

Viele Flugzeuge werden durch das Düsentriebwerk angetrieben. Im Triebwerk wird Luft mit Brennstoff vermischt. Das Gemisch entzündet sich. Die dabei entstehenden Gase strömen explosionsartig aus dem Triebwerk aus und stoßen das Flugzeug dadurch nach vorn. Die Kraft, die das Flugzeug antreibt, nennt man Vortrieb oder Schub. Im Flug strömt die Luft schneller über die leicht gekrümmte Oberseite der Tragflächen als über ihre Unterseite. Unter dem Flügel bildet sich ein Druck, der das Flugzeug aufsteigen lässt. Diese Kraft ist der Auftrieb. An den Tragflächen und am Leitwerk befinden sich die beweglichen Ruder und die Landeklappen. Wenn der Pilot die Richtung ändern will, bewegt er die Ruder. Das Flugzeug legt sich schräg, fliegt eine Kurve, sinkt oder steigt.

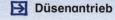

Düsenantrieb

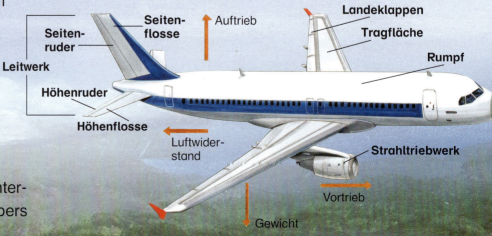

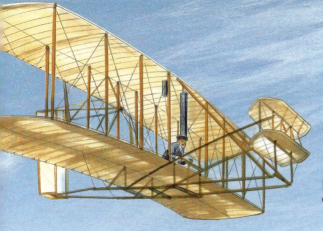

Das erste motorisierte Flugzeug der Brüder Wright (1903)

## Verschiedene Fluggeräte

Segelflugzeuge sind sehr leicht und haben große Tragflächen. Da sie keinen Motor haben, können sie nicht selbstständig starten. Sie werden mit einer Seilwinde oder einem Motorflugzeug in die Höhe gezogen. Sie gleiten mithilfe des Windes und der Strömung der warmen Luft. Propellerflugzeuge haben vorne oder an den Tragflächen Propeller. Wenn sie sich drehen, treiben sie das Flugzeug an. Hubschrauber (auch Helikopter) können wie Libellen senkrecht steigen oder sinken, auf der Stelle schweben und nach allen Seiten fliegen. Die Tragflächen eines Hubschraubers sind die Rotorblätter, die durch den Motor bewegt werden. Durch ihre Drehung entsteht Auftrieb. Hubschrauber benötigen keine Landebahn, denn sie können fast überall landen. In den großen Düsenjets können Hunderte von Passagieren über große Strecken befördert werden. Die Boeing 747 war der erste große Jumbojet. Der Airbus A380 ist das größte Passagierflugzeug. Er ist etwa 73 m lang und hat eine Spannweite von rund 80 m. Die Höchstgeschwindigkeit liegt bei 945 km/h. Er kann ohne Unterbrechung 15 000 km fliegen. Bis zu 853 Passagiere finden darin Platz.

Hubschrauber

Airbus A380

Boeing 747-400

Cockpit — Oberdeck — Mitteldeck — Frachtraum — Triebwerke — Gepäckraum

19,41 m

68,63 m

### der Magnet

Magnet

Ein Magnet zieht Nägel, Büroklammern und andere Dinge aus ○ Metall, wie z. B. Eisen oder Nickel, an. Um ihn herum ist ein unsichtbares Magnetfeld, das an den zwei Enden des Magnets besonders stark ist. Sie werden Nord- und Südpol genannt. Hält man gleiche Pole aneinander, so stoßen sie sich ab. Ungleiche Pole ziehen sich an. Die ○ Erde selbst ist ein Riesenmagnet. Ihre Magnetpole liegen in der Nähe des ○ Nordpols und des ○ Südpols. Das nutzt ein ○ Kompass aus: Die Kompassnadel richtet sich auf die magnetischen Pole der Erde, also in Nord-Süd-Richtung, aus.

### der Mais

Mais ist ein ○ Getreide, das bereits vor etwa 7000 ○ Jahren in Mexiko angebaut wurde. Die ○ Pflanze wird bis zu 2,5 m hoch und hat männliche und weibliche Blüten. Aus den weiblichen Blüten bilden sich die Maiskolben. Sie sitzen direkt am kräftigen Stängel und sind von Blättern (○ Blatt) umhüllt. An den Kolben reifen die gelben Früchte (Maiskörner) heran. In ○ Südamerika und Teilen von ○ Afrika ist der Mais ein wichtiges Nahrungsmittel. In ○ Europa wird Mais hauptsächlich als Viehfutter angebaut. Aus bestimmten Maissorten kann man Cornflakes und Popcorn machen.

### der Manager

(gesprochen: Mänädscher) **1.** Manager sind leitende Angestellte in einer Firma. Sie treffen wichtige Entscheidungen und sind verantwortlich für die Erfolge der Firma. Als Vorgesetzte müssen sie die ihnen unterstellten Mitarbeiter führen. **2.** Auch berühmte Sportler, Musiker und andere Künstler haben oft einen Manager. Er kümmert sich z. B. um Verträge (○ Vertrag), Termine und die ○ Werbung.

### der Mann

Ein Mann ist ein erwachsener ○ Mensch männlichen Geschlechts. Von außen sind seine Geschlechtsorgane zu sehen: der Penis (Glied) und der Hodensack. In den Hoden reifen mehrere Millionen Samenzellen (Spermien, ○ Samen) heran. Spermien und Samenflüssigkeit verlassen den Körper durch den Samenleiter im Penis. Dies geschieht z. B. beim Geschlechtsverkehr. Ab der ○ Pubertät kann es bei Jungen auch im ○ Schlaf zu einem Samenerguss kommen.

➜ **Frau, Sexualität**

Samenleiter

Hodensack

Penis

 Was fressen Marienkäfer?

### das Märchen

Märchen sind Fantasiegeschichten, in denen wundersame Sachen geschehen. In ihnen kommen Wesen wie Feen, Hexen, Zwerge, Riesen oder Drachen vor. Märchen werden überall auf der Welt erzählt. Sie gehören zu den ältesten Formen der ↪ Literatur. Volksmärchen wurden zunächst nur mündlich überliefert. Die Brüder Jacob und Wilhelm Grimm schrieben vor über 200 ↪ Jahren viele deutsche Märchen zum ersten Mal auf. Zu ihnen gehören Märchen wie z. B. Hänsel und Gretel, Dornröschen oder Aschenputtel. Viele dieser Märchen beginnen mit den ↪ Worten „Es war einmal…" und enden mit dem ↪ Satz: „Und wenn sie nicht gestorben sind, dann leben sie noch heute."

### der Marienkäfer

Der Marienkäfer ist ein auf der ganzen Welt lebendes ↪ Insekt. In ↪ Europa gibt es über 100 verschiedene Arten. Am bekanntesten ist bei uns der Siebenpunkt-Marienkäfer. Die sieben schwarzen Punkte auf seinen roten Flügeln geben aber nicht das ↪ Alter des Käfers an. Marienkäfer und ihre ↪ Larven können große Mengen von Blattläusen verzehren. Daher werden sie als Nützlinge sogar für die Schädlingsbekämpfung gezüchtet.

**Marienkäfer**

### der Markt

Auf einem Markt werden Waren angeboten und gekauft. **1.** Auf den heutigen Wochenmärkten kann man vor allem ↪ Obst, ↪ Gemüse und andere ↪ Lebensmittel kaufen. Früher wurde fast alles, was die ↪ Menschen brauchten, auf dem Markt angeboten: z. B. Stoffe, Töpfe und Pfannen, Besen, ↪ Kräuter, ↪ Kerzen. Einkaufsläden kannte man damals noch kaum. Meist gab es deshalb einen großen Marktplatz mitten in der ↪ Stadt. Besondere Märkte sind z. B. Floh- und Trödelmärkte und der Weihnachtsmarkt. **2.** Auch das Zusammenspiel von Angebot und Nachfrage bezeichnet man als Markt. Wenn viele Menschen eine bestimmte Ware, z. B. ↪ Kartoffeln, kaufen wollen, besteht eine große Nachfrage. Dann werden viele Kartoffeln angebaut, damit das Angebot an Kartoffeln groß genug ist. Reichen die Kartoffeln nicht aus, steigt der Preis für sie. Die Menschen sind bereit, mehr zu zahlen, um Kartoffeln zu bekommen. Werden dagegen mehr Kartoffeln angeboten als die Leute kaufen wollen, dann werden sie billiger.

➔ **Handel**

### die Maschine

Die Maschine ist ein Hilfsmittel, die dem ↪ Menschen körperliche Arbeit erleichtert oder abnimmt. Einfache Maschinen sind z. B. Rollen, ↪ Hebel und ↪ Flaschenzüge. Es gibt Kraftmaschinen, wie z. B. das Wasserrad oder den Elektromotor, die Kräfte erzeugen. Und es gibt Arbeitsmaschinen, wie z. B. Krane, Bagger und ↪ Pumpen, die bestimmte Arbeiten verrichten und meist von Kraftmaschinen angetrieben werden. Früher hat man dafür auch die Kraft der Tiere genutzt.

➔ **Baumaschine**

### die Mathematik

Sie ist eine der ältesten Wissenschaften und beschäftigt sich mit ●Zahlen und geometrischen ●Formen. Zählen, Rechnen und Messen gehören zu ihren Methoden. Früher rechneten die ●Menschen mit zehn Fingern, mit Knotenschnüren oder einem ●Abakus. Heute benutzen wir Taschenrechner und ●Computer.

### der Maulwurf

Dieses bis zu 16 cm große ●Säugetier lebt unter der ●Erde und ist sehr gut an seinen ●Lebensraum angepasst. Mit seinen zu Schaufeln umgebildeten Vorderfüßen gräbt er unterirdische Gänge und Kammern zum Schlafen, Nisten und für seine Vorräte. Die Erde schüttet er zu Maulwurfshügeln auf. Sein kurzes samtschwarzes ●Fell legt sich in alle Richtungen. Dadurch kann er problemlos vorwärts und rückwärts kriechen. Der Maulwurf ist zwar fast blind, kann dafür aber sehr gut hören und riechen. Außerdem ist seine Schnauze äußerst tastempfindlich. Er ernährt sich von ●Insekten und ist daher sehr nützlich für den Gärtner. Es gibt etwa 20 verschiedene Maulwurfsarten, die in ●Europa, ●Asien und ●Nordamerika vorkommen.

➡ **Wohnungen der Tiere**

### die Medien

➡ **Seite 100**

### das Medikament

Medikamente, auch Arzneimittel genannt, werden zur Heilung von ●Krankheiten oder zur Vorbeugung eingesetzt. Man kann Medikamente aus ●Pflanzen oder Tieren gewinnen oder chemisch herstellen. Antibiotika werden z. B. von ●Algen oder ●Pilzen produziert und bekämpfen schädliche ●Bakterien im Körper. Bei der Behandlung mit Medikamenten ist auf die richtige Dosierung (Menge) zu achten. Es gibt Medikamente in Form von Salben, Tabletten, Dragees, Zäpfchen, Saft, Tropfen.

➡ **Heilpflanzen**

**Maulwurfsbau**

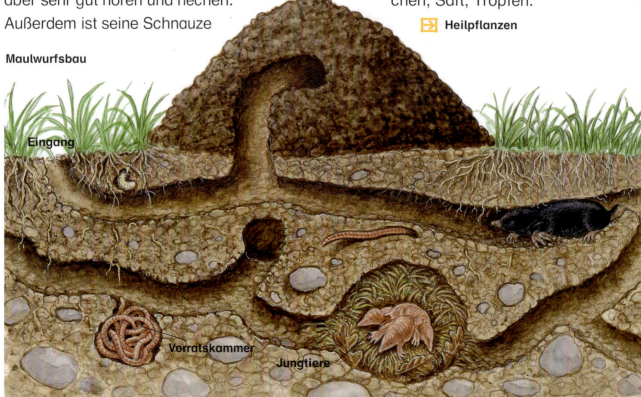

Eingang · Vorratskammer · Jungtiere

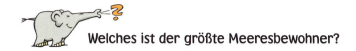 Welches ist der größte Meeresbewohner?

### die Medizin
**1.** Medizin bedeutet eigentlich Heilkunde. Diese Wissenschaft erforscht zusammen mit anderen ●Naturwissenschaften die Ursachen von ●Krankheiten und entwickelt ●Medikamente oder heilsame Behandlungsmethoden. **2.** In der Umgangssprache sagt man zu Medikamenten auch oft Medizin.

### das Meer
Fast drei Viertel der Erdoberfläche sind von Meeren bedeckt. Sie bilden eine zusammenhängende Wasserfläche, das sogenannte Weltmeer. Am größten sind die drei ●Ozeane. Sie heißen Pazifischer, Atlantischer und Indischer Ozean. Diese Ozeane haben zahlreiche Nebenmeere, wie z.B. die Nordsee, den Persischen Golf oder das Mittelmeer. Die Ostsee und das Schwarze Meer sind Binnenmeere, da sie rundum von Land umgeben und nur durch eine schmale Meerenge mit dem Weltmeer verbunden sind. Das ●Plankton ist die Nahrungsgrundlage für viele Meeresbewohner, wie z.B. den Blauwal, das größte Lebewesen der Welt. Das Meer liefert den ●Menschen ●Fische, ●Muscheln und Krebse zum Essen, aber auch Korallen und Perlen. In manchen Gebieten lagern am Meeresgrund Bodenschätze wie Erdöl und Erdgas. Eine große Bedrohung für die Meere sind Überfischung und Umweltverschmutzung, wie z.B. Tankerunfälle und das Einleiten von Industrieschadstoffen über die Flüsse (●Fluss).

➔ **Ebbe und Flut, Wal**

### der Mensch
Der Mensch unterscheidet sich vom Tier vor allem durch seine geistigen Fähigkeiten und sein Sprachvermögen. Weil der Mensch über sich und die Welt nachdenken und seine Gefühle und Gedanken ausdrücken kann, ist er das am höchsten entwickelte Lebewesen. Er gehört zu den ●Säugetieren und ist mit den Menschenaffen verwandt, mit denen der Mensch gemeinsame Vorfahren hat.

➔ **Evolution, Intelligenz, Sprache**

### die Menschenrechte
Menschenrechte sind ●Rechte, die für alle ●Menschen auf der Welt gelten sollen. Viele ●Staaten garantieren sie in ihren ●Gesetzen. Zu den wichtigsten Menschenrechten gehört, dass alle Menschen vor dem Gesetz gleich sind und das Recht auf Leben, ●Freiheit und körperliche Unversehrtheit haben. Das bedeutet, dass man z.B. nicht gefoltert werden darf. Jeder Mensch soll seine Meinung frei sagen und sich seine ●Religion aussuchen können, ohne bestraft oder benachteiligt zu werden. Außerdem haben alle Menschen das Recht auf Bildung, also etwas zu lernen. Alle Menschenrechte sind seit 1948 in der Menschenrechtskonvention der ●Vereinten Nationen niedergeschrieben. Leider werden diese Rechte nicht in allen Ländern geachtet. Für Kinder gibt es zusätzlich noch besondere Rechte. Die Kinderrechtskonvention soll Kinder vor ●Gewalt, Kinderarbeit und dem Verhungern schützen.

➔ **Asylanten, Politik**

# die Medien

Unter Medien versteht man alle Mittel, die zur Verbreitung von Informationen dienen. Die menschliche ◦Sprache war das erste Medium. Im ◦Mittelalter wurden Neuigkeiten auf Märkten (◦Markt) verkündet.

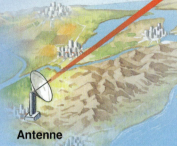

Satellitenantenne
Übertragungswagen
Kamera
Antenne
Kabel

Bei Live-Übertragungen sehen wir im Fernsehen, was gleichzeitig weit entfernt geschieht. Die ◦Kamera zeichnet Töne und Bilder auf. Sie werden in elektrische Signale umgewandelt. Die Antenne auf dem Übertragungswagen sendet die Signale zum Satelliten.

Das hat sich durch technische Neuerungen grundlegend verändert: Heutige Medien sind ◦Buch und Zeitung, ◦Telefon, Fotografie und Video, Fernsehen, Radio und ◦Internet. Wenn Medien öffentlich für jedermann zugänglich sind, nennt man sie auch Massenmedien. Man setzt Medien für verschiedene Zwecke ein. Fernsehnachrichten versorgen uns z.B. mit Informationen über ◦Politik und ◦Wirtschaft. Mithilfe von ◦Satelliten holen sie uns das Geschehen in der Welt ins Wohnzimmer. Andere Medien nutzen wir zur Unterhaltung, wie Radiohörspiele oder Fernsehfilme. Der Bildung dienen z.B. das Sachbuch oder ◦Lexikon.

### Zeitungen und Zeitschriften

Die ersten Zeitungen gab es in ◦Deutschland 1609. Das Angebot hat sich bis heute stark erweitert: Tages- oder Wochenzeitungen berichten über aktuelle Ereignisse. Sie bestehen meist aus verschiedenen Teilen: ◦Politik, ◦Sport, ◦Wirtschaft und das Feuilleton (gesprochen: Föjto) mit Berichten über ◦Theater, ◦Kunst und Veranstaltungshinweisen. Zeitschriften widmen sich eher bestimmten Themen oder einem speziellen Personenkreis. So gibt es Kinder- und Frauenzeitschriften oder auch Mode-, Sport- und Politikzeitschriften. Sie erscheinen meist wöchentlich oder monatlich und sind außerdem stark bebildert.

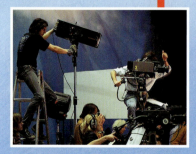

Viele Fernsehsendungen werden in einem Studio hergestellt, z.B. Nachrichtensendungen, Kinderprogramme oder Spielshows. Auch sie werden über Satellit ausgestrahlt.

### Radio

Von 1920 bis etwa 1970 war das Radio das Kommunikationsmittel überhaupt. Die ◦Menschen konnten aktuelle Nachrichten empfangen oder ◦Musik und Hörspiele hören. Als eines der ersten Hörspiele

Der Nachrichtensatellit empfängt und sendet die Signale.

Eine Antenne auf der Erde empfängt die Signale wieder. Sie werden über die Satellitenschüssel oder über ein Erdkabel zum Fernseher geleitet. Dort werden sie wieder in Bilder und Töne umgewandelt.

Satellitenschüssel
Antenne
Erdkabel

wurde 1938 „Krieg der Welten" gesendet. Damals glaubten viele Hörer in Amerika, dass wirklich Außerirdische die ●Erde angreifen würden, und gerieten in Panik.

## Fernsehen

Seit 1935 gibt es in Deutschland Fernsehen. Es verdrängte das Radio zunehmend, weil seine bewegten Bilder die Menschen noch mehr ansprechen. Zuerst waren die Bilder schwarz-weiß, seit Mitte der 1960er-Jahre gibt es das Farbfernsehen. Heute berichten Dokumentarfilme über fremde Kulturen, Forschung oder Tiere. Fernsehserien, Spielfilme oder Quizsendungen sorgen für Unterhaltung. Nachrichten senden die Fernsehsender mehrmals am ●Tag.

## Berufe in den Medien

●Journalisten bzw. Reporter berichten über aktuelle Ereignisse aus Politik, Sport usw. Reporter, die direkt im Kriegsgebiet arbeiten, nennt man Kriegsberichterstatter. Der Tscheche Egon Erwin Kisch wurde „rasender Reporter" genannt, eine Bezeichnung, die heute noch für Journalisten benutzt wird, die immer schnell am Ort des Geschehens sind. Moderatoren leiten Gesprächsrunden im Fernsehen und Rundfunk. Viele Menschen, die in den Medien arbeiten, können wir aber gar nicht sehen oder hören: z. B. Kameraleute, Fotografen oder Redakteure. Sie bearbeiten die Texte der Journalisten und sind für die Inhalte der Zeitungen, Radio- und Fernsehsendungen verantwortlich.

## Medien haben Macht

Von vielen Ereignissen erfahren wir nur über die Medien etwas. Deshalb ist es wichtig, dass Medien sachlich und nicht einseitig informieren. Medien bestimmen jedoch, was berichtet wird und in welcher Art und Weise. So können gerade die Massenmedien die Meinung der Menschen beeinflussen. Ganz gezielt geschieht das bei der ●Werbung, wenn über bestimmte Produkte informiert wird. Manche Regierungen versuchen, die Medien in ihrem Sinne zu beeinflussen. Ihre ●Freiheit und Unabhängigkeit ist daher sehr wichtig.

**Kommunikation, Multimedia, Podcast**

# der menschliche Körper

Körperteile mit eigenen Aufgaben wie z. B. das Herz, die Lunge oder die ▸ Zunge heißen Organe. Das Zusammenwirken aller Organe nennt man Organismus.

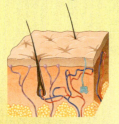

### die Haut
Sie ist unser größtes Organ und schützt unseren Körper vor Schmutz, Krankheitskeimen und schädlichen Sonnenstrahlen. Die Haut regelt auch unsere Körpertemperatur: So schwitzen wir zum Beispiel bei Hitze. Wenn der Schweiß verdunstet, kühlt er uns. Die Haut enthält Nervenzellen, mit denen wir Wärme und Kälte, ▸ Schmerz, Druck, rau, glatt, spitz oder stumpf fühlen können.
▸ Sinne

### der Blutkreislauf
Ein Erwachsener hat etwa fünf bis sechs Liter Blut. Das Herz pumpt Blut in unsere ▸ Adern, die sich wie Baumwurzeln durch den Körper ziehen und immer feiner verzweigen. Arterien transportieren das Blut vom Herzen weg, durch Venen kommt es zum Herzen zurück. Das nennt man Blutkreislauf. Unser Herz hält diesen Blutstrom unaufhörlich in Gang. Wir können das als ▸ Puls am Hals und an den Handgelenken spüren. Das Blut besteht aus Blutplasma, in dem rote und weiße Blutkörperchen schwimmen. Die roten Blutkörperchen versorgen unseren Körper mit ▸ Sauerstoff. Das Blutplasma transportiert die Nährstoffe aus den verdauten Speisen. Nährstoffe und Sauerstoff werden durch die durchlässigen Aderwände an die ▸ Zellen abgegeben. Die weißen Blutkörperchen sind die Gesundheitspolizei des Körpers: Sie greifen z. B. krankheitserregende ▸ Bakterien an.
▸ Immunsystem, Verdauung

### die Atmung
Ohne Sauerstoff könnten wir nicht leben. Alle paar Sekunden atmen wir ▸ Luft durch ▸ Nase oder Mund ein. Sie strömt durch die Luftröhre in die Lungenflügel. Dort wird der

*Lunge*
*Herz*

Das Herz pumpt sauerstoffreiches Blut (rot) durch die Adern in alle Körperteile und Organe. Sauerstoffarmes Blut (blau) wird wieder zum Herzen zurückgeleitet, in die Lungen gepumpt und dort wieder mit Sauerstoff beladen. Es fließt zurück zum Herzen und wird erneut in den Kreislauf geschickt.

Sauerstoff aus der Luft von den roten Blutkörperchen aufgenommen. Verbrauchte Luft atmen wir über die Lungen wieder aus.

**Blutbahn**
**Weiße Blutkörperchen**
**Rote Blutkörperchen**
**Lunge**

## das Nervensystem

Nervenbahnen durchziehen den Körper wie ein riesiges Telefonnetz, durch das ständig Nachrichten fließen. Über die Nerven steuert das ⊃ Gehirn als Schaltzentrale unseres Körpers alle Muskeln und Organe. Gleichzeitig empfängt und verarbeitet das Gehirn durch die Nerven unzählige Signale unserer fünf ⊃ Sinne. Fühlen, Sehen, Hören, Riechen und Schmecken funktionieren nur, wenn Sinne, Nerven und Gehirn zusammenarbeiten.

⊃ **Auge, Nase, Ohr, Schmerz**

Wird der Arm gebeugt, zieht sich der Bizepsmuskel zusammen. Beim Strecken entspannt er sich wieder. Der Trizepsmuskel ist beim Beugen entspannt. Er zieht sich zusammen, wenn der Arm gestreckt wird.

**Bizeps**
**Trizeps**

## die Muskeln

Ohne die etwa 640 Muskeln in unserem Körper könnten wir uns nicht bewegen. Die Skelettmuskeln sind durch Sehnen mit den Knochen verbunden. Sie bewegen die Knochen. Für einen einzigen Schritt müssen über 200 Muskeln arbeiten. Für ein Lachen benutzen wir nur sieben Muskeln. Unsere Bewegungen steuern wir mit unserem Willen. Die Magen- und Darmmuskulatur, die die verdaute Nahrung transportiert, können wir nicht beeinflussen.

## das Skelett

Das Skelett ist das Gerüst unseres Körpers und hält uns aufrecht. Außerdem schützen die stabilen Knochen wichtige Organe wie Lunge, Herz und Gehirn. Knochen sind durch Gelenke miteinander verbunden und lassen sich beugen oder drehen. Sie bestehen aus lebendem Gewebe. In ihnen befindet sich das Knochenmark, das die roten Blutkörperchen herstellt.

**Nervenbahnen**

Knochen wachsen nach einem Bruch wieder zusammen. Um die Bruchstelle bildet sich dabei im Lauf der Zeit neues Gewebe.

Im Körper gibt es über 200 Knochen. Sie haben unterschiedliche Formen und Größen. Der kleinste Knochen ist der Steigbügelknochen im Mittelohr, der größte Knochen ist der Oberschenkelknochen.

### das Metall

Metalle sind für den ⊙ Menschen von großem Nutzen. Manche Metalle sind sehr hart, daraus lassen sich z. B. gut Werkzeuge machen. Andere sind weicher und lassen sich leicht zu Drähten formen. Außerdem leiten Metalle besonders gut Wärme und ⊙ Strom. Metalle sind Bodenschätze und kommen entweder rein oder in Verbindung mit ⊙ Gesteinen, den sogenannten Erzen, vor. Die wichtigsten Metalle sind Eisen, Kupfer und Aluminium. Metalle sind bei Zimmertemperatur normalerweise fest. Nur ⊙ Quecksilber ist flüssig. Wenn man geschmolzene Metalle mischt, entsteht eine Legierung. Bronze enthält z. B. Zinn und viel Kupfer.

### das Mikroskop

Mit diesem Gerät kann man winzige Gegenstände vergrößern und so besser betrachten. Ein Mikroskop besteht aus mehreren optischen ⊙ Linsen, die hintereinander angeordnet sind. Tausendfache Vergrößerungen erhält man mit dem Lichtmikroskop. Dabei wird der Gegenstand zusätzlich von unten mit ⊙ Licht beleuchtet, das ein vergrößertes Bild erzeugt. Mit einem Elektronenmikroskop kann man für das bloße ⊙ Auge nicht erkennbare Objekte und Strukturen sogar um das Hunderttausendfache vergrößern. Der Gegenstand wird mit Elektronen (Elementarteilchen) abgetastet oder durchleuchtet und als Bild auf einem Monitor angezeigt.

Okular
Objektive
Kreuztisch
Beleuchtung
Feintrieb
Grobtrieb

**Vergrößerter Kopf eines Insekts**

### die Milch

Mit Milch ernähren alle ⊙ Säugetiere ihre ⊙ Babys, auch der ⊙ Mensch. Babys saugen die Milch aus der Brust ihrer Mutter. Muttermilch enthält alle notwendigen Nährstoffe. Wenn man von Milch spricht, ist meist Kuhmilch gemeint. Sie ist ein wichtiges Nahrungsmittel und wird für die Herstellung von ⊙ Joghurt, Sahne, Quark, Butter und ⊙ Käse verwendet. Auch Schafs- und Ziegenmilch kann man trinken oder weiterverarbeiten.

⇨ **Gesundheit und Ernährung**

### das Militär

Als Militär bezeichnet man alle Soldaten eines Landes – sie können zur Armee, der Marine oder der Luftwaffe gehören. Die Streitkräfte in ⊙ Deutschland heißen Bundeswehr. Sie soll das Land im Falle eines ⊙ Krieges verteidigen. Wichtige Aufgaben der Bundeswehr sind heute aber vor allem die Hilfe bei ⊙ Katastrophen und Friedenseinsätze, z. B. der ⊙ Vereinten Nationen. Die Soldaten der Friedenseinsätze werden wegen ihrer blauen Mützen und Helme auch „Blauhelme" genannt.

 Wie viele Tage hat der Monat Juli?

## das Mineral

Alle → Gesteine und Böden der → Erde und anderer Himmelskörper setzen sich aus Mineralen (auch Mineralien genannt) zusammen. Diese chemischen Verbindungen sind quasi das Baumaterial der Erde. Weit über 2000 verschiedene Arten von Mineralen sind bekannt. Die wichtigsten gesteinsbildenden Minerale sind Quarz und Feldspat. Aus metallhaltigen Mineralen, den sogenannten Erzen, werden → Metalle gewonnen. → Edelsteine sind besonders schöne und seltene Minerale.

→ All

## das Mittelalter

→ Seite 106

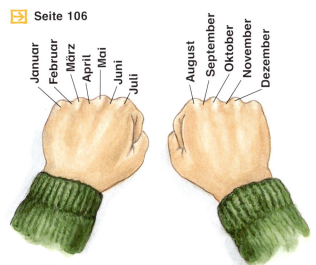

## der Monat

Das → Jahr hat zwölf Monate: Januar, Februar, März, April, Mai, Juni, Juli, August, September, Oktober, November und Dezember. Um sich zu merken, wie viele → Tage die Monate haben, gibt es einen Trick: Balle die linke Hand zur Faust. Tippe nacheinander auf die Fingerknöchelchen und die tieferliegenden Täler (→ Tal) dazwischen und zähle ab: Januar, Februar, März … Beginne beim kleinen Finger der linken Hand. Das ist der Januar. Danach kommt der Februar im Tal zwischen dem kleinen Finger und dem Ringfinger usw. Mit dem August setzt man am rechten Zeigefinger das Abzählen fort. Jeder Monat, bei dem auf ein Knöchelchen getippt wird, hat 31 Tage. Die anderen Monate haben 30 Tage. Nur der Februar hat 28 oder 29 Tage.

→ Kalender, Tag und Nacht

## der Mond

Als Mond bezeichnet man einen Himmelskörper, der einen Planeten umkreist. Unsere → Erde hat einen Mond, der sich in fast 400 000 km Entfernung um die Erde dreht. Für einen Umlauf braucht er 29,5 → Tage. Die Oberfläche des Mondes ist von Kratern übersät, die durch Einschläge von Meteoriten entstanden sind. Der Mond leuchtet nicht selbst, sondern wird von der → Sonne beschienen. Wir sehen die von der Sonne angestrahlte Seite des Mondes als Mondphasen: Vollmond, Halbmond oder Neumond (der Mond ist nicht zu sehen).

→ All, Raumfahrt, Satellit

zunehmender Mond · Halbmond · Vollmond · abnehmender Mond

# das Mittelalter

Ritter

Das Mittelalter begann nach dem Zusammenbruch des Römischen Reichs im ►Jahr 476 n. Chr. und dauerte etwa 1000 Jahre.

↳ Geschichte, Römer

**Jede adlige Familie hatte ihr eigenes Wappen.**

### Das Leben im Mittelalter
Die höchste Stellung hatte der ►König oder Kaiser. Ihm waren die ►Adligen (Herzöge, Grafen, Ritter) und die Geistlichen (Erzbischöfe, Bischöfe) untergeordnet. Die Bauern arbeiteten und lebten auf dem Land der Adligen. Sie gehörten zu ihrem Besitz und hatten kaum ►Rechte.

### Die Ritter
Ritter waren Adlige, die für den König in den ►Krieg zogen. Dafür erhielten sie vom König Land, auf dem sie ihre Burgen bauten. Zum Schutz vor Verletzungen trugen sie in der Schlacht schwere Rüstungen aus Eisen. Ritter durfte nur werden, wer aus einer Ritterfamilie stammte. Mit sieben Jahren wurde ein Junge Page bei einem anderen Burgherrn. Er musste dort in den Ställen und in der Küche arbeiten und lernte höfliches Benehmen. Mit etwa 14 Jahren wurde er Knappe und lernte zu kämpfen.

### Burgen
Fast überall in ►Europa erinnern Reste von unzähligen Burgen an das Mittelalter. Jede Burg war im Besitz eines adligen Burgherrn. Von der Burg aus herrschte er über seine Untertanen. Die ersten Burgen wurden aus ►Holz gebaut, später aus ►Stein. So waren sie besser vor Angreifern geschützt. Burgen standen auf ►Bergen oder im ►Wasser. Sie waren von Schutzmauern umgeben und hatten meist einen Burggraben, über den eine Zug-

Auf den Wachtürmen und dem Wehrgang hielten Soldaten Wache.

Wachturm mit Zinnen

Wachturm

Vorratskammern

brücke führte. Bei einem Angriff wurde sie hochgezogen. Ein großer Turm, der Bergfried, war der Mittelpunkt jeder Burg. Das Leben auf einer Burg war unbequem. Im Winter war es kalt und zugig. ●Heizung, elektrischen ●Strom, fließendes Wasser und Toiletten gab es nicht. Abends zündete man Fackeln an. Es gab kaum Möbel. Im prachtvollsten Gebäude, dem Palas, lebte der Burgherr mit seiner ●Familie. Außerhalb der Burg lebten die Bauern in Dörfern (●Dorf). Wenn Gefahr drohte, konnten sie in der Burg Schutz suchen.
➡ Bauwerke, Brücke

Mit 21 Jahren wurde ein Knappe zum Ritter geschlagen.

## Die mittelalterliche Stadt

Manche Dörfer wuchsen und wurden zu Städten (●Stadt) mit Stadtmauern. Viele Städte, deren ●Namen auf -burg enden, sind so entstanden. Die Stadtbewohner waren die Bürger. In den Städten gab es Kaufleute und Handwerker, z. B. Bäcker, Schuhmacher oder Schmiede. Die verschiedenen Handwerksgruppen schlossen sich zu Zünften zusammen. Das waren Vereinigungen, um sich gegenseitig zu unterstützen. Jedes ●Handwerk hatte seine eigene Straße oder sein eigenes Stadtviertel. Man kann dies heute noch an Straßennamen erkennen, z. B. Färber- oder Schmiedgasse.

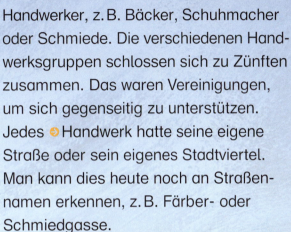

Das Leben der Bauern war hart.

In der Vorburg wohnten die Knechte und Mägde.

Palas

Schlafraum des Burgherrn

Rittersaal

Vorratskammer

Wie alt ist das älteste Mosaik?

### das Moor
Ein Moor ist ein dauerhaft feuchtes Gebiet. Hier wachsen hauptsächlich Gräser und ◯ Moose. Der schlammige Boden entsteht aus abgestorbenen ◯ Pflanzen, die im ◯ Wasser nicht vollständig verrotten können, absinken und am Boden eine Torfschicht bilden. Viele Moore wurden entwässert und als Weide- oder Ackerland genutzt. Heute sind Moore sehr gefährdet und stehen unter Naturschutz.

➡ **Sumpf, Umweltschutz**

### das Moos
Moose sind einfache ◯ Pflanzen ohne Blüten und ohne richtige ◯ Wurzeln. Sie wachsen in feuchten Gebieten überall auf der Welt, wie z.B. auf Waldböden oder in ◯ Mooren. Die weichen, niedrigen Moospolster bestehen aus vielen einzelnen Pflänzchen, die sich bei ◯ Regen vollsaugen und so den Boden feucht halten. Moose pflanzen sich wie ◯ Farne durch Sporen fort. Sporen sind kleine, geschlechtslose Keimzellen (◯ Zelle), aus denen sich neue Moospflanzen bilden.

➡ **Lebensraum Wald**

### das Mosaik
Ein Mosaik ist ein aus vielen kleinen ◯ Steinen oder Glasstücken zusammengesetztes Bild oder Muster. Das älteste Mosaik, das je gefunden wurde, ist über 5000 ◯ Jahre alt. Vor allem die ◯ Römer beherrschten die Mosaikkunst. Sie schmückten damit die Böden und Wände ihrer ◯ Bauwerke.

### der Motor
Ein Motor ist eine ◯ Maschine, die eine vorhandene ◯ Energie in Bewegung umwandelt und so etwas antreibt. Die ◯ Dampfmaschine war Vorbild für die ersten Motoren. Heute benutzt man eher Verbrennungsmotoren, wie z.B. im ◯ Auto. Die Brennstoffe ◯ Benzin oder Diesel treiben beim Verbrennen die Motorkolben in den Zylindern an. Elektromotoren hingegen wandeln ◯ Strom in die Drehbewegung einer ◯ Achse um. So funktionieren die meisten unserer Alltagsgeräte – von der Waschmaschine über das Handrührgerät bis hin zur Bohrmaschine.

### der Müll
Müll ist der Abfall, den ◯ Menschen im Haushalt oder in der ◯ Industrie produzieren. Ein Großteil des Mülls landet auf Mülldeponien oder wird in Müllverbrennungsanlagen verbrannt. Das ist nicht ohne Risiko für unsere Umwelt, denn undichte Mülldeponien können unser ◯ Wasser verseuchen und bei der Müllverbrennung verschmutzen ◯ Abgase die

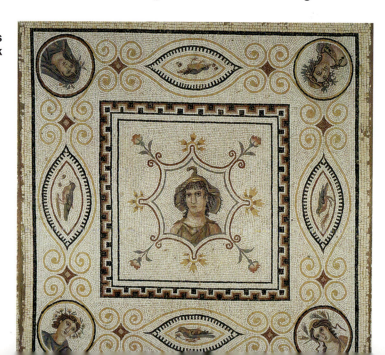

Römisches Mosaik

**Mumie**

○ Luft. ○ Glas, ○ Papier, Pappe, Dosen, ○ Metalle und Plastikverpackungen können getrennt gesammelt und für die Herstellung neuer Dinge benutzt werden. Dies nennt man ○ Recycling. Pflanzenabfälle aus Küche und Garten zersetzen sich und werden zu Kompost, den man als Dünger in den Gartenboden einarbeiten kann. Gift- (z. B. ○ Batterien, ○ Farben) und Sondermüll (z. B. Autoreifen) dürfen nie im normalen Abfall landen.

⇨ **Umweltschutz**

## Multimedia

Als Multimedia werden ○ digitale Dateien bezeichnet, die aus mehreren unterschiedlichen ○ Medien bestehen. Das können z. B. Spiele, Nachrichten, Videos, Filme, Fotos, Texte, Lieder oder ○ Podcasts sein. Man kann sie über den ○ Computer, das ○ Internet, ○ CD und DVD oder das Handy nutzen.

⇨ **SMS**

## die Mumie

Eine Mumie ist eine ausgetrocknete Leiche, die erhalten geblieben ist. Dies kann durch die natürlichen Bedingungen in der ○ Wüste, im ○ Moor oder bei großer Kälte geschehen oder durch eine besondere Behandlung der Leiche. In ○ Ägypten wurden die toten ○ Pharaonen mit Natron, Harzen und ○ Kräutern behandelt und mit Leinenbinden eingewickelt. Die Mumien der Pharaonen setzte man in ○ Pyramiden bei.

⇨ **menschlicher Körper**

## die Muschel

Muscheln sind Weichtiere, die von zwei Kalkschalen schützend umhüllt sind. Es gibt etwa 20 000 verschiedene Arten. Die meisten leben im ○ Meer. Muscheln besitzen zwei röhrenförmige Öffnungen. Durch die eine wird das ○ Wasser mit den Nahrungsteilchen eingestrudelt. Kiemen filtern wie bei den ○ Fischen den ○ Sauerstoff aus. Durch die zweite Öffnung werden das verbrauchte Wasser und Kot ausgestoßen. Manche Muschelarten graben sich im Sand ein, andere heften sich mit Fäden an Felsen fest.

⇨ **Tierreich**

## das Museum

Ein Museum ist ein Ort, an dem besonders interessante, alte oder wertvolle Dinge ausgestellt werden. In einem Kunstmuseum findet man Gemälde und Skulpturen. Das Naturkundemuseum zeigt z. B. ○ Fossilien oder ausgestopfte Tiere. Wie die ○ Menschen früher lebten, erfährt man im Heimatmuseum, und im Völkerkundemuseum kann man sich über das Leben in anderen Gebieten der ○ Erde informieren. Es gibt auch Museen für ○ Geschichte, ○ Naturwissenschaften, ○ Technik oder zu ganz bestimmten Themen, wie z. B. ein Eisenbahn- oder ein Spielzeugmuseum. In Freilichtmuseen kann man z. B. ganze Dörfer (○ Dorf) besichtigen.

**Muschel**

⇨ **Kunst**

# die Musik

Bei den alten ⇒Griechen verstand man unter Musik noch alle Künste (⇒Kunst) – von der Dichtung über die Musik bis hin zum ⇒Tanz. Erst später wurde „Musik" zum ⇒Namen für die Kunst der Klänge. Musik besteht aus Melodie, Rhythmus und Harmonie. Eine Melodie ist eine Abfolge von Tönen. Den Rhythmus bilden verschieden lange Töne. Wenn zwei oder mehrere Töne gleichzeitig erklingen, spricht man von Harmonie. ⇒Menschen haben immer gesungen und Musik gemacht – aus Freude oder aus Trauer. Die ältesten Musikinstrumente sind etwa 35 000 ⇒Jahre alt. Sie wurden aus Knochen gefertigt und man konnte damit einen Rhythmus schlagen oder auf ihnen blasen.

*Cello*

*Violine*

### Komponisten, Noten und Töne

Menschen, die eine Melodie oder ein Musikstück erfinden, nennt man Komponisten. Was sie komponieren, wird Komposition genannt. Mit Zeichen kann man Musik aufschreiben. Sie werden Noten genannt und stehen auf oder zwischen den fünf Notenlinien. Die Position in diesem Liniensystem zeigt an, wie hoch oder tief ein Ton ist (Tonhöhe).
Die Form der Note gibt die Dauer des Tons an: Eine ganze Note  kann man in 2 Halbe ♩, 4 Viertel ♩, 8 Achtel ♪ usw. einteilen.

### Musikformen

Musik wird entweder von Instrumenten gespielt (Instrumentalmusik) oder gesungen (Vokalmusik). Der Gesang kann auch von Instrumenten begleitet werden. Es gibt verschiedene Stile und Richtungen von Musik.
⇒ Stimme

### Volksmusik

Dazu gehören Lieder, Melodien und Tänze, die von ⇒Generation zu Generation weitergegeben werden und deren Textdichter und Komponisten häufig unbekannt sind.

### Unterhaltungsmusik

Sie läuft im Kaufhaus und auf Partys, zu ihr wird getanzt, gegessen oder geplaudert. Unterhaltungsmusik will den Menschen „unterhalten" und umfasst viele unterschiedliche Richtungen wie Jazz, Schlager, Rock oder Pop. Pop kommt von dem englischen Begriff „popular music" und meint populäre Musik, die sehr beliebt und erfolgreich ist. Dazu gehören auch Hip-Hop, Rap und Techno.

### Kunstmusik

Die Kunstmusik wird auch als ernste oder klassische Musik bezeichnet. Zu ihr gehören moderne Werke genauso wie die europäische Musik der vergangenen Jahrhunderte. Ihren Anfang nahm die Kunstmusik in der Kirchenmusik des 10. Jahrhunderts. Mit der ⇒Zeit entstanden immer mehr Instrumentalstücke

Saxofon
Oboe
Klarinette
Fagott

(früher mit opus = Werk bezeichnet) und ⟶Opern, die von Orchestern gespielt wurden. Johann Sebastian Bach ist ein Komponist aus dem 17. Jahrhundert, der Zeit des Barocks. Bedeutende Komponisten aus dem 18. Jahrhundert, der Zeit der Klassik, sind Franz Joseph Haydn, Ludwig van Beethoven und Wolfgang Amadeus Mozart. Kunstmusik fordert vom Hörer große Aufmerksamkeit.

## Musikinstrumente

Man unterscheidet fünf Gruppen von Musikinstrumenten. Klarinette, Fagott, Saxofon und Oboe sind Holzblasinstrumente. Trompete, Posaune und Tuba sind Blechblasinstrumente. Geige, Violine, Harfe, Cello oder Bratsche gehören zu den Saiteninstrumenten. Auch das Klavier ist ein Saiteninstrument, da in seinem Inneren Saiten schwingen und so die Töne erzeugen. Pauken, Trommeln, Becken und Triangeln gehören zu den Schlaginstrumenten. Völlig neuartige Töne kann man mit elektronischen Instrumenten wie dem Synthesizer oder einem ⟶Computer erzeugen.

Posaune
Trompete
Tuba

## Orchester

Im Orchester spielen viele Musiker miteinander. Musiker mit ähnlichen Instrumenten sitzen nebeneinander: die Blechbläser, Holzbläser, Streich- und Schlaginstrumente. Ein Dirigent leitet die Proben und Konzerte.

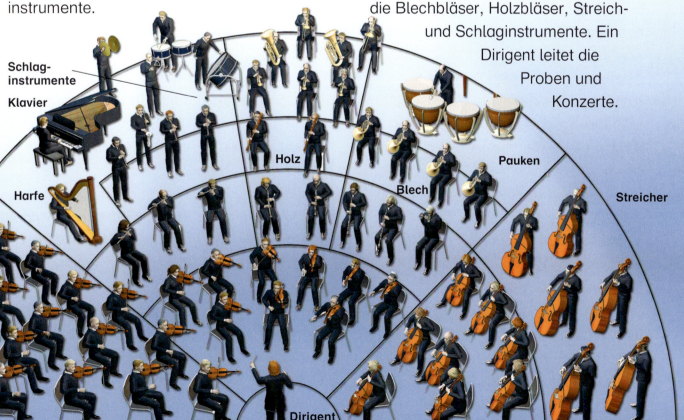

Schlaginstrumente
Klavier
Harfe
Holz
Blech
Pauken
Streicher
Streicher
Dirigent

 Was ist eine Narkose?

Tanne — Fichte — Kiefer — Lärche

### der Nadelbaum
Bäume (●Baum) mit meist harten, nadelförmigen Blättern (●Blatt) heißen Nadelbäume. Im Gegensatz zu den ●Laubbäumen werfen sie ihre Nadeln in der Regel nicht ab und werden daher als immergrün bezeichnet. Eine Ausnahme ist z. B. die Lärche, die ihre weichen Nadeln im Herbst verliert. Nadelbäume bilden ihre ●Samen nicht in Früchten (●Frucht), sondern in Zapfen heran. Diese Zapfen sind verholzte Blüten.

### die Nahrungskette
Eine Nahrungskette zeigt, welches Lebewesen wen oder was frisst und von wem es selbst gefressen wird. Ein ●Baum treibt z. B. Blätter (●Blatt) aus, die von Raupen gefressen werden. Diese Raupen werden von einer Kohlmeise aufgepickt, die wiederum die Beute eines Falken wird. Der Falke stirbt irgendwann und verwest. Wie Pflanzenreste wird auch das tote Tier von winzigen ●Bakterien zersetzt. Dabei entstehen Nährstoffe, die die ●Pflanzen zusammen mit ●Wasser über ihre ●Wurzeln wieder aufnehmen. So entsteht ein Kreislauf. Den Anfang einer Nahrungskette bilden immer Pflanzen. Nur sie können in Blättern mithilfe von Sonnenlicht, ●Kohlendioxid und Wasser ihre Nahrung selbst herstellen. Der ●Mensch steht oft am Ende einer Nahrungskette, wenn er z. B. einen ●Fisch oder Apfel isst. Daher ist es wichtig, dass sich im Verlauf der Nahrungskette nicht so viele Umweltgifte anreichern, die der Mensch dann mit seiner Nahrung aufnimmt.

### der Name
Bei uns haben alle ●Menschen einen Vornamen und einen Nachnamen. Den Vornamen suchen meist die Eltern aus. Dabei sind bestimmte Namen oft gerade besonders beliebt. Manche Kinder werden nach ihren Großeltern benannt, manche auch nach berühmten Personen. Viele Menschen haben zwei oder mehr Vornamen. Als Nachname erhält man den Familiennamen. Das kann der Nachname der Mutter oder des Vaters sein. Viele Nachnamen sind aus früheren Berufsbezeichnungen entstanden, z. B. Müller, Schmied oder Schneider.

➲ Beruf

## die Narkose

Die Narkose ist eine Betäubung. Man verliert das Bewusstsein, fällt in einen künstlichen Tiefschlaf und kann ohne Schmerzempfinden operiert werden. Narkosemittel werden entweder eingeatmet oder gespritzt. Das erste Narkosemittel war das Lachgas. Ein Arzt, der Narkosen durchführt, wird Anästhesist genannt.

→ menschlicher Körper

## die Nase

Die Nase ist ein Organ zum Atmen und Riechen. Sie ist durch die Nasenscheidewand in zwei Nasenhöhlen geteilt, die sich nach außen in Nasenlöcher öffnen. Die eingeatmete ●Luft wird in der Nase angewärmt und gelangt über die Luftröhre in die Lunge. Staubteilchen und ●Bakterien werden durch die feuchte Nasenschleimhaut und winzige Härchen (●Haar) zurückgehalten. Erreichen Duftstoffteilchen aus der Luft die Riechschleimhaut, lösen sie bei den Riechzellen einen Reiz aus. Er wird über Nerven an das ●Gehirn geleitet. Erst dann „riechen" wir, d.h., wir denken: Das riecht gut oder das stinkt.

→ menschlicher Körper

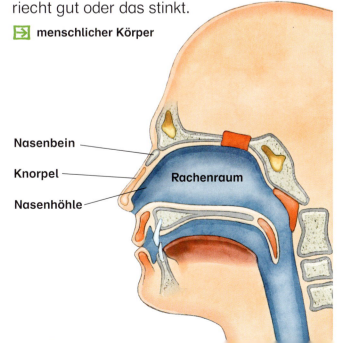

Nasenbein
Knorpel
Rachenraum
Nasenhöhle

## der Nationalsozialismus

Von 1933 bis 1945 errichteten in ●Deutschland die Nationalsozialisten (auch Nazis) eine ●Diktatur unter Adolf Hitler, das sogenannte „Dritte Reich". Es gab nur noch ihre Partei, die NSDAP (Nationalsozialistische Deutsche Arbeiterpartei). Gegner der Nazis wurden verhaftet oder ermordet. Deutsche, die jüdisch waren, wurden zu Staatsfeinden erklärt. Die Nazis nahmen ihnen ihre ●Rechte, ihre ●Freiheit und ihren Besitz. Als Erkennungszeichen mussten sie ab 1941 einen gelben Stern auf ihrer Kleidung tragen. 1939 begann Hitler den Zweiten ●Weltkrieg. Millionen von ●Menschen verloren dabei ihr Leben oder ihre ●Heimat. Aus Deutschland und den von deutschen Truppen besetzten Ländern wurden viele Juden, sogenannte „Zigeuner" oder politische Gegner in Konzentrationslager transportiert und dort ermordet. 1945 verlor Deutschland den ●Krieg. Das Dritte Reich brach zusammen. Die NSDAP und alle ihre Organisationen wurden verboten und viele ihrer führenden Mitglieder bestraft. Die Massenmorde der Nazis gehören zu den furchtbarsten Verbrechen in der ●Geschichte. In Gedenkstätten in Deutschland und ganz ●Europa werden wir daran erinnert, damit sich dieses Geschehen nie mehr wiederholt.

→ Berühmte Menschen, Diskriminierung, Rassismus, Religionen

Judenstern

Eiskristalle

### die Natur
Als Natur versteht man alles, was ohne Einwirkung des ◉Menschen entstanden ist: das ◉All, die ◉Erde, ◉Pflanzen, Tiere und der Mensch selbst. Der Mensch verändert die Natur durch ◉Industrie, Straßen und Häuser. Viele Pflanzen- und Tierarten sind bereits ausgestorben und die ◉Luft wird verschmutzt.
➔ Geschützte Tiere und Pflanzen, Umweltschutz

### die Naturwissenschaften
Zu den Naturwissenschaften zählen Physik, Chemie, Biologie, Geologie und Astronomie. Naturwissenschaften erforschen die ◉Natur durch ◉Experimente. Schon im alten Griechenland wollten ◉Menschen alles genau erkunden und wissen: Warum schwimmt ein mit ◉Luft gefüllter Behälter? Warum wissen Brieftauben immer, in welche Richtung sie fliegen müssen? Menschen beobachteten, untersuchten und fanden Antworten. So entstanden die Naturwissenschaften. Viele technische Erfindungen gehen auf Vorgänge in der Natur zurück. So führte die Beobachtung der Vögel (◉Vogel) z. B. zur Entwicklung des ersten Gleitfliegers.
➔ Bionik, Griechen, Luftfahrt, Technik

### der Nebel
Nebel besteht aus winzigen, in der ◉Luft schwebenden Wassertröpfchen. Er entsteht, wenn sich warme, feuchte Luft dicht über dem Boden abkühlt oder ◉Wasser verdunstet. Im Grunde ist Nebel eine ◉Wolke, die nahe am Erdboden schwebt.
➔ Wetter, Niederschlag

### der Niederschlag
Darunter versteht man ◉Wasser, das als ◉Regen, ◉Schnee oder Hagel aus den ◉Wolken zur ◉Erde fällt. Ob der Niederschlag flüssig oder gefroren ist, hängt von der ◉Temperatur der ◉Luft ab. Hagel sind feste Eiskörner, die in Gewitterwolken bei starkem ◉Wind entstehen. Die Wassertröpfchen in den Wolken werden in kühlere Luftschichten gewirbelt und gefrieren. Durch das Auf- und Abwirbeln lagern sich immer weitere Eisschichten auf den Eiskörnern ab. Werden die Hagelkörner zu schwer, stürzen sie zur Erde hinunter. Ganz kleine Hagelkörner nennt man Graupel. Zu den Niederschlägen am Boden gehören ◉Nebel, Tau und Reif. Als Tau bezeichnet man kleine Wassertröpfchen, die sich an Gräsern, ◉Blumen und Bäumen (◉Baum) niederschlagen. Er bildet sich in windstillen Nächten, wenn der Wasserdampf in Bodennähe abkühlt. Fallen die Temperaturen unter den Gefrierpunkt, gefriert der Tau zu kleinen Eiskristallen und setzt sich als Reif ab.
➔ Gewitter, Wetter

Nikolaus

### der Nikolaus
Am 6. Dezember feiern wir den Nikolaustag zum Gedenken an den heiligen Nikolaus. Um ihn ranken sich viele Geschichten, in denen er in Not geratenen ◉Menschen hilft und ihnen Geschenke bringt wie drei

 **Wie leben Nomaden?**

armen Jungfrauen oder den Seeleuten im Sturm. Ob dieser Nikolaus wirklich gelebt hat, ist nicht sicher. Manche sagen, er war ein Bischof in Myra, der vor etwa 1700 ⇨ Jahren in der Türkei lebte. Andere sehen in ihm einen Abt, der vor mehr als 1500 Jahren starb. Auf jeden Fall erzählten sich die Menschen viele wundersame Geschichten über ihn. Er wird meist mit einem roten Mantel mit weißem Pelzkragen oder als Bischof dargestellt.

### das Nikotin
Nikotin ist eine farblose, ölige Flüssigkeit. Es kommt z. B. in der Tabakpflanze vor und ist eines der stärksten pflanzlichen ⇨ Gifte. Zigaretten enthalten getrockneten ⇨ Tabak und damit auch das giftige Nikotin. Wer raucht, schädigt seine ⇨ Gesundheit. Die Folgen können ⇨ Krankheiten wie z. B. Störungen der Herzfunktion, der Durchblutung und sogar Krebs sein. Es ist ebenfalls schädlich, den Zigarettenrauch anderer ⇨ Menschen einzuatmen. Dies nennt man passives Rauchen.
➡ Sucht

### der Nomade
Nomaden sind ⇨ Menschen, die nicht an einem festen Ort wohnen. Die meisten von ihnen sind Hirten, die mit ihren Herden in der ⇨ Steppe oder ⇨ Wüste umherziehen. Sie leben mit ihren ⇨ Familien in Zelten, die sich leicht auf- und abbauen lassen. Früher gab es viele Nomadenvölker, die meisten sind aber sesshaft geworden. Nomaden gibt es noch in ⇨ Asien und in ⇨ Afrika. In einigen Gegenden, wie z. B. Sibirien, einem Teil Russlands, leben die Menschen im Winter in festen Siedlungen und verbringen die Sommermonate als Nomaden mit ihren Rentierherden. Die Prärieindianer ⇨ Nordamerikas waren ebenfalls Nomaden. Sie zogen mit den großen Büffelherden durch die ⇨ Prärie.
➡ Indianer

### Nordamerika
➡ Seite 116

### der Nordpol
**1.** Der Nordpol ist der nördlichste Punkt der ⇨ Erde. Die gerade Linie, die den Nordpol mit dem ⇨ Südpol verbindet, nennt man Erdachse. Um diese ⇨ Achse herum dreht sich die Erde einmal in 24 Stunden. Der Nordpol liegt mitten im Eis des Nordpolarmeeres. Das Gebiet um den Nordpol heißt Arktis. Zur Arktis gehören die Insel Grönland und die angrenzenden Nordränder von ⇨ Europa, ⇨ Asien und Amerika. Nur etwa für vier ⇨ Monate steigen hier die ⇨ Temperaturen über 0 °C. In der Arktis sind Rentiere, Schneehasen, Eisbären, Robben, Walrosse und ⇨ Wale zu Hause. Auch die ⇨ Inuit leben hier. Am Nordpol geht die ⇨ Sonne nur einmal im ⇨ Jahr am 21. März auf. Dann herrscht ein halbes Jahr lang Polartag. Am 23. September geht die Sonne wieder unter. Für sechs Monate ist jetzt Polarnacht. **2.** Ein Ende eines ⇨ Magnets nennt man Nordpol.
➡ Jahreszeiten

# Nordamerika

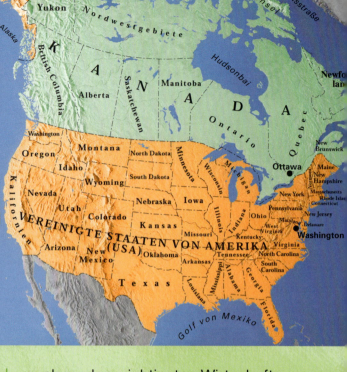

Zum nordamerikanischen ➲ Kontinent gehören Nord- und Mittelamerika. Die schmale Landenge Mittelamerikas verbindet diesen drittgrößten Kontinent mit ➲ Südamerika. Die großen ➲ Staaten Kanada und USA (engl. United States of America, also Vereinigte Staaten von Amerika) sind sehr reich und mächtig. Mexiko, die sieben Länder Mittelamerikas und die Westindischen Inseln im Karibischen Meer sind ärmere Länder. Der Kontinent reicht von der mit Eis bedeckten Insel Grönland im Nordpolarmeer bis zum warmen Panama im Süden. Entlang der Westküste erstreckt sich die über 4500 km lange Gebirgskette der Rocky Mountains.

### Kanada
Kanada ist nach Russland das zweitgrößte Land der ➲ Erde. Hoch im Norden leben die ➲ Inuit, die Ureinwohner Kanadas. Weiter südlich liegen die großen Nadelwälder Kanadas, in denen vor allem Bären, Pumas, Wölfe und Elche zu Hause sind. Die ➲ Küsten, Seen und Flüsse (➲ Fluss) Kanadas sind sehr fischreich. Holzhandel und Fischfang gehören auch zu den wichtigsten Wirtschaftszweigen. Die meisten Kanadier leben im Süden, entlang der ➲ Grenze zur USA.

### USA
Die USA haben 50 Bundesstaaten. Alaska ist der größte und liegt abgetrennt im Norden des Kontinents, Hawaii im Pazifik. Östlich der Rocky Mountains gibt es große, grasbedeckte ➲ Prärien, die als Weideland genutzt werden. Sonst werden vor allem Weizen und ➲ Tabak angebaut. Die vielen Naturwunder (z. B. Grand Canyon) und Nationalparks locken Touristen, ebenso die bekannten amerikanischen Städte (➲ Stadt) New York und San Francisco. Die USA sind eine multikulturelle ➲ Gesellschaft, weil ihre Einwohner aus fast allen Ländern der Erde eingewandert sind. Von großer wirtschaftlicher Bedeutung sind ➲ Raumfahrt und moderne Technologie sowie die großen Vorkommen an Erdöl und Kohle. Man bezeichnet die USA als Weltmacht.

➲ Indianer

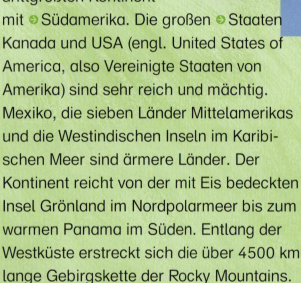

**Weißkopfseeadler**

**Fläche:** 24 Millionen km²
**Höchster Punkt:** Mount McKinley, 6194 m
**Größter See:** Oberer See
**Längster Fluss:** Mississippi, 3778 km
**Zahl der Staaten:** 23
**Größte Stadt:** Mexiko-Stadt (Mexiko), etwa 22,6 Millionen Einwohner
**Gesamtbevölkerung:** etwa 528 Millionen

## die Oase

Wasserstellen und damit fruchtbare Orte in ⮕ Wüsten oder ⮕ Steppen nennt man Oasen. Ihr ⮕ Wasser erhalten sie aus einer ⮕ Quelle. Neben Dattelpalmen werden dort auch ⮕ Obst, ⮕ Gemüse und ⮕ Getreide angebaut. Solch größere Oasen müssen aber meist künstlich bewässert werden.

⮕ **Palme**

## obdachlos

⮕ Menschen, die keine Wohnung haben, sind obdachlos. Manche verlieren ihr Zuhause durch ⮕ Krieg oder Naturkatastrophen, wie Überschwemmungen oder ⮕ Erdbeben. Andere können die Miete für ihre Wohnung nicht mehr bezahlen, weil sie z. B. arbeitslos geworden sind. Vor allem in den armen Ländern ⮕ Afrikas, ⮕ Südamerikas und ⮕ Asiens leben Millionen von Kindern auf der Straße.

⮕ **Arbeitslosigkeit, Armut, Slum**

## das Obst

Als Obst bezeichnet man essbare, meist saftig-fleischige Früchte (⮕ Frucht) und ⮕ Samen von Sträuchern und Bäumen (⮕ Baum). Es gibt Kernobst (z. B. Apfel, Birne), Steinobst (z. B. Kirsche, Pfirsich), Beerenobst (z. B. Heidelbeere, Weintraube) und Schalenobst (z. B. Walnüsse, Esskastanien). Aus warmen Ländern kommen die Südfrüchte wie Bananen, Orangen oder Ananas. Obst enthält viele Vitamine. Man kann Obst zu Saft, Marmelade oder Kompott weiterverarbeiten oder trocknen bzw. tiefgefrieren.

⮕ **Gesundheit und Ernährung**

## das Ohr

Das Ohr ist ein Sinnesorgan. Das menschliche Ohr besteht aus Außen-, Mittel- und Innenohr. Die Ohrmuschel gehört zum Außenohr und fängt wie ein Trichter die Geräusche in Form von Schallwellen auf. Der ⮕ Schall wird durch den Gehörgang bis zum Trommelfell (Mittelohr) weitergeleitet. Das Trommelfell ist ein feines Häutchen und fängt durch die Schallwellen zu schwingen an. Die Schwingungen werden an die drei Gehörknöchelchen Hammer, Amboss und Steigbügel übertragen. Dort werden sie verstärkt und an das Innenohr mit der sogenannten ⮕ Schnecke weitergegeben. Die Schnecke ist mit einer Flüssigkeit gefüllt und besitzt außerdem Sinneszellen mit feinen Härchen (⮕ Haar). Wenn die Flüssigkeit durch die Schwingung in Bewegung gerät, verbiegen sich die Härchen und leiten diesen Reiz über den Hörnerv an das ⮕ Gehirn weiter, das die Signale entschlüsselt. Im Innenohr liegt auch der Gleichgewichtssinn. Er sorgt dafür, dass wir z. B. wissen, wo oben und unten ist.

⮕ **Sinne**

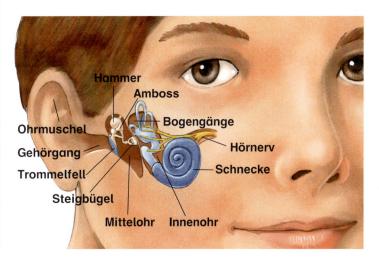

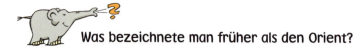

Was bezeichnete man früher als den Orient?

### das Öl

Öl ist ein zähflüssiges Fett. Es ist nicht in Wasser löslich und schwimmt als Fettfilm oben. Man unterscheidet tierische und pflanzliche Öle. Unser Speiseöl ist pflanzlich und wird z. B. aus Oliven oder Sonnenblumenkernen gewonnen. Tierische Öle werden für Salben und Hautcremes verwendet. Mineralöle haben eine andere Zusammensetzung als fette Öle. Sie werden z. B. aus Rohstoffen wie Erdöl, Braun- und Steinkohle, Holz oder Torf gewonnen. Wir benutzen sie zur Gewinnung von Energie.

### die Olympischen Spiele

Olympische Ringe

Die Olympischen Spiele haben ihren Ursprung im Altertum. Schon 776 v. Chr. haben sich Griechen in der Stadt Olympia alle vier Jahre in verschiedenen Wettkämpfen wie z. B. Ring- und Faustkampf oder Wagenrennen gemessen. Teilnehmen durften jedoch nur freie Bürger aus griechischen Staaten. Frauen und Sklaven war die Teilnahme untersagt. Der Preis für den Sieger war ein Lorbeerkranz. Die heutigen Spiele wurden durch Pierre de Coubertin ins Lebengerufen. Sein Motto lautete: Dabei sein ist alles. Die ersten Olympischen Spiele der Neuzeit wurden 1896 in Athen aus-getragen. Sie finden alle vier Jahre an einem anderen Ort in der Welt statt. Die Sieger werden mit Medaillen ausgezeichnet. Heute gehören auch Wettkämpfe in modernen Sportarten wie Badminton, Radrennen oder Kunstturnen dazu. Das Symbol der Olympischen Spiele zeigt fünf ineinander verschlungene Ringe. Die fünf Ringe sollen die fünf Kontinente darstellen. Seit 1960 gibt es die Paralympics: Das sind die Wettkämpfe behinderter Leistungssportler.

➡ **Behinderung, Sport**

### die Oper

Eine Oper ist ein Musiktheater, bei dem gesungen, gespielt und musiziert wird. Es gibt sie seit etwa 400 Jahren. Auf einer Bühne führen Sänger ein Stück auf, dessen Texte sie nicht sprechen, sondern singen. Manchmal singen auch viele Sänger gleichzeitig in einem Chor. Die Oper wird von einem Orchester begleitet. Von Wolfgang Amadeus Mozart stammt die berühmte Oper „Die Zauberflöte". Weitere berühmte Opernkomponisten sind Giuseppe Verdi, Giacomo Puccini und Richard Wagner.

➡ **Musik, Stimme, Theater**

### der Orient

Früher nannte man die Länder östlich von Europa Orient oder Morgenland. Europa selbst wurde als Okzident oder Abendland bezeichnet. Die Begriffe Orient und Okzident kommen aus dem Lateinischen und bedeuten „aufgehend" und „untergehend". Gemeint sind der Sonnenaufgang im Osten (= Orient) und der Sonnenuntergang im Westen (= Okzident). Heute versteht man unter Orient hauptsächlich die Länder mit islamischer Religion.

➡ **Himmelsrichtung**

## Österreich

➔ Seite 120

## der Ozean

Die drei Ozeane machen den Großteil des Weltmeeres aus. Sie liegen zwischen den ● Kontinenten. Der Pazifische Ozean (Pazifik) ist der größte und tiefste. Er liegt westlich von Amerika und östlich von ● Asien und ● Australien. An seiner tiefsten Stelle, dem Marianengraben, ist er über 11 000 m tief. Im Pazifik liegen Tausende von kleinen Inseln, die durch ● Vulkane entstanden sind. Häufig wird der Meeresboden von ● Erdbeben erschüttert. Um auf dem direkten Seeweg von ● Europa nach Amerika zu gelangen, muss man den Atlantischen Ozean (Atlantik) überqueren. Der kleinste Ozean ist der Indische Ozean. Er liegt zwischen Asien, ● Afrika, Australien und der Antarktis mit dem ● Südpol.

➔ Meer

## das Ozon

Ozon ist eine besondere Form des ● Sauerstoffs. Es ist ein stark riechendes, giftiges ● Gas, das Kopfschmerzen verursacht und die Atmungsorgane reizt. Ozon entsteht vor allem durch Autoabgase im Sommer. Dann spricht man von Smog. In der ● Atmosphäre unserer ● Erde gibt es eine natürliche Ozonschicht, die uns vor schädlichen Sonnenstrahlen schützt, die z. B. Hautkrebs verursachen können. Diese Ozonschicht wird durch Umweltgifte wie das Gas FCKW (Fluorchlorkohlenwasserstoff) zunehmend zerstört. Es entstehen sogenannte Ozonlöcher, die das ● Klima verändern. FCKW wird bei der Herstellung von Treibmitteln für Spraydosen, Kühlmittel oder Schaumstoffe verwendet. Der Ausstoß von FCKW in die ● Luft wurde bisher nur von wenigen Ländern gesetzlich verboten.

➔ Abgase, Umweltschutz

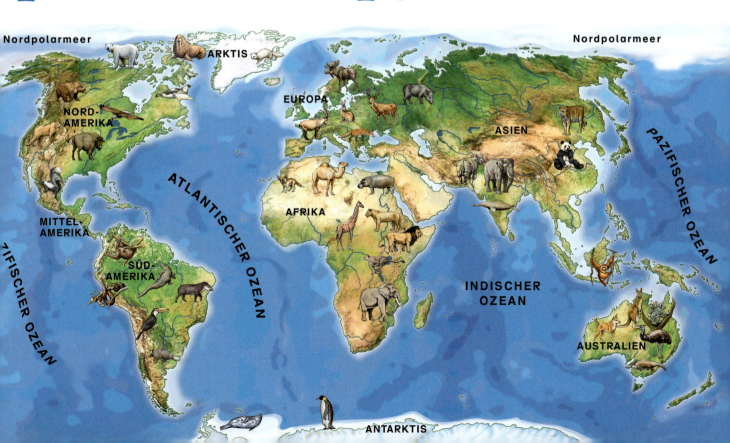

# Österreich

Österreich ist ein gebirgiges Land in Mitteleuropa (↗ Europa) und grenzt an acht europäische Länder. Österreich ist eine demokratische ↗ Republik und hat neun Bundesländer: Niederösterreich, Steiermark, Tirol, Oberösterreich, Kärnten, Salzburg, Burgenland, Vorarlberg und Wien.

↗ Demokratie

### Natur
Die ↗ Alpen durchziehen das Land von Westen nach Südosten. Rund zwei Drittel des Landes sind von ↗ Bergen bedeckt. Es gibt hier ↗ Gletscher und Almen. Hier verbringen Kühe die Sommermonate. Im Osten ist das Land flacher und es ist wärmer. Dort wird auch Wein angebaut. Der nur ein bis zwei Meter tiefe Neusiedler See liegt an der ↗ Grenze zu Ungarn und ist ein Paradies für Vögel (↗ Vogel). Österreich ist eines der waldreichsten Länder Europas.

### Land und Leute
Die Bergregionen sind dünn besiedelt. Die meisten Österreicher leben in den größeren Städten (↗ Stadt) wie Wien, Graz, Linz und Salzburg. Bei diesen Städten hat sich auch die ↗ Industrie angesiedelt. Wien ist die Hauptstadt Österreichs und liegt an der Donau. Im Prater, einem Vergnügungspark, steht das Riesenrad, das zum Wahrzeichen Wiens geworden ist. Aus Österreich kommen viele berühmte Komponisten wie Mozart, Haydn und Schubert und es finden viele bekannte Musikveranstaltungen statt, wie z. B. die Salzburger Festspiele.

↗ Musik, Oper

### Wirtschaft
Ein wichtiger Wirtschaftszweig Österreichs ist der Fremdenverkehr: Jährlich machen 18 Millionen ↗ Menschen hier Urlaub. Die Alpen sind ein beliebtes Wander- und Wintersportgebiet. Das und der starke Durchgangsverkehr von Nord- nach Südeuropa (die Brennerstraße beginnt bei Innsbruck und führt über die Alpen nach Italien) bringen aber auch Probleme mit sich: ↗ Abgase und ↗ Lärm belasten die Umwelt in der Alpenregion. ↗ Handel treibt Österreich vor allem mit ↗ Maschinen, Fahrzeugen und Textilien, aber auch mit Wein.

**Fläche:** etwa 84 000 km²
**Hauptstadt:** Wien, 1,6 Millionen Einwohner
**Nationalfeiertag:** 26. Oktober (Verabschiedung des Neutralitätsgesetzes)
**Höchster Punkt:** Großglockner, 3798 m
**Gesamtbevölkerung:** etwa 8,2 Millionen

### die Palme

Dattelpalme — Kokospalme

Palmen gibt es vor allem in den ➜ Tropen, aber auch im Mittelmeergebiet. Die meisten Arten haben einen hohen, schlanken Stamm, an dessen Spitze die meist harten fächerförmigen Blätter (➜ Blatt), die Palmwedel, wachsen. Palmen liefern essbare Früchte (➜ Frucht), wie z.B. Kokosnüsse oder Datteln, aber auch Material für Körbe oder Möbel.

### die Pantomime

Pantomime ist eine besondere Art des Theaterspiels. Dabei erzählen die Schauspieler eine Geschichte ganz ohne ➜ Worte. Sie benutzen nur Bewegungen, also Gestik, und ihren Gesichtsausdruck, die Mimik. Begleitet werden sie oft von ➜ Musik.

➔ Theater

### das Papier

Das erste Papier verwendeten die ➜ Ägypter vor etwa 5000 ➜ Jahren. Sie stellten es aus den Stängeln der Papyruspflanze her. Von ihr erhielt das Papier auch seinen ➜ Namen. Papier, wie wir es heute kennen, wurde vor etwa 1900 Jahren in China erfunden. Damals zerstampfte man Baumrinde, Hanf und alte Lumpen zu einem Brei, der dann zu Blättern (➜ Blatt) gepresst wurde. Das Wissen um die Papierherstellung gelangte im 8. bis 10. Jahrhundert über den ➜ Orient nach ➜ Europa. Vor etwa 600 Jahren gab es die erste Papiermühle in ➜ Deutschland. Damals wurde das Papier ausschließlich aus alten Lumpen und mit Schöpfsieben von Hand hergestellt. Heute wird die ganze Arbeit meist von riesigen ➜ Maschinen gemacht. Als ➜ Rohstoff dient Zellstoff, ein watteähnliches Material, das aus ➜ Holz gewonnen wird. Auch Altpapier verwendet man zur Herstellung von neuem Papier. Je nach Papierart wird der Faserbrei noch gefärbt oder gebleicht, um das Papier weißer zu machen. Dieser Papierbrei wird dann auf einem Förderband verteilt, entwässert, getrocknet und abschließend zu langen Papierbahnen gewalzt.

➔ Buch, Recycling, Schrift

Papyrus

### der Pfeffer

Pfeffer ist ein scharf schmeckendes ➜ Gewürz. Er stammt vom Pfefferstrauch, einer Kletterpflanze aus den ➜ Tropen. Wir kennen schwarzen und weißen Pfeffer. Schwarzer Pfeffer entsteht aus unreifen und ungeschälten Früchten (➜ Frucht), die beim Trocknen schwarz werden. Der weiße Pfeffer dagegen wird aus den reifen, geschälten Früchten gewonnen. Pfeffer kam in der Antike durch Karawanen in den Mittelmeerraum zu ➜ Griechen und ➜ Römern. Im ➜ Mittelalter war Pfeffer ein kostbares Handelsgut, durch das italienische Städte (➜ Stadt) wie Genua und Venedig sehr reich wurden.

➔ Handel

Wie nennt man ein weibliches Pferd?

### das Pferd

Pferde sind ⊃ Säugetiere, zu deren ⊃ Familie auch der Esel und das Zebra gehören. Vor etwa 6000 ⊃ Jahren wurden die ersten Wildpferde von den ⊃ Menschen gezähmt und als Last- und Reittiere genutzt. Pferde sind Huftiere, die auf einer einzigen hufförmigen Zehe laufen. Sie ernähren sich von ⊃ Pflanzen und leben in Herden. Weil Pferde bei Gefahr fliehen, sind sie Fluchttiere. Das männliche Pferd heißt Hengst. Wird der Hengst künstlich unfruchtbar gemacht (kastriert), nennt man ihn Wallach. Das weibliche Tier ist die Stute und das Jungtier heißt Fohlen. Je nach Fellfarbe gibt es Braune, Füchse (rötlich), Rappen (schwarz) und Schimmel (weiß). Die kräftigen und ruhigen Kaltblutpferde werden als Arbeitstiere eingesetzt, die temperamentvollen Warmblut- und Vollblutpferde (z. B. Araber) als Reit- und Rennpferde. Ponys sind eine Pferderasse mit einer Größe bis 1,48 m.

**Wildpferd**

**Huf**

→ Fell, Haustier, Rasse

### die Pflanzen

Pflanzen sind Lebewesen, die im Gegensatz zu Tieren und ⊃ Pilzen durch das Blattgrün (Chlorophyll) ihre Nahrung selbst herstellen können. Dabei setzen sie ⊃ Sauerstoff frei. Die meisten Pflanzen haben ⊃ Wurzeln, einen Stängel und Blätter (⊃ Blatt). Bei Sträuchern und Bäumen (⊃ Baum) sind Stamm und Äste verholzt. Es gibt etwa 360 000 verschiedene Pflanzenarten. Die größte Gruppe bilden die Blütenpflanzen, zu denen ⊃ Laub- und ⊃ Nadelbäume, Gräser und ⊃ Blumen zählen. Der ⊃ Mensch nutzt Pflanzen als Nahrungsmittel, Tierfutter oder Heilmittel in der ⊃ Medizin sowie als ⊃ Rohstoff für ⊃ Kleidung und Hausbau.

→ Baumwolle, Heilpflanze, Holz

### der Pharao

Pharao war im alten ⊃ Ägypten zunächst die Bezeichnung für den Königspalast. Später nannte man auch die ägyptischen ⊃ Könige so. Die Ägypter hielten ihre Pharaonen für Nachkommen des Sonnengottes Re.

**Pharao**

Manche Pharaonen ließen sich riesige Grabstätten bauen. In diesen ⊃ Pyramiden wurden sie nach ihrem ⊃ Tod als ⊃ Mumien beigesetzt. Auch an den goldenen Totenmasken kann man heute noch den Reichtum und die Macht der Pharaonen erkennen. Zu den berühmtesten Pharaonen gehören Cheops, Ramses und Tutanchamun.

### die Pilze

Pilze gehören nicht zu den ⊃ Pflanzen, da ihnen der grüne Blattfarbstoff (Chlorophyll) fehlt. Daher können sie ihre Nahrung nicht selbst in den Blättern (⊃ Blatt) herstellen. Pilze bilden darum im Boden ein weitverzweigtes Geflecht (Myzel), um Nährstoffe

Hut — Stiel — Fliegenpilz — Myzel

von abgestorbenen Pflanzen aufzunehmen. Manche Pilzarten leben auch in einer Lebensgemeinschaft (Symbiose) mit anderen Pflanzen, so z. B. der Birkenpilz bei Birken. Viele Pilze bestehen aus Stiel und Hut. Manche dieser Hutpilze sind essbar (z. B. Champignon, Pfifferling, Steinpilz), andere jedoch tödlich giftig (z. B. Knollenblätterpilz). Es gibt über 100 000 verschiedene Pilzarten. Zu ihnen zählen auch die Schimmelpilze, die sich auf Nahrungsmitteln bilden, und die Hefepilze. Diese werden zum Backen oder zur Wein-, Bier- und Käseherstellung verwendet.

→ **Käse, Schimmel**

Piratenschiff

### der Pirat
Piraten waren Seeräuber. Vom ↻ Wasser aus überfielen sie große Handelsschiffe und raubten deren Ladung. Piraterie wurde mit dem ↻ Tode bestraft. Einige Piraten erhielten jedoch von ↻ Königen Freibriefe, die ihnen erlaubten, die ↻ Schiffe feindlicher Länder auszurauben und zu versenken. Diese Piraten nannte man Freibeuter. Auch heute noch gibt es Piraten, die mit schnellen Booten Schiffe überfallen.

Pirat

### das Plankton
Unter Plankton versteht man alle kleinen, im ↻ Wasser schwebenden Tiere und ↻ Pflanzen. ↻ Quallen, ↻ Larven, junge Krebse und ↻ Fische gehören z. B. zum tierischen Plankton. Zum pflanzlichen Plankton zählen ↻ Algen. Sie erzeugen ↻ Sauerstoff. Plankton ist Nahrungsgrundlage für viele Tierarten wie Fische und ↻ Wale. Es steht am Anfang der ↻ Nahrungskette aller Wasserbewohner.

### der Podcast
Ein Podcast ist ein Hör- oder Videobeitrag im ↻ Internet. Oft sind das Radio- und Fernsehsendungen, die man sofort ansehen und anhören oder auf den eigenen ↻ Computer herunterladen kann. Das können Nachrichten, Interviews oder Sportübertragungen sein.

→ **Digital, Medien, Multimedia**

### die Politik
→ **Seite 124**

### die Polizei
Hauptaufgabe der Polizei ist die Abwehr von Gefahren. Sie schützt das Leben und den Besitz von ↻ Menschen, sorgt für Sicherheit und Ordnung und die Einhaltung der ↻ Gesetze. Bei der Verfolgung von Straftaten befragen Polizisten Zeugen, nehmen ↻ Fingerabdrücke und suchen nach Beweisen, um die Täter zu überführen. Die Täter kommen dann meist vor ein ↻ Gericht und werden verurteilt. Die meisten Polizeikräfte tragen im Dienst Uniformen.

# die Politik

Als Politik bezeichnet man alles, womit die ➔Menschen ihr Miteinander gestalten.

*In Berlin tagt das deutsche Parlament, der Bundestag.*

### Parlament
Das Parlament ist die Vertretung des ➔Volkes, also aller Menschen, die in einem ➔Staat leben. Die Mitglieder des Parlaments nennt man Abgeordnete. Das Parlament berät und beschließt ➔Gesetze. Es entscheidet auch, wofür der Staat sein ➔Geld ausgeben soll und kontrolliert die Regierung. Die Pläne der Regierung werden im Parlament öffentlich diskutiert.

### Regierung
Die Regierung leitet den Staat. Sie trifft alle politischen Entscheidungen und achtet darauf, dass die Gesetze eingehalten werden. In ➔Deutschland und ➔Österreich bildet die stärkste Partei im Parlament die Regierung. Erlangt keine Partei die Mehrheit, schließen sich Parteien zu einer Koalition zusammen, um zu regieren. Die anderen Parteien bilden die Opposition. Zur Regierung gehören der Kanzler und die Minister. In der ➔Schweiz regieren Bundesräte.

### Bundeskanzler und Minister
Der Bundeskanzler ist in Deutschland und Österreich der Chef der Regierung. In Deutschland wird er vom Bundespräsidenten vorgeschlagen und vom Parlament in der Regel für vier ➔Jahre gewählt. Der Bundeskanzler entscheidet, welche Richtung die Politik nehmen soll, und sucht sich die Minister aus. Der Finanzminister verwaltet z. B. das Geld im Staat. Andere Bereiche sind z. B. ➔Verkehr, Bildung oder ➔Familie.

### Bundespräsident
Der Bundespräsident ist in Deutschland und Österreich der erste Mann im Staat, gehört aber nicht zur Regierung. Er repräsentiert sein Land, das heißt er vertritt es nach außen und empfängt z. B. andere Staatsoberhäupter. Der Bundespräsident hat zwar keine politische Macht, aber politische Aufgaben. Er unterschreibt und verkündet z. B. die vom Bundestag beschlossenen Gesetze. Der Bundespräsident wird für fünf Jahre gewählt. In anderen Ländern, wie z. B. den Vereinigten Staaten von Amerika (USA), ist der Präsident der Chef der Regierung.

### Parteien
Eine Partei ist ein Zusammenschluss von Menschen, die gemeinsame politische Ziele haben. Die Parteien wollen sich aktiv an der Politik beteiligen. Die Wähler können die Mitglieder der Parteien als Abgeordnete ins Parlament wählen.

➔ Demokratie, Diktatur, Gesellschaft, König, Recht, Republik, Steuern, Wahl

### das Porzellan

Porzellan wurde schon vor 1300 ⟶Jahren in China hergestellt. Dafür mischt man aus Kaolin, Feldspat und Quarz einen feuchten Brei, den man formt. Die getrockneten Teile werden auf bis zu 1450 °C erhitzt. Am Ende erhält man Geschirr, Gefäße oder Figuren aus feinem, weißem und manchmal auch fast durchsichtigem Material, das noch verziert werden kann.

**Porzellangeschirr**

### die Prärie

Das ⟶Wort Prärie bedeutet „⟶Wiese". Gemeint ist damit die große baumlose Graslandschaft in ⟶Nordamerika. Die Prärie wird für den Ackerbau oder als Weideland genutzt. Früher lebten hier riesige Bisonherden, die von den ⟶Indianern gejagt wurden.

⇒ Landschaft

### die Pubertät

In der Pubertät werden Kinder geschlechtsreif und damit langsam zu Erwachsenen. Sie setzt im ⟶Alter zwischen 10 und 13 ⟶Jahren ein. In dieser ⟶Zeit beginnt sich der Körper der Mädchen und Jungen zu verändern: Schamhaare wachsen. Die Brust der Mädchen bildet sich und ihre Hüften werden breiter. Sie haben ihre erste Periode und können nun ein Kind bekommen. Bei den Jungen wird die ⟶Stimme tiefer, sie wachsen schnell und im Gesicht sprießt ein Bart. In ihren Hoden reifen ⟶Samen und sie haben ihren ersten Samenerguss. Die Pubertät ist eine schwierige Lebensphase. Gefühle, Verhaltensweisen und Interessen verändern sich. Dadurch wird man häufig unsicher und unausgeglichen.

⇒ Frau, Mann

### der Puls

Der Puls ist das gleichmäßige Klopfen im Körper. Man kann den Puls mit den Fingern am Hals oder an der Innenseite des Handgelenks spüren. Er entsteht, wenn sich das Herz zusammenzieht, um Blut in den Körper zu pumpen. Das Herz schlägt bei körperlicher Anstrengung schneller. Gleichzeitig beschleunigt sich der Puls.

⇒ Menschlicher Körper

### die Pumpe

Eine Pumpe ist eine ⟶Maschine, mit der man Flüssigkeiten oder ⟶Gase fördert. Am häufigsten ist die Kolbenpumpe, wir kennen sie z. B. als Fahrradpumpe. In ihrem Inneren bewegt man einen Kolben hin und her. Durch das ⟶Ventil wird dadurch ⟶Luft angesaugt und ausgestoßen. Es gibt noch viele andere Pumpenarten, denn Pumpen braucht man überall: für Wasch- und Spülmaschinen oder zum Auspumpen vollgelaufener Keller. Auch Erdöl (⟶Öl) wird mit Pumpen aus dem Erdboden gefördert.

**Wie heißt die höchste Pyramide?**

### die Pyramide

**1.** Die Pyramide ist ein geometrischer Körper. **2.** Im alten ◆Ägypten wurden die ◆Pharaonen nach ihrem ◆Tod in den Pyramiden beigesetzt. Das Innere der Pyramiden ist mit ◆Hieroglyphen und Wandgemälden reich verziert. Die Toten erhielten Grabbeigaben wie Speisen, Waffen, Werkzeuge und Schmuck. Zum Schutz vor Grabräubern wurde die Grabkammer, in der die ◆Mumie des Pharaos lag, tief im Inneren der Pyramide versteckt. Geheimtüren und -gänge sollten Räuber in die Irre führen. Der Eingang in die Pyramiden wurde zugemauert. In Ägypten stehen etwa 80 Pyramiden. Die drei berühmtesten sind die Pyramiden von Giseh. Sie gehören zu den sieben ◆Weltwundern. Die Cheopspyramide ist mit einer Höhe von 137 m (ursprünglich 147 m) die höchste der Pyramiden. Sie besteht aus über 2 Millionen Sandsteinblöcken. Bis heute weiß man nicht genau, wie die Ägypter die schweren ◆Steine auftürmen konnten. Auch Indianerstämme in Mittel- und ◆Südamerika wie die Inka, Maya und Azteken bauten große Pyramiden. Dort brachten die ◆Menschen ihren Göttern Opfer dar.

➡ **Bauwerke, Formen und Körper, Indianer**

**Pyrenäen**

### die Pyrenäen

Die Pyrenäen sind nach den ◆Alpen das zweitgrößte europäische ◆Gebirge. Die Bergketten der Pyrenäen trennen Frankreich und Spanien. Das Gebirge erstreckt sich über eine Entfernung von etwa 430 km vom Golf von Biscaya bis zum Mittelmeer. Der höchste ◆Berg ist der Pico de Aneto (3404 m). In der Mitte der Gebirgskette liegt der kleine europäische ◆Staat Andorra. In der abwechslungsreichen ◆Landschaft der Pyrenäen leben seltene ◆Pflanzen und Tiere, z. B. Geier, Adler und Braunbären.

➡ **Europa**

**Cheopspyramide**

- Große Galerie
- Königskammer
- Eingang
- Königinnenkammer
- unterirdische Grabkammer

Spanische Galeere

### die Qualle

Quallen sind wirbellose, frei schwimmende Wasserbewohner. Die Tiere bestehen zu 98 Prozent aus ◦ Wasser. Ihre farblosen oder leuchtend bunten Körper sehen wie aufgespannte Schirme aus. Die etwa 250 Quallenarten gehören zu den Nesseltieren und leben hauptsächlich in ◦ Meeren. Wenn Quallen ihren gallertartigen Körper zusammenziehen, stoßen sie Wasser nach unten aus und bewegen sich dadurch fort. Der Mund der Qualle ist von Fangarmen (Tentakeln) umgeben, die mit Nesselkapseln besetzt sind. Bei Berührung platzen diese Kapseln auf und geben ein ◦ Gift ab, das die gefangene Beute lähmt. Die Berührung einiger Quallenarten kann auch für den ◦ Menschen gefährlich sein.

➡ **Tierreich**

### die Quarantäne

Das ◦ Wort Quarantäne kommt aus dem Französischen und bedeutet „vierzig Tage". Im ◦ Mittelalter hatten die ◦ Menschen große Angst vor Seuchen wie der Pest, die ganze Städte (◦ Stadt) auslöschte. Deshalb mussten teilweise Händler und ◦ Schiffe vor den Stadttoren oder dem ◦ Hafen vierzig ◦ Tage warten, bevor sie in die Stadt durften. Menschen oder Tiere, die eine ansteckende Infektionskrankheit haben, werden auch heute noch von ihren Mitmenschen oder anderen Tieren getrennt. So werden diese vor Ansteckungen geschützt und man vermeidet, dass sich ◦ Krankheiten ausbreiten.

### das Quecksilber

Quecksilber ist das einzige ◦ Metall, das bei Zimmertemperatur flüssig ist. Es sieht aus wie glänzendes Silber und bildet auf glatten Flächen kleine Kügelchen. Früher hat man es oft in Fieberthermometern verwendet. Das war gefährlich, denn Quecksilberdämpfe sind sehr giftig. Wenn ein ◦ Thermometer zerbrach, verdampfte ein Teil des Quecksilbers und wurde eingeatmet. Heute wird Quecksilber noch in bestimmten ◦ Batterien (Knopfzellen), Energiesparlampen und in ◦ Barometern benutzt.

### die Quelle

**1.** Wenn es regnet, versickert ◦ Wasser im Boden und sammelt sich als Grundwasser über einer wasserundurchlässigen Erdschicht an. Tritt dieses Grundwasser nun wieder an die Erdoberfläche, so spricht man von einer Quelle. Quellen können auch einen Bach oder einen See bilden. Viele Quellen liefern uns Trinkwasser, da ihr Wasser sehr rein ist. Es gibt auch warme Quellen (Thermen), deren Wasser in großer Tiefe aufgewärmt wurde. Ihr Wasser enthält oft aus Gesteinsschichten gelöste ◦ Minerale. Sie werden zu Heilzwecken genutzt, z.B. als Mineralwasser oder für Thermalbäder. Aus der ◦ Erde können auch Erdöl- oder Erdgasquellen austreten. **2.** Überlieferungen und Überreste aus der Vergangenheit werden als historische Quellen bezeichnet.

➡ **Geschichte, Geysir**

## das Rad

Holzrad

Holzspeichenrad

Drahtspeichenrad

Das Rad ist eine der wichtigsten und nützlichsten Erfindungen. Denn mit ihm lassen sich schwere Lasten leichter und schneller transportieren. Die ersten Räder wurden vor etwa 5000 ○ Jahren hergestellt. Bis dahin benutzten ○ Menschen Schlitten für den Transport von Lasten. Die ersten Räder sahen aus wie die Scheiben von Baumstämmen. Sie waren fest mit der ○ Achse verbunden. Erst später befestigte man die Achse fest am Fahrzeug, während sich die Räder an ihrem Ende drehten. Dann wurden die schweren Holzräder durch leichtere Speichenräder ersetzt. Die Speichen waren zuerst noch aus ○ Holz. Um 1800 gab es erstmals Speichen aus Draht. Im Jahr 1895 entwickelten die Brüder Michelin den Luftreifen für ○ Autos. Das Rad ist eine Erfindung, die kein Vorbild in der ○ Natur hat.

Luftreifen

## das Radar

Dieses elektronische Gerät sendet Radarstrahlen aus. Sie können ○ Nebel und Dunkelheit durchdringen und Hindernisse erkennen, die weit weg oder schlecht zu sehen sind. Das Radar wird vor allem in der ○ Luft-, Schiff- und ○ Raumfahrt eingesetzt. Mithilfe des Radars können

Mit dem Radargerät können der Kapitän oder der Steuermann auch bei Dunkelheit und Nebel den richtigen Weg finden.

Fahrzeuge ihren Kurs einhalten und Zusammenstöße vermeiden. Treffen die Radarstrahlen z. B. auf ein ○ Schiff, werden sie wie beim ○ Echo zurückgeworfen. Dieses Echo wird von einer Antenne aufgefangen und erscheint als leuchtender Punkt auf einem Bildschirm. Nun können der Ort, die Entfernung und die ○ Geschwindigkeit des Schiffes bestimmt werden. Die ○ Polizei nutzt das Radar, um Autofahrer auf-zuspüren, die zu schnell fahren.

## die Radioaktivität

Radioaktivität ist die Eigenschaft bestimmter ○ Atome, sich ohne äußere Einwirkung in andere Atomkerne umzuwandeln und dabei ○ Energie in Form von radioaktiver Strahlung freizusetzen. Das geschieht auch in der ○ Natur und wurde zuerst am Stoff ○ Uran entdeckt. In Kernkraftwerken gewinnt man durch den künstlich ausgelösten radioaktiven Zerfall von Urankernen Energie. Dabei entstehen jedoch gefährliche und schädliche Mengen radioaktiver Strahlung, die weder zu sehen noch

Zeichen für Radioaktivität

Welche Tiere gehören zu den Raubtieren?

zu fühlen ist und enorme Gesundheitsschäden bewirken kann. So sind z. B. nach dem großen Reaktorunglück im ⊙ Jahr 1986 in Tschernobyl in Russland viele ⊙ Menschen an Krebs erkrankt und gestorben. Auch die bei der künstlichen Kernspaltung zurückbleibenden Abfälle senden radioaktive Strahlung aus – nicht nur heute, sondern Tausende von Jahren lang. Deshalb müssen diese radioaktiven Abfälle besonders gelagert werden, z. B. in tiefen Erdhöhlen, die nach dem Salzabbau zurückbleiben. So hofft man, dass sie niemandem schaden.

### die Rasse
Eine Rasse ist eine Gruppe von Lebewesen, die gemeinsame erbliche Merkmale haben und sich dadurch von anderen unterscheiden. So gibt es bei den ⊙ Katzen z. B. Langhaar- und Kurzhaarrassen.
➡ Vererbung

### der Rassismus
Wenn ⊙ Menschen andere Menschen aufgrund bestimmter Eigenschaften oder wegen ihrer Hautfarbe, ⊙ Religion oder Herkunft unterdrücken und ausgrenzen, dann nennt man das Rassismus. Der Rassismus beruht auf ⊙ Vorurteilen. In Südafrika wurden beispielsweise Menschen mit schwarzer Hautfarbe von den Weißen diskriminiert. Und während des ⊙ Nationalsozialismus wurden sogar Millionen von Menschen aus rassistischen Gründen ermordet.
➡ Diskriminierung

### das Rathaus
Das Rathaus ist der Amtssitz des Bürgermeisters und aller städtischen Behörden, die sich um die Belange der ⊙ Stadt oder Gemeinde kümmern. Dort treffen sich auch die von den Bürgern gewählten Stadt- oder Gemeinderäte zu Beratungen und Sitzungen.
➡ Demokratie, Politik, Wahl

### das Raubtier
Raubtiere sind ⊙ Säugetiere, die andere Tiere jagen und fressen. Man erkennt die Fleischfresser an ihren scharfen Eck- und Reißzähnen. Die meisten Raubtiere haben spitze, starke Krallen, mit denen sie ihre Beute schlagen. Zu den Raubtieren gehören z. B. ⊙ Hunde, ⊙ Katzen, Bären, Marder und Robben.
➡ Tierreich

### die Raumfahrt
➡ Seite 130

### das Recht
Das geltende Recht in einem ⊙ Staat sorgt dafür, dass die ⊙ Menschen friedlich zusammenleben können und im Falle eines Streites eine gerechte Lösung gefunden wird. Das Recht besteht aus vielen ⊙ Gesetzen, die für alle Bewohner eines Staates gelten. Wer sich nicht an die Gesetze hält, wird von einem ⊙ Gericht zu einer Strafe verurteilt.

Bär

Spaceshuttle

Astronaut

# die Raumfahrt

Schon immer träumten die ▸Menschen davon, ins ▸All zu fliegen und es zu erkunden. Der erste ▸Satellit startete 1957. Vier ▸Jahre später umkreiste der Russe Juri Gagarin als Erster in einer Raumkapsel die ▸Erde. Und am 21. Juli 1969 landeten Neil Armstrong und Edwin Aldrin als erste Menschen auf dem ▸Mond. Seither ist im All viel erforscht worden. Alle Planeten unseres Sonnensystems – außer dem Pluto – wurden bereits von Raumfahrzeugen besucht.

### Raketen
sind Flugkörper, die nach dem Rückstoßprinzip funktionieren. Lässt man einen aufgeblasenen Luftballon los, fliegt er durch den Rückstoß der ausströmenden ▸Luft davon. Die Rakete setzt sich durch die Verbrennung von Treibstoff in Bewegung: Die hinten ausgestoßenen ▸Gase versetzen der Rakete einen Schub nach vorn.

### Raumsonden
Raumsonden sind unbemannte Raumfahrzeuge, die fremde Planeten erkunden. Die bislang erfolgreichste Raumsonde war die amerikanische Voyager 2. Sie lieferte uns von 1977 bis 1989 viele Bilder von Jupiter, Saturn, Uranus und Neptun.

### Raumstationen
Raumstationen sind riesige Satelliten im All, auf denen Astronauten leben und arbeiten. Von einer Raumstation aus lassen sich Naturkatastrophen wie Überschwemmungen vorhersagen und Klimaveränderungen beobachten. Auf der ISS (International Space Station) leben Astronauten mehrere Monate lang.

▸ Katastrophen, Klima

### Spaceshuttle
Spaceshuttles waren Raumfähren, die im Gegensatz zu Raketen häufig eingesetzt wurden. Sie wurden gebaut, um die bemannten Raumstationen zu versorgen oder Astronauten (Raumfahrer) zu transportieren. Sie brachten Satelliten in die Erdumlaufbahn. Seit 2011 sind die Spaceshuttleflüge eingestellt.

### Schwerelosigkeit
Im All herrscht keine ▸Schwerkraft wie auf der Erde. Die Astronauten schweben frei herum. Zum Schlafen kriechen sie deshalb in einen Schlafsack, der an der Wand befestigt ist. Astronauten trinken aus geschlossenen Packungen. Flüssigkeiten aus Gläsern würden als kleine Tropfen überall umherschweben. Essen können Astronauten nur Dinge, die nicht krümeln.

Rakete

### der Rechtsanwalt

Ein Rechtsanwalt berät und vertritt seine Mandanten (Kunden) bei allem, was mit ⮕ Recht und ⮕ Gesetzen zu tun hat. Er kann z. B. einen ⮕ Vertrag vorbereiten oder seine Mandanten vor ⮕ Gericht verteidigen, wenn sie angeklagt werden. Ein Angeklagter, der sich keinen Rechtsanwalt leisten kann, bekommt einen vom ⮕ Staat bezahlten Pflichtverteidiger. Um Rechtsanwalt zu werden, muss man an einer ⮕ Universität Jura, also die Lehre von Recht und den Gesetzen, studieren.

⮕ Richter, Staatsanwalt

### das Recycling

Recycling (gesprochen: Riseikling) nennt man die Wiederverwertung von Abfällen. Das ⮕ Wort kommt aus dem Englischen und bedeutet „wieder in den Kreislauf bringen", denn vieles von dem, was wir wegwerfen, kann als ⮕ Rohstoff für neue Sachen benutzt werden. Aus Altpapier lässt sich ⮕ Papier machen. Glasflaschen werden eingeschmolzen und zu neuen Flaschen geformt. Auch Altöl (⮕ Öl), ⮕ Batterien, Elektronikschrott, ⮕ Kunststoffe und ⮕ Metalle werden wiederverwendet. Wer recycelt, betreibt ⮕ Umweltschutz, da weniger ⮕ Müll anfällt und Rohstoffe gespart werden.

### der Regen

Die häufigste Form des ⮕ Niederschlags ist der Regen. Er entsteht, wenn aufsteigender Wasserdampf in den oberen, kälteren Luftschichten abkühlt und kondensiert, das heißt Wassertröpfchen bildet. Werden die Wassertröpfchen der ⮕ Wolken zu groß und schwer, fallen sie als Regentropfen zu Boden. Ein Wolkenbruch ist ein kurzer, sehr starker Regenschauer mit großen Tropfen.

⮕ Wasser

### der Regenbogen

Der Regenbogen ist eine farbige Lichterscheinung am ⮕ Himmel. Der Betrachter kann ihn sehen, wenn die ⮕ Sonne hinter seinem Rücken steht und in ein Regengebiet scheint. Dabei brechen die Wassertropfen die Sonnenstrahlen und zerlegen das weiße ⮕ Licht in die ⮕ Farben Rot, Orange, Gelb, Grün, Blau, Indigo und Violett. Regenbogen entstehen auch an Springbrunnen, Wasserfällen und mithilfe eines Wasserschlauchs. Der Regenbogen ist ein Symbol des ⮕ Friedens.

⮕ Wasser

### der Regenwald

Der immergrüne Regenwald wächst in den ⊃ Tropen. Hier ist es das ganze ⊃ Jahr über gleichmäßig heiß und es regnet beinahe täglich. Diese Wälder gibt es in ⊃ Australien, ⊃ Südamerika, ⊃ Afrika und im Südosten ⊃ Asiens. Mehr als die Hälfte aller bekannten Pflanzen- und Tierarten der Welt leben dort. Die bis zu 90 m hohen Bäume (⊃ Baum) stehen so dicht, dass zum Boden nur wenig ⊃ Licht durchdringt. Daher wachsen viele ⊃ Pflanzen wie Orchideen, ⊃ Kräuter, Baumfarne und Lianen auf den Ästen oder Rinden der Bäume. Der Regenwald ist ⊃ Heimat von zahlreichen Tieren wie Affen, Vögeln (⊃ Vogel), Schlangen, ⊃ Schmetterlingen und Fröschen (⊃ Frosch). Er wird auch als „grüne Lunge" der ⊃ Erde bezeichnet, da er große Mengen an ⊃ Sauerstoff produziert. Doch mehr als die Hälfte der Regenwälder sind verschwunden, da sie abgerodet werden und ihr wertvolles ⊃ Holz verkauft wird. Dadurch sterben nicht nur viele Tier- und Pflanzenarten aus, auch das ganze ⊃ Klima der Erde verändert sich.

➔ **Dschungel, Lebensraum Wald**

### der Regenwurm

Der bei uns heimische Regenwurm ist ein wirbelloser Wurm, der aus vielen Gliedern besteht. Diese kann er zusammenziehen und wieder strecken, um sich fortzubewegen. Regenwürmer leben in feuchten Böden und bohren dort ganze Netze von unterirdischen Gängen.

 Wie nennt man Reptilien noch?

Wenn diese bei starken Regenschauern voll ⇒ Wasser laufen, kommen Regenwürmer an die Erdoberfläche. Regenwürmer sind gleichzeitig Weibchen und Männchen (Zwitter). Sie befruchten sich aber dennoch gegenseitig.

→ **Befruchtung, Tierreich**

### der Reim

Hose – Dose, schmecken – wecken reimen sich, da sie ab der letzten betonten Silbe gleich klingen, auch wenn der Anlaut verschieden ist. Solche Wortpaare bezeichnet man als Reim. Reime findet man in ⇒ Gedichten oder Liedern. Oft reimen sich die ⇒ Wörter am Ende zweier ⇒ Verse (Zeilen).

### der Reis

Reis ist für mehr als die Hälfte der Weltbevölkerung das Hauptnahrungsmittel. Reis wird auf künstlich bewässerten Feldern angebaut. Nach der Ernte werden die Reiskörner geschält, geschliffen und poliert. Dabei gehen Eiweiß, Fett und ein Teil der Vitamine verloren. Am gesündesten ist der dunklere, ungeschliffene Naturreis.

→ **Gesundheit und Ernährung**

### die Religionen

→ **Seite 134**

### die Rente

Berufstätige, die wegen ihres ⇒ Alters aufhören zu arbeiten, bekommen vom ⇒ Staat jeden ⇒ Monat einen bestimmten Betrag ausgezahlt, von dem sie leben können. So eine Rente bekommt aber nur, wer vorher in die Rentenversicherung eingezahlt hat.

### das Reptil

Reptilien werden auch Kriechtiere genannt. Viele dieser Tiere, wie z. B. die Schlangen, haben keine oder nur sehr kurze Beine. Weltweit gibt es etwa 6000 Arten von Reptilien wie Schildkröten, Krokodile, Echsen und Schlangen. Im Unterschied zu den ⇒ Amphibien sind die meisten Reptilien Landbewohner und brauchen nicht unbedingt ⇒ Wasser zum Leben. Ihre Haut ist entweder mit ⇒ Schuppen oder Platten aus Horn bedeckt. Reptilien legen entweder ⇒ Eier, die sie von der ⇒ Sonne ausbrüten lassen, oder gebären Junge. Man bezeichnet Reptilien und Amphibien auch als wechselwarme Tiere. Ihre Körpertemperatur passen sie der Außentemperatur an. In der Sonne wärmen sie sich auf und bei starker Hitze kühlen sie sich im Schatten, unter der ⇒ Erde oder auch im Wasser ab. Heimische Reptilien wie die Zauneidechse, Blindschleiche oder die giftige Kreuzotter fallen im Winter in eine Kältestarre.

→ **Tierreich, Winterschlaf**

### die Republik

In einer Republik herrscht nicht ein ⇒ König, sondern entweder das ganze ⇒ Volk oder eine bestimmte Personengruppe, früher z. B. häufig der ⇒ Adel. Heute sind viele Republiken gleichzeitig eine ⇒ Demokratie, weil alle Bürger des ⇒ Staates die Regierung wählen – wie z. B. in ⇒ Deutschland und ⇒ Österreich. In manchen Ländern, die sich Republiken nennen, herrscht jedoch ein Diktator.

→ **Diktatur, Politik, Wahl**

# die Religionen

Schon immer haben ⇒Menschen sich dieselben Fragen gestellt: Woher komme ich? Was kommt nach dem ⇒Tod? Wird unser Leben von einer unsichtbaren Macht bestimmt? Aus der Suche nach Antworten auf diese Fragen sind verschiedene Religionen entstanden. Jede Religion bietet einen Weg, dem näherzukommen, was sie Gott nennt. Die fünf größten Weltreligionen sind der Hinduismus, der Buddhismus, das Judentum, das Christentum und der Islam. Sie sind sehr alt und auf der ganzen Welt verbreitet. Viele Religionen sind wieder verschwunden, so z. B. der Glaube an die griechischen oder ägyptischen Götter. Es ist wichtig, andere Religionen kennenzulernen, um sie besser zu verstehen.

⇒ **Ägypten, Griechenland**

Kühe gelten in Indien als heilig.

### der Hinduismus

Diese Religion ist etwa 4000 ⇒Jahre alt und vor allem in Indien verbreitet. Die Hindus verehren viele Götter. Die bekanntesten sind Brahma, Wischnu und Schiwa. Hindus glauben an die Wiedergeburt. Wenn der Mensch während seines Lebens gut gehandelt hat, lebt seine ⇒Seele nach dem Tod in einem anderen Körper weiter. War er schlecht, kehrt er in einem Tier wieder. Gebetet wird zu Hause vor einem kleinen Altar oder im Tempel. Dort finden auch die Feste zu Ehren der Götter statt.

### der Buddhismus

Buddha

Die Buddhisten glauben nicht an einen Gott. Ihr Vorbild ist Buddha, der Erleuchtete. Er ist der Stifter des Buddhismus. Buddhas ⇒Name war eigentlich Siddharta Gautama. Er lebte vor 2500 Jahren in Indien und war ein reicher Prinz. Er verließ sein reiches Zuhause, um in ⇒Armut zu wahrer Erkenntnis zu gelangen. Buddha lehrte, dass alles, was der Mensch tut, Folgen für ihn hat. Gute Taten führen zu einer Wiedergeburt in einem besseren Leben. Deshalb soll der Mensch gut und freundlich zu allen Lebewesen sein. In buddhistischen Klöstern (⇒Kloster) studieren Mönche die Schriften von Buddha. Sie leben nach strengen Regeln und dürfen nichts besitzen.

### das Judentum

Die Juden glauben an einen einzigen unsichtbaren Gott. Ihre Heilige Schrift ist die Thora. Sie enthält die Zehn Gebote und ⇒Gesetze für die richtige Lebensweise. Der jüdische ⇒Feiertag (Sabbat) beginnt am Freitagabend und wird am Samstag in der Synagoge, dem jüdischen Gotteshaus, gefeiert. Das höchste Fest ist Passah, an dem die Juden der Flucht aus der ägyptischen Sklaverei gedenken. Es gibt Menschen, die den Juden gegenüber grundlos feindlich gesinnt sind. Diese Haltung nennt man Antisemitismus. Die ⮕ Geschichte des jüdischen ⮕ Volkes ist stark geprägt von Feindschaft und Verfolgung, vor allem während der ⮕ Zeit des ⮕ Nationalsozialismus.

**Beim Morgengebet tragen gläubige Juden einen Gebetsschal.**

**Der siebenarmige Leuchter (Menora) steht in Synagogen vor dem Schrank, in dem die Thora aufbewahrt wird.**

## das Christentum

Christen glauben an Gott, den Schöpfer der Welt, und an Jesus Christus, seinen Sohn. Jesus war Jude und lebte vor 2000 Jahren. Er predigte die Gottes- und Nächstenliebe und starb für seinen Glauben am Kreuz. Die Christen glauben, dass Jesus von den Toten auferstanden ist und auch sie nach ihrem Tod auferstehen werden. An Weihnachten feiern sie die ⮕ Geburt von Jesus, an Ostern seine Auferstehung. Sonntags gehen Christen zum Gottesdienst in die ⮕ Kirche. Die christliche Bibel enthält das Alte Testament, das der jüdischen Thora entspricht, und das Neue Testament, das von Jesus erzählt.

**Durch die Taufe wird ein Mensch in die christliche Gemeinschaft aufgenommen.**

## der Islam

**Ein muslimischer Junge liest im Koran.**

Die Anhänger des Islam nennen sich Muslime. Das arabische ⮕ Wort Islam bedeutet „völlige Hingabe an Allah". Allah ist das arabische Wort für Gott. Wie die Christen und die Juden glauben die Muslime an einen einzigen allmächtigen Gott. Das heilige ⮕ Buch des Islam ist der Koran. Er enthält die Botschaft Gottes an Mohammed, der als Gesandter Gottes verehrt wird. Der Koran enthält nicht nur die Glaubenslehre, sondern auch Regeln für das gesamte Leben der Gläubigen. Jeder Muslim betet fünfmal am ⮕ Tag und fastet jedes Jahr einen ⮕ Monat lang (Ramadan). Jeden Freitagmittag findet das Hauptgebet in der Moschee statt, dem Gotteshaus der Muslime.

➡ Diskriminierung, Toleranz

**Der Felsendom in Jerusalem ist ein muslimisches Gotteshaus.**

Wo gibt es die meisten Roboter?

### der Richter

Richter fällen bei Rechtsstreitigkeiten am ⮕ Gericht die Urteile. Das heißt, sie entscheiden, ob ein Angeklagter gegen das ⮕ Gesetz verstoßen hat und wie er bestraft wird. Um Richter zu werden, muss man an der ⮕ Universität Jura studieren. Das ist die Lehre vom ⮕ Recht und von den Gesetzen.

➡ **Rechtsanwalt, Staatsanwalt**

### der Roboter

Roboter sind ⮕ Maschinen, die von einem ⮕ Computer gesteuert werden und eigenständig arbeiten können. Meist verrichten sie sich wiederholende Arbeiten. Die meisten Roboter werden in der ⮕ Industrie, so z. B. an Fließbändern bei der Autoherstellung, eingesetzt. Sie führen Tätigkeiten aus, die für ⮕ Menschen gefährlich sind.

### der Rohstoff

Rohstoffe sind noch unbearbeitete Materialien, die man für die Herstellung von Produkten braucht: Man gewinnt sie aus der ⮕ Natur. So liefern uns Tiere Rohstoffe, z. B. Fleisch, ⮕ Milch und ⮕ Wolle. Pflanzliche Rohstoffe wie ⮕ Holz, ⮕ Baumwolle, ⮕ Kakao, ⮕ Gemüse und ⮕ Getreide wachsen wieder nach. Rohstoffe wie Erdöl (⮕ Öl) sind irgendwann aufgebraucht. Auch Kohle, Kupfer und Erdgas kommen nur begrenzt vor, mit ihnen müssen wir deshalb sparsam umgehen.

➡ **Pflanzen**

### die Römer

Die Römer herrschten über eines der größten und mächtigsten Weltreiche der ⮕ Geschichte, das sich in über 1000 ⮕ Jah-

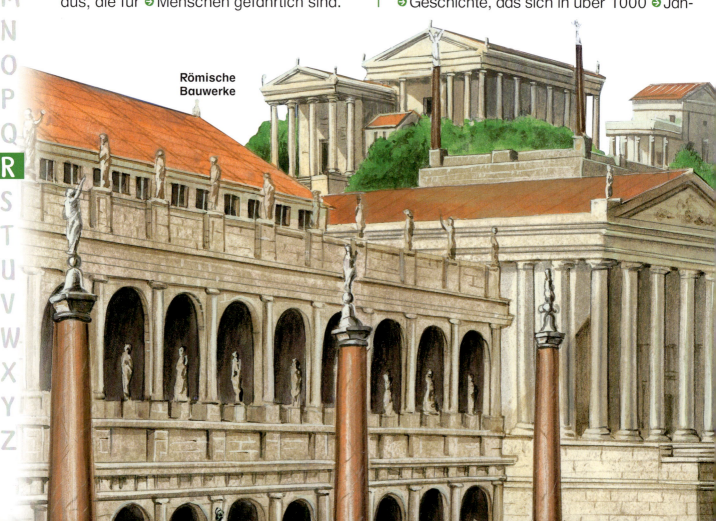

Römische Bauwerke

ren entwickelte. Zentrum des Römischen Reichs war die ❯ Stadt Rom, die bei ihrer sagenhaften Gründung 753 v. Chr. eine einfache Siedlung war. Die Römer eroberten die Gebiete benachbarter Völker (❯ Volk). Am größten war das Römische Reich 116 n. Chr. Es erstreckte sich von Nordafrika, ❯ Ägypten und dem heutigen Israel über die heutige Türkei, Griechenland, Italien und Spanien bis nach Frankreich, ❯ Deutschland und sogar England. In Rom entstanden prächtige Bauten. Die Römer erfanden u. a. die Fußbodenheizung, hatten zum Teil fließendes ❯ Wasser und Toiletten mit Wasserspülung in ihren Häusern. Mit ❯ Aquädukten leiteten sie Wasser über weite Strecken in die Städte. Im ganzen Reich legten die Römer Städte und ein Netz von gepflasterten Straßen an. Im Norden wurden die ❯ Grenzen mit Mauern und Wällen, wie z. B. dem Limes, befestigt. Sie sollten das Reich vor den ❯ Germanen und anderen Völkern schützen. Die Größe des Römischen Reichs führte schließlich zu seinem Untergang. Die langen Grenzen konnten nicht mehr ausreichend gesichert werden. Immer wieder überfielen die Germanen das Land. Nach über 1000 Jahren ging das Römische Reich 476 n. Chr. unter.

➡ Bauwerke, Geschichte

### die Röntgenstrahlen

Der Physiker Wilhelm Conrad Röntgen entdeckte 1895 die Röntgenstrahlen, die er X-Strahlen nannte. Röntgenstrahlen sind unsichtbare elektromagnetische Strahlen, die Gegenstände oder den Körper durchleuchten können. Sie werden u. a. in der ❯ Medizin angewendet, um von außen nicht sichtbare ❯ Krankheiten zu entdecken. Wird z. B. eine Hand geröntgt, dann

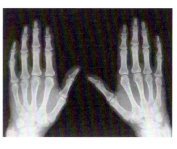

**Röntgenaufnahme der Hände**

dringen die Strahlen durch die Haut und erzeugen auf einer Fotoplatte die Aufnahme der Handknochen. So kann man z. B. Knochenbrüche feststellen. Zu viele Röntgenstrahlen sind schädlich für die ❯ Gesundheit, da sie Körperzellen zerstören. Bewusst eingesetzt wird diese zerstörerische Kraft bei Krebskranken, denn die Strahlen töten auch bösartige ❯ Zellen.

➡ menschlicher Körper

### das Rote Kreuz

**Rotes Kreuz**

Das Rote Kreuz ist eine Organisation, die weltweit ❯ Menschen in Not hilft. Sie unterhält z. B. Krankenhäuser und Altenheime, organisiert Blutspendeaktionen und hilft bei ❯ Katastrophen. Gegründet wurde das Rote Kreuz 1863 von Henri Dunant, einem Schweizer ❯ Journalisten. Die Organisation wurde nach ihrem Symbol, einem roten Kreuz auf weißem Grund, benannt. Henri Dunant vertauschte dafür einfach die ❯ Farben der Schweizer ❯ Flagge. Auf Gebäude und Fahrzeuge, die dieses Symbol tragen, darf im ❯ Krieg nicht geschossen werden. Das Rote Kreuz gibt es fast überall auf der Welt. In islamischen Ländern gibt es den Roten Halbmond. Viele Mitarbeiter des Roten Kreuzes arbeiten ehrenamtlich. Kinder und Jugendliche können beim Jugendrotkreuz mitmachen.

### die Sage

Sagen sind Geschichten, die über Jahrhunderte mündlich weitererzählt wurden. Sie ranken sich um Helden, Götter, Hexen, Riesen, Drachen usw. Jeder Erzähler hat etwas dazuerfunden, sodass die ursprüngliche Geschichte kaum noch zu erkennen ist. Fast jede Sage enthält aber einen Kern Wahrheit, auch wenn viele wundersame Dinge geschehen. Bekannte Sagen sind z. B. „Der Rattenfänger von Hameln", „Rübezahl" oder die Geschichten von Robin Hood und König Artus.

↳ Literatur

### das Salz

Salz ist wichtig für ↗Menschen und Tiere, ihr Körper braucht es zum Leben. In Salzbergwerken wird Salz als sogenanntes Steinsalz abgebaut. Meersalz und das Salz aus Salzseen oder Solen (Salzquellen) entsteht durch Verdunsten von ↗Wasser. Im normalen Sprachgebrauch ist mit Salz meist Kochsalz gemeint. Früher nahmen die Menschen Kochsalz auch zum Haltbarmachen von ↗Lebensmitteln (pökeln). Salz war damals jedoch selten und kostbar, weil es oft mehrere Hundert Kilometer herantransportiert werden musste.

### der Samen

Samen dienen der Fortpflanzung von ↗Mensch, Tier und ↗Pflanze. Pflanzensamen entstehen nach der ↗Befruchtung. Bei Bedecktsamern schützt eine ↗Frucht (z. B. Beere, Weintraube) den Samen. Nadelbäume (↗Nadelbaum) dagegen sind Nacktsamer, da der Samen frei in der ↗Schuppe eines Zapfens liegt. In jedem Samen steckt ein Keimling, der von Nährstoffen umgeben ist. Von ihnen ernährt er sich, bis er selbst ↗Wurzeln gebildet hat. Der Samen kann nur in ↗Erde zu keimen beginnen. Bei der Verbreitung helfen der ↗Wind oder Tiere. ↗Eichhörnchen vergraben z. B. Eicheln und Bucheckern als Vorrat für den Winter. Nicht gefressene Samen keimen im Frühjahr aus. Klettfrüchte wiederum verhaken sich im Tierfell und werden an einer anderen Stelle wieder abgestreift. Viele Vögel (↗Vogel) fressen Beerenfrüchte und scheiden mit ihrem Kot die unverdauten Samen wieder aus.

### der Satellit

Satelliten sind Himmelskörper, die einen größeren Planeten umkreisen. Der ↗Mond ist z. B. der Satellit der ↗Erde. Künstliche Satelliten, die mit Raketen ins ↗All befördert werden, sind Raumflugkörper, die die Erde auf bestimmten Umlaufbahnen umrunden. Diese wissenschaftlichen Satelliten erforschen z. B. die ↗Atmosphäre der Erde. Andere Satelliten

**Womit atmen Säugetiere?**

beobachten das ›Wetter oder übertragen Fernsehsendungen. Autofahrer benutzen ein Navigationsgerät (GPS = Global Positioning System), um den richtigen Weg zu finden. Die Navigationsgeräte empfangen Signale von Satelliten.

➡ Medien, Raumfahrt

## der Satz

Ein Satz besteht aus Wörtern (›Wort), die zusammen einen Sinn ergeben. Man unterscheidet z. B. Aussagesätze, Ausrufesätze und Fragesätze. Am Ende eines Satzes steht ein Satzzeichen: ein Punkt nach einem Aussagesatz, ein Ausrufezeichen (!) nach einem Ausrufesatz und ein Fragezeichen (?) nach einem Fragesatz. In der Regel enthält ein Satz ein ›Verb. In einem Satz kann man den Satzgegenstand, das sogenannte Subjekt (Wer oder was tut etwas?), und die Satzaussage, das Prädikat (Was geschieht?), unterscheiden. Die einzelnen Satzglieder (Satzteile) können in der Reihenfolge vertauscht werden.

➡ Grammatik

## der Sauerstoff

Sauerstoff ist ein durchsichtiges, geruchloses ›Gas. Etwa ein Fünftel der ›Luft besteht aus Sauerstoff. Fast alle Lebewesen brauchen Sauerstoff zum Leben. Sie nehmen ihn beim Atmen auf und benutzen ihn zur Energiegewinnung im Körper. Beim Ausatmen wird das Gas ›Kohlendioxid abgegeben. Dieses Gas wandeln die Blätter (›Blatt) der ›Pflanzen wieder in Sauerstoff um. Damit ein ›Feuer brennt, braucht es Sauerstoff. Deshalb soll man bei einem Brand das Fenster nicht öffnen, weil das Feuer sonst sofort stärker wird.

## das Säugetier

**Junge Bären saugen bei ihrer Mutter.**

Alle Tiere, die ihre Jungen nach der ›Geburt mit Muttermilch säugen, nennt man Säugetiere. Weltweit gibt es etwa 4500 Arten. Säugetiere werden in drei Gruppen unterteilt: Die einfachsten Säugetiere sind die ›Eier legenden Kloakentiere, wie z. B. der Ameisenigel oder das Schnabeltier. Känguru oder Koala gehören zu den Beuteltieren. Ihre lebend geborenen Jungen sind allerdings so winzig, dass sie nach der Geburt in einem Hautbeutel der Mutter gesäugt werden und dort weiterwachsen. Die dritte und größte Gruppe der Säugetiere sind die Plazentatiere. Ihre Jungen wachsen im Mutterleib heran und werden – wie bei den ›Menschen – durch die Plazenta ernährt. Zu ihnen zählen beispielsweise Nagetiere (z. B. Mäuse, Biber), Fledermäuse, Insektenfresser (z. B. ›Igel, ›Maulwurf), ›Raubtiere, Huftiere (z. B. Kamele, Schweine, ›Pferde) und Affen. Alle Säugetiere atmen durch Lungen und sind warmblütig, das heißt ihre Körpertemperatur bleibt in etwa gleich. Ihre Haut ist mit ›Haaren bedeckt, selbst Meeressäuger wie die ›Wale besitzen eine dünne Haarschicht.

➡ Schwangerschaft, Tierreich

### der saure Regen

Viele ◯ Abgase von ◯ Autos, Ölheizungen und Industrieanlagen enthalten schädliche Stoffe. Darunter auch Schwefel, der sich mit der Feuchtigkeit der ◯ Luft zu Säuren verbindet. Die fallen dann mit den Regentropfen als sogenannter saurer Regen auf die ◯ Erde. Dort schädigen sie ◯ Pflanzen und Gebäude. Saurer Regen ist auch mitverantwortlich für das Waldsterben, da er den Boden versauert und schädliche Stoffe freisetzt. Saurer Regen kann nur durch weltweit weniger Abgase vermindert werden.

➡ Industrie, Lebensraum Wald, Umweltschutz

### die Saurier

➡ Seite 142

### die Savanne

Graslandschaften in den ◯ Tropen nennt man Savannen. In der Regenzeit gedeihen hier im Gegensatz zur ◯ Steppe sogar Büsche und Bäume (◯ Baum), und das Gras wächst üppiger. In der Savanne ◯ Afrikas leben z. B. viele wilde Tiere wie Giraffen, Löwen und Zebras.

➡ Klima, Landschaft, Lebensraum

### der Schall

Schall ist all das, was unser ◯ Ohr wahrnimmt. Schall besteht aus Luftschwingungen. Zupft man die Saite einer Gitarre, schwingt sie hin und her und setzt die ◯ Luft um sich herum in Schwingungen. Schall breitet sich in festen Körpern, Flüssigkeiten oder ◯ Gasen aus. Deshalb kann man auch unter ◯ Wasser hören, aber im luftleeren ◯ All nicht. Bei 0 °C legt

**Treffen die Schallwellen auf ein Hindernis, werden sie als Echo zurückgeworfen.**

der Schall in der Luft 331 m in einer Sekunde zurück. Da Schallwellen langsamer sind als das ◯ Licht, sieht man bei einem ◯ Gewitter zuerst den Blitz und hört erst einige Sekunden später den Donner.

➡ Echo

### die Scheidung

Wenn Ehepartner sich nicht mehr verstehen, kann einer von ihnen oder beide zusammen die Scheidung verlangen. Hat das Ehepaar eine bestimmte ◯ Zeit lang getrennt voneinander gelebt, löst ein ◯ Gericht dann die Ehe auf. Meist haben die Eltern ein gemeinsames Sorgerecht. Das bedeutet, dass sie sich beide um die Kinder kümmern und gemeinsam Entscheidungen treffen.

**Kreuzfahrtschiff**

### das Schiff

Schon lange benutzen ◯ Menschen Schiffe als Verkehrsmittel. Die ersten kleinen Boote gab es bereits vor 10 000 ◯ Jahren. Sie waren aus einem einzigen Kiefernstamm gearbeitet und werden deshalb Einbaum genannt. In anderen Teilen der ◯ Erde baute man Boote aus ◯ Schilf. Vor etwa 5000 Jahren wurden in ◯ Ägypten

**Containerschiff**

hölzerne Segelschiffe gebaut. In ↪Europa dauerte diese Entwicklung länger. Erst um das Jahr 700 n. Chr. bauten die ↪Wikinger im Norden lange, schlanke Schiffe mit Segeln, die sehr wendig waren. Mit diesen Schiffen gelangten die Wikinger sogar bis nach ↪Nordamerika. Später wurden die Schiffe größer, hatten bis zu drei Masten und waren auch bei schlechtem ↪Wetter seetüchtig. So konnten ↪Entdecker und Forscher bis in die entferntesten Gegenden der Welt gelangen. Das erste Dampfschiff (1783) wurde mit einem Schaufelrad angetrieben, später von der Schiffsschraube, wie wir sie heute kennen. Vor 100 Jahren lösten Dieselmotoren die ↪Dampfmaschinen ab. Heutige Schiffe sind meist nicht mehr aus ↪Holz, sondern aus Stahl. Große Luxusschiffe befahren die ↪Meere. Sie können bis zu 2600 Fahrgäste befördern. Frachter transportieren z. B. Kohle, Eisenerz oder ↪Container mit Waren. Erdöl (↪Öl) wird in Tankern über die ↪Ozeane gebracht. Auf Fähren können Urlauber mit ihrem ↪Auto zu Inseln gelangen.

↪ **Hafen, Verkehr**

### das Schilf

Schilf ist eine an den Ufern von ↪Gewässern wachsende ↪Pflanze. Es bietet vielen Wassertieren wie Reihern und ↪Enten ein sicheres Versteck für ihre Brutplätze. Das weltweit verbreitete Schilfrohr kann bis zu 4 m hoch werden. Die Halme dieser Graspflanze verwendet man u. a. zur Herstellung von Matten und zum Dachdecken (Reetdach).

### der Schimmel

**1.** Schimmel wird von winzigen ↪Pilzen, den Schimmelpilzen, gebildet. Der mehl- bzw. staubähnliche Überzug kann auf Essensresten oder in feuchten Zimmerecken entstehen und hat verschiedene ↪Farben, z. B. Weiß, Schwarz, ist bläulich, rötlich oder grünlich. Manche Schimmelpilze sind sehr giftig, davon befallene Nahrungsmittel muss man wegwerfen. Andere Schimmelpilze sind sehr nützlich. Mit ihnen werden ↪Käse oder bestimmte ↪Medikamente wie Penizillin hergestellt. **2.** Als Schimmel bezeichnet man auch weiße ↪Pferde.

**Gorch Fock**

# die Saurier

**Stegosaurus**

**Diplodocus**

Saurier sind ausgestorbene ➲ Reptilien. Sie lebten auf dem Land, im ➲ Wasser oder in der ➲ Luft. Etwa 200 Millionen ➲ Jahre lang beherrschten die Saurier die ➲ Erde und es entwickelten sich viele verschiedene Arten. Einige von ihnen gehörten zu den größten Landtieren, die es jemals auf der Erde gab.

## Dinosaurier
Dinosaurier waren auf dem Land lebende Saurier. Nach der Form ihres Beckens unterscheidet man die Echsenbecken- und die Vogelbecken-Saurier. Die Vogelbecken-Saurier waren reine Pflanzenfresser und gingen meist auf vier Beinen. Zu ihnen gehörten z. B. der Triceratops und der Stegosaurus. Sie waren friedliche Tiere. Der fleischfressende Tyrannosaurus Rex war ein 10 m großer Echsenbecken-Saurier. Auf zwei kräftigen Hinterbeinen jagte dieser Räuber seiner Beute hinterher und zerfleischte sie mit langen Zähnen (➲ Zahn) und messerscharfen Krallen. Auch der Brachiosaurus gehörte zu den Echsenbecken-Sauriern, war aber ein Pflanzenfresser. Dieser Riesendinosaurier hatte ein Gewicht von über 80 Tonnen und eine Höhe von bis zu 19 m.

**Tyrannosaurus Rex**

Mit seinem langen Hals erreichte er problemlos die Blätter (➲ Blatt) der Bäume (➲ Baum). Man geht davon aus, dass Dinosaurier ➲ Eier legten, da man versteinerte Nester fand.

## Flugsaurier
Flugsaurier, auch Pterosaurier genannt, hatten Armflügel. Eine lederartige Haut spannte sich von der Körperseite bis zur Spitze eines verlängerten Fingers. Die Spannweite der Flügel des Pteranodon betrug z. B. 8 m, die des größten Flugsauriers bis zu 15 m.

## Meeressaurier
Manche Reptilien passten sich auch dem Leben im ➲ Meer an: So hatte der Plesiosaurus z. B. zu Paddeln umgeformte Beine. Der Ichthyosaurus, ein delfinähnlicher Fischsaurier, bewegte sich mit der Schwanzflosse fort.

## Untergang der Saurier
Vor etwa 65 Millionen Jahren starben die Saurier innerhalb kurzer ➲ Zeit aus. Die Gründe ihres Aussterbens sind noch nicht ganz geklärt. Einer Theorie zufolge soll bei einem Meteoriteneinschlag so viel Staub aufgewirbelt worden sein, dass sich für eine längere Zeit der ➲ Himmel verdunkelte. Die ➲ Temperaturen sanken und viele ➲ Pflanzen und Tiere starben.

**Erdzeitalter, Fossilien**

## der Schlaf

Im Schlaf erholt sich der Körper von ⟶ Menschen und Tieren. Viele Organe arbeiten langsamer. Wer über einen längeren Zeitraum nicht oder zu wenig schläft, schadet seiner ⟶ Gesundheit. Während ⟶ Babys bis zu 16 Stunden am ⟶ Tag schlafen, benötigen Erwachsene nur etwa sieben bis acht Stunden Schlaf pro Nacht. Neben dem Tag- oder Nachtschlaf halten manche Tiere auch einen ⟶ Winterschlaf.

## der Schmerz

Wer sich in den Finger schneidet, empfindet Schmerz. In der Haut sind viele kleine Schmerzzellen. Diese ⟶ Zellen melden dem ⟶ Gehirn über die Nerven eine Verletzung. Unser Körper reagiert blitzschnell – wir ziehen das Messer sofort zurück. Der Schmerz ist also ein Warnsignal, das uns mitteilt, dass in unserem Körper etwas nicht in Ordnung ist. ⟶ Medikamente können Schmerzen lindern.

➥ **menschlicher Körper**

## der Schmetterling

Schmetterlinge sind ⟶ Insekten, die auf der ganzen Welt leben. Körper und Flügel der Tiere sind mit ⟶ Schuppen bedeckt, die die unterschiedlichsten ⟶ Farben haben können. Schmetterlinge besitzen zwei Fühler und Facettenaugen, mit denen sie Farben wahrnehmen können. Ihr Geruchssinn ist sehr gut entwickelt. Sie ernähren sich von Blütensäften, die sie mit ihrem Rüssel aufsaugen. Dabei helfen Schmetterlinge bei der Bestäubung von Blüten. Viele der über 1000 Schmetterlingsarten fliegen nur nachts. Diese Nachtfalter sind nicht so auffällig gefärbt.

Aus den ⟶ Eiern der Schmetterlinge schlüpfen die Raupen, die vor allem Blätter (⟶ Blatt) fressen. Schließlich verpuppt sich die Raupe. Aus der Puppe bildet sich ein neuer Schmetterling. Diese vollständige Verwandlung vom Ei zum Schmetterling bezeichnet man als Metamorphose.

➥ **Befruchtung, Blumen, Seide, Tierreich**

## die Schnecke

Schnecken gehören wie die ⟶ Muscheln und Tintenfische zu den Weichtieren. Am Kopf haben sie zwei oder vier Fühler mit ⟶ Augen. Mit ihrer Reibzunge benagen sie ⟶ Pflanzen. Die meisten Schnecken leben im ⟶ Wasser und atmen mit Kiemen. Landschnecken haben Lungen. Viele Schnecken tragen ein Gehäuse aus Kalk auf ihrem Körper. Darin liegen die meisten Organe der Tiere. In das Gehäuse ziehen sie sich bei Gefahr, aber auch bei Trockenheit oder im Winter zurück.

➥ **Tierreich, Wohnungen der Tiere**

### der Schnee

Schnee ist eine feste Form des →Niederschlags. Wenn es in den →Wolken sehr kalt ist, gefrieren die kleinen Wassertröpfchen zu Eiskristallen. Sie fallen als Schneeflocken zur →Erde. Hat die →Luft in Bodennähe weniger als 0 °C, schneit es. Sonst tauen die Schneeflocken und es regnet.

→ Gletscher, Lawine, Niederschlag, Temperatur

### die Schokolade

Zur Herstellung von Schokolade werden →Kakao, →Zucker, Kakaobutter und →Milch miteinander verrührt und erwärmt. Je nach Geschmacksrichtung werden Nüsse und Rosinen oder →Gewürze beigemischt. Weiße Schokolade wird ohne Kakao, nur mit der hellen Kakaobutter hergestellt.

### die Schrift

Vor etwa 5000 →Jahren ermöglichte die Erfindung der Schrift es den →Menschen erstmals, Gedanken und Ideen festzuhalten und so mitzuteilen. Die ersten Schriften waren Bilderschriften, z. B. die →Hieroglyphen im alten →Ägypten. Die Keilschrift ist die älteste Schrift mit Schriftzeichen. Die griechische Schrift – die Mutter aller Schriften – war die Grundlage der kyrillischen Schrift, die vor allem in Russland verwendet wird, und der lateinischen Schrift, die man bis heute im westlichen →Europa und vielen anderen Teilen der Welt benutzt. Bevor das →Papier erfunden wurde, ritzte oder meißelte man die Schriftzeichen in Stein-, Ton-, Holz- oder Wachstafeln.

**Keilschrift**

**Griechische Schriftzeichen**

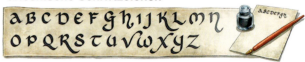
**Kalligrafie**

Später schrieb man mit Federkielen und Tinte. Heute gibt es viele verschiedene Stifte, und auch am →Computer werden Texte geschrieben. Die →Kunst, Buchstaben, Wörter (→Wort) und ganze Texte von Hand besonders schön und kunstvoll zu gestalten, nennt man Kalligrafie.

→ Alphabet

### die Schule

An Schulen werden Kinder und Jugendliche unterrichtet. Sie lernen dort z. B. Lesen, Schreiben, Rechnen und Fremdsprachen. Früher erhielten meist nur die Söhne reicher Leute Unterricht in Schulen oder von einem Hauslehrer. Jedes Kind muss heute ab etwa dem sechsten bis mindestens zum 16. Lebensjahr in die Schule gehen. Nach der Grundschule folgen Hauptschule, Realschule oder Gymnasium. Wer am Gymnasium Abitur macht, kann anschließend an der →Universität studieren. Nach Abschluss der Haupt- oder Realschule folgt eine Ausbildung an Berufs- bzw. Fachschulen. Für Kinder mit →Behinderungen gibt es besondere Schulen. In manchen Ländern tragen die Kinder Schuluniformen, wie z. B. in England oder Japan. Viele Kinder auf der Welt können nicht zur Schule gehen, weil es

Wie lange dauert eine Schwangerschaft?

bei ihnen zu wenige Schulen und Lehrer gibt. Oder sie müssen arbeiten, um ↪ Geld für ihre ↪ Familie zu verdienen.
➡ Beruf

## die Schuppen
**1.** Schuppen liegen wie Dachziegel auf der Haut von Tieren und schützen sie wie ein Panzer. Schuppen findet man z.B. bei ↪ Fischen, ↪ Reptilien oder ↪ Schmetterlingen. **2.** Hauterkrankung, bei der sich die oberste Hautschicht in großen, weißgelblichen Schuppen löst.

## die Schwangerschaft
Jeden ↪ Monat entwickelt sich in einem der beiden Eierstöcke der ↪ Frau eine Eizelle. Nistet sich die von einer männlichen Samenzelle befruchtete Eizelle in der Gebärmutter ein, beginnt die Schwangerschaft. Sie dauert etwa 40 ↪ Wochen bzw. neun Monate, in denen das ↪ Baby in der Gebärmutter heranwächst. Die Gebärmutter ist wie eine dehnbare Muskelhöhle, die mit dem Kind wächst. Im ersten Monat der Schwangerschaft teilt sich die befruchtete Eizelle immer wieder und der Embryo beginnt sich zu entwickeln. Er liegt geschützt in der mit Fruchtwasser gefüllten Fruchtblase. Über die Nabelschnur ist der Embryo mit dem Mutterkuchen (Plazenta) verbunden. So wird er mit Nährstoffen und ↪ Sauerstoff versorgt. Im zweiten Monat formen sich Kopf, Körper, Arme und Beine sowie die inneren Organe. Das Herz beginnt zu schlagen. Ab dem dritten Monat wird der Embryo auch Fetus genannt. Er kann ab dem fünften Monat hören und die Eltern können spüren, wenn er sich bewegt. Der Fetus wächst weiter, bis er die Größe von etwa 52 Zentimetern erreicht hat.

**Samenzelle**

**befruchtete Eizelle**

**Embryo mit 6 Wochen**

➡ Befruchtung, Ei, Geburt, Mann, Sexualität, Verhütung, Zelle

**Im dritten Monat ist der Embryo so groß wie eine Birne …**

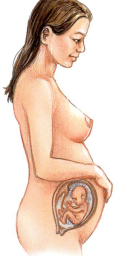
**… im sechsten Monat wie eine Ananas …**

**… und nach neun Monaten wie eine Wassermelone.**

# Schweiz

Die Schweiz liegt mitten in ➜ Europa und hat fünf Nachbarländer. Die Schweiz ist seit 1848 eine demokratische ➜ Republik. Sie besteht heute aus 20 Kantonen und sechs Halbkantonen. Kantone sind einzelne ➜ Staaten, die sich zu einem gemeinsamen Staat, der Schweizer Eidgenossenschaft, zusammengeschlossen haben.

## Natur

Ein Großteil der Schweiz ist geprägt von ➜ Gebirgen, die kaum bewohnt sind. Im Süden liegen die ➜ Alpen, im Nordwesten der Jura. Viele Urlauber reisen im Winter zum Skifahren und im Sommer zum Wandern in die Schweiz. Zwischen den Alpen und dem Jura liegt das teils hügelige, teils flache Schweizer Mittelland. Die Schweiz hat viele Seen und Wälder.

## Land und Leute

Im flacheren Schweizer Mittelland leben die meisten Schweizer in Großstädten wie z. B. Zürich, Basel, Genf, Bern oder Lausanne. In der Schweiz gibt es vier Amtssprachen: Deutsch (Schwyzerdütsch), Französisch, Italienisch und Rätoromanisch. Schon vor fast 200 ➜ Jahren beschloss die Schweiz, an keinem ➜ Krieg mehr teilzunehmen, d. h. neutral zu bleiben. In einem Bereich sind sie allerdings langsamer als ihre europäischen Nachbarn: Erst 1971 erhielten alle ➜ Frauen das Wahlrecht.

## Wirtschaft

Die Schweiz ist eines der reichsten Länder der Welt. Der Fremdenverkehr und die Banken bringen viel ➜ Geld ins Land. Neben ➜ Schokolade, ➜ Käse und ➜ Uhren werden auch ➜ Maschinen, Chemikalien und Arzneimittel hergestellt. Die Schweiz kämpft wie ➜ Österreich mit dem europäischen Durchgangsverkehr vom Norden in den Süden. Man versucht einen Großteil des Lastwagenverkehrs auf die Bahnschienen zu verlegen, denn die Schweiz hat eines der dichtesten Eisenbahnnetze in Europa.

➜ **Demokratie, Rotes Kreuz**

---

**Fläche:** etwa 41 000 km²
**Hauptstadt:** Bern, etwa 130 000 Einwohner
**Nationalfeiertag:** 1. August (Gründung der Eidgenossenschaft 1291)
**Höchster Punkt:** Dufourspitze, 4634 m
**Gesamtbevölkerung:** etwa 8 Millionen

Seidenspinner

## die Schwerkraft
Unsere →Erde dreht sich sehr schnell. Durch diese Drehung erfährt alles auf der Erde eine Fliehkraft. Das kann man sich wie bei einem Plattenspieler vorstellen: Legt man einen Ball auf den sich drehenden Plattenteller, dann fliegt der Ball weg. So würden wir auch von der Erde fliegen, wenn es nicht noch die Gewichtskraft (Gravitation) gäbe. Die Gewichtskraft wirkt auf alle Dinge und ist auf die Mitte der Erde gerichtet. Sie ist der Grund dafür, dass alle Dinge nach unten auf den Boden fallen. Ein Teil der Gewichtskraft wird durch die Fliehkraft aufgehoben. Übrig bleibt die Schwerkraft.

## die Science-Fiction
Das →Wort Science-Fiction (gesprochen: Seiensfikschen) kommt aus dem Englischen und bedeutet so viel wie „ausgedachte Wissenschaft". Man bezeichnet damit Filme, Bücher (→Buch), →Comics und Hörspiele, in denen es um das Leben und die →Technik der Zukunft geht.

## die Seele
Seele nennt man das Innerste des →Menschen – sein wahres Wesen mit allen Gefühlen, Gedanken und Empfindungen. Man kann auch Geist dazu sagen. Die →Religionen gehen davon aus, dass die Seele von Gott kommt und nach dem →Tod weiterlebt.

## die Seide
Seide ist ein glatter, glänzender Stoff, der aus Fasern der Seidenspinnerraupe, einer Schmetterlingsart, gemacht wird. Wenn die Raupen sich verpuppen, sondern sie aus einer Drüse einen etwa 4000 m langen Faden ab. Mit diesem Faden spinnen sie eine Schutzhülle um sich herum, den Kokon. Die Seidenfäden des Kokons werden zu Garn versponnen und dann zu wertvollen Seidenstoffen verwebt.

Kokon

→ **Kleidung, Schmetterling**

## die Sekte
In jeder →Religion gibt es Gläubige, die von der Lehre und dem Glaubensinhalt ihrer religiösen Gemeinschaft abweichen und sich abspalten. Solche Gruppen nennt man Sekten. Zu christlichen Sekten gehören z. B. die Mormonen.

## die Sexualität
Sexualität meint das Geschlechtsleben von →Menschen und vielen Tieren. Ohne Geschlechtsverkehr würden die meisten Lebewesen sich nicht fortpflanzen. Wenn sich ein →Mann und eine →Frau sexuell anziehend finden, sind sie zärtlich zueinander, küssen und streicheln sich. Wenn der Mann seinen Penis in die Scheide der Frau einführt, kann das für beide ein sehr schönes Gefühl sein. Den Höhepunkt dieses Gefühls nennt man Orgasmus. Dann hat der Mann einen Samenerguss und es gelangen Samenzellen (Spermien) aus seinem Penis in den Körper der Frau. Die Frau kann dadurch schwanger werden.

→ **Befruchtung, Homosexualität, Schwangerschaft, Verhütung**

Wie viele Planeten gehören zum Sonnensystem?

### die Sinne

Riechen, Hören, Sehen, Fühlen und Schmecken sind die fünf Sinne von ◯ Menschen und Tieren. In allen Sinnesorganen sitzen winzige Sinneszellen. Diese reagieren auf unterschiedliche Reize, wie z. B. Parfüm, ◯ Lärm, ◯ Licht, Hitze oder ◯ Schokolade. Trifft ein Reiz auf die Sinneszellen, so senden sie elektrische Signale. Nervenzellen leiten die elektrischen Signale zum ◯ Gehirn. Das Gehirn erkennt dann, was das Signal bedeutet.

➡ **Auge, menschlicher Körper, Nase, Ohr, Schall, Zunge**

### der Sklave

Sklaven sind ◯ Menschen, die unfrei und rechtlos sind. Sie können wie Besitz verkauft und gekauft werden. Bei den ◯ Griechen und ◯ Römern gab es Sklaven, meist waren das Kriegsgefangene. Die Europäer verschleppten Hunderttausende Menschen aus ◯ Afrika und verkauften sie. Die meisten dieser schwarzen Sklaven mussten auf großen Plantagen in ◯ Nord- und Südamerika unter schrecklichsten Bedingungen arbeiten. Die von den ◯ Vereinten Nationen festgeschriebenen ◯ Menschenrechte verbieten seit 1948 die Sklaverei.

➡ **Europa, Krieg**

### der Slum

Das ◯ Wort Slum (gesprochen: Slam) kommt aus dem Englischen und bezeichnet die Elendsviertel großer Städte (◯ Stadt). ◯ Menschen, die ohne ◯ Geld auf der Suche nach Arbeit vom Land in die Stadt kommen, bauen sich dort einfache Hütten aus ◯ Holz, Plastik oder Wellblech. Es gibt weder fließendes ◯ Wasser noch ◯ Strom, keine Toiletten, keine Müllabfuhr, keine Krankenhäuser, Ärzte oder ◯ Schulen. Es herrschen ◯ Armut, ◯ Arbeitslosigkeit, ◯ Krankheiten und ◯ Gewalt.

### die SMS

SMS ist die Abkürzung von Short Message Service (Englisch für Kurznachrichtendienst) und ist eine kurze Textnachricht, die man vom Handy aus verschickt.
Mit MMS (Multimedia Messaging Service) können Nachrichten mit Bildern und Videos versendet werden.

➡ **Kommunikation, Multimedia, Telefon**

### die Sonne

Die Sonne gehört zur Milchstraße, die aus Milliarden von Sternen besteht. Sie entstand vor etwa 4,6 Milliarden ◯ Jahren. Die Sonne ist ein riesiger Himmelskörper und der Mittelpunkt des Sonnensystems. Aufgrund ihrer großen Anziehungskraft kreisen alle anderen Himmelskörper des Sonnensystems auf festen Umlaufbahnen um sie herum. So auch die acht Planeten, zu denen unsere ◯ Erde gehört. Wie alle Sterne ist die Sonne eine riesige, glühende Kugel aus ◯ Gas. Durch chemische Vorgänge im Innern der Sonne wird unvorstellbar viel ◯ Energie freigesetzt. Diese Energie strahlt die Sonne ab und versorgt so die Erde mit Wärme und ◯ Licht. Ohne die Sonne wäre kein Leben auf der Erde möglich. Die Ozonschicht der ◯ Atmosphäre verhindert, dass schädliche Sonnenstrahlen auf die Erdoberfläche gelangen.

➡ **All, Ozon**

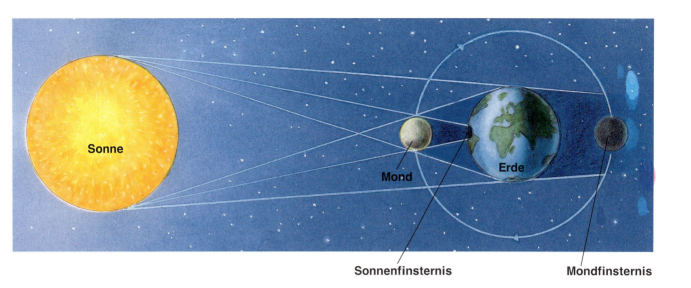

Sonnenfinsternis  Mondfinsternis

### die Sonnen- und Mondfinsternis

Wenn der Schatten eines Himmelskörpers auf einen anderen fällt, entsteht eine Finsternis. Eine Sonnenfinsternis ist von der ⊙ Erde aus zu sehen, wenn der ⊙ Mond zwischen ⊙ Sonne und Erde steht. Der Mondschatten fällt dann auf einen Teil der Erde. ⊙ Menschen in dieser Schattenzone können die Sonne gar nicht (totale Sonnenfinsternis) oder nur teilweise (partielle Sonnenfinsternis) sehen. Schiebt sich die Erde zwischen Sonne und Mond, kann der Mond durch den Erdschatten wandern. Wir nehmen den so verfinsterten Vollmond als totale oder teilweise Mondfinsternis wahr.

↪ All

### das SOS

SOS ist ein Notsignal, das überall auf der ⊙ Erde gilt. Es sind drei kurze, drei lange und dann wieder drei kurze Zeichen. Das bedeutet im Morsealphabet SOS. Man kann SOS mit ⊙ Licht, mit Geräuschen oder per Funk senden.

### sozial

Das ⊙ Wort „sozial" kommt aus dem Lateinischen und bedeutet „allgemein". Ein ⊙ Mensch, der sich sozial verhält, achtet nicht nur auf sich, sondern kümmert sich auch um andere und tut etwas für die Gemeinschaft. Ein Sozialstaat unterstützt Bürger, die z. B. durch ⊙ Krankheit oder ⊙ Arbeitslosigkeit in Not geraten. Sie erhalten Sozialhilfe, also ⊙ Geld, mit dem sie sich das Nötigste kaufen können.

↪ Staat

### der Specht

**Buntspecht**

Spechte sind Vögel (⊙ Vogel) mit einem spitzen, kräftigen Schnabel. Damit hacken sie Baumrinden und morsches ⊙ Holz auf, um ⊙ Ameisen, ⊙ Larven oder ⊙ Spinnen mit ihrer langen, klebrigen ⊙ Zunge herauszuziehen. Mithilfe ihres Stützschwanzes aus besonders harten ⊙ Federn und zwei Kletterfüßen mit Krallen können sie hervorragend an Baumstämmen hinaufklettern. Spechte legen ihre ⊙ Eier in selbst gezimmerte Baumhöhlen. Es gibt weltweit 200 Spechtarten. In ⊙ Europa ist der Buntspecht am bekanntesten. Man erkennt ihn an seinem schwarzen Rücken und den weißen Schulterflecken. Das Männchen hat einen roten Hinterkopf.

↪ Lebensraum Wald, Tierreich

Was ist die Muttersprache?

### die Spinne

**Kreuzspinne**

Spinnen, Skorpione und Milben gehören im ⊙Tierreich zur ⊙Familie der Spinnentiere. Spinnen haben im Gegensatz zu ⊙Insekten acht Beine. Ihr Körper besteht aus einem Kopfbruststück mit Mundwerkzeugen sowie zwei bis acht ⊙Augen und einem Hinterleib mit Spinndrüsen, aus denen sie Spinnfäden pressen können. Manche Spinnen bauen daraus ihren Unterschlupf, andere kunstvolle, klebrige Fangnetze. Denn Spinnen sind Räuber, die sich von Insekten ernähren. Mit ihren Kieferklauen packen sie das Beutetier, lähmen es mit einem ⊙Gift und saugen es aus. Der Biss der Schwarzen Witwe, die in Amerika beheimatet ist, kann für den ⊙Menschen tödlich sein. Die größte Spinne ist die Vogelspinne, die in den ⊙Tropen lebt.

### der Sport

➡ Seite 152

„Der Apfel fällt nicht weit vom Stamm."

### die Sprache

⊙Menschen können sich mithilfe der Sprache anderen mitteilen. Sie dient der ⊙Kommunikation. Diese kann über gesprochene Sprache (Laute), geschriebene Sprache oder Gebärden stattfinden. Die Anzahl der Sprachen auf der Welt lässt sich nur schwer genau feststellen. Manchmal ist es schwierig zu unterscheiden, ob es sich um einen ⊙Dialekt oder um eine eigenständige Sprache handelt. Forscher schätzen, dass es weltweit etwa 6500 Sprachen gibt, es können aber auch etwas mehr sein. Nur ein Teil dieser Sprachen hat eine Schrift. Gehörlose Menschen verständigen sich mithilfe einer ⊙Gebärdensprache. Die Sprache, die man als Kind von seinen Eltern lernt, nennt man Muttersprache. In der ⊙Schule lernen viele Kinder eine oder mehrere Fremdsprachen. Meist ist eine davon Englisch. Deutsch wird außer in ⊙Deutschland, ⊙Österreich und Teilen der ⊙Schweiz auch in Luxemburg, Liechtenstein sowie manchen Teilen Belgiens, Italiens (Südtirol), Frankreichs und Dänemarks gesprochen. Sprache verändert sich ständig ein bisschen. Wenn etwas Neues erfunden wird, braucht man dafür auch ein neues ⊙Wort. So kannten die Menschen vor 100 ⊙Jahren den Begriff „Computer" noch nicht, weil es noch keine ⊙Computer gab. Andere Wörter gehen im Laufe der ⊙Zeit verloren, weil sie nicht mehr verwendet werden, z.B. „Rock" als Bezeichnung für einen Herrenmantel.

➡ **Dolmetscher**

### das Sprichwort

Sprichwörter geben in kurzer, bildhafter Form Lebensweisheiten wieder. Mit dem Sprichwort „Lügen haben kurze Beine" ist z.B. gemeint, dass man mit Lügen nicht weit kommt, weil sie schnell aufgedeckt werden. Andere Sprichwörter sind z.B. „Der Apfel fällt nicht weit vom Stamm" oder „Was Hänschen nicht lernt, lernt Hans nimmermehr". Sprichwörter gibt es überall auf der Welt, die Sprichwörter mancher Völker (⊙Volk) ähneln sich sogar.

## der Staat

In einem Staat leben viele ➜ Menschen auf einem klar begrenzten Gebiet zusammen. Jeder Staat besitzt eine Regierung, eigene ➜ Gesetze und eine Rechtsprechung. Zu welchem Staat jemand gehört, erkennt man an seiner Staatsangehörigkeit.

➜ Politik

## der Staatsanwalt

Ein Staatsanwalt vertritt vor ➜ Gericht den ➜ Staat. Nach einer Straftat versucht die Staatsanwaltschaft mithilfe der ➜ Polizei den Täter zu finden und klagt ihn an. Der Angeklagte wird von einem ➜ Rechtsanwalt verteidigt.

➜ Gesetz, Recht, Richter

## die Stadt

In einer Stadt leben viele ➜ Menschen auf engem Raum. Die Häuser stehen meist dicht beieinander und werden von Hochhäusern überragt. Man unterteilt Städte nach der Anzahl ihrer Einwohner in Kleinstädte (5000 bis 20 000 Einwohner), Mittelstädte (bis zu 100 000) und Großstädte (über 100 000). Eine Großstadt wie z.B. Frankfurt am Main hat eine Innenstadt (City) mit zahlreichen Kaufhäusern, Geschäften, Banken und Bürogebäuden. Ein Netz von Omnibus-, Straßenbahn- und U-Bahnlinien bringt die Menschen überallhin. Eine Stadt ist immer der Mittelpunkt eines größeren Gebiets und viele Menschen aus der Umgebung kommen hierher, um zu arbeiten, einzukaufen oder um Büchereien, ➜ Theater, Kinos und Museen (➜ Museum) zu besuchen.

➜ Bauwerke, Dorf

## der Stein

Steine sind feste, harte Materialien, die in der ➜ Natur als ➜ Gesteine vorkommen und sich aus ➜ Mineralen zusammensetzen. Die ➜ Menschen haben Steine schon immer auf vielfältigste Weise genutzt: So stellten die Menschen der ➜ Steinzeit daraus ihre Werkzeuge und Waffen her. Später verwendete man sie als Baumaterial. Zu den beeindruckendsten ➜ Bauwerken aus Stein gehören die ➜ Pyramiden. Steine werden heute in Steinbrüchen aus dem Felsen herausgesprengt oder herausgeschnitten und dann weiterverarbeitet. So z.B. auch in der ➜ Kunst, wo man aus ihnen Skulpturen macht.

**Die Großstadt Frankfurt am Main**

# der Sport

Sport ist immer und überall möglich: allein (Einzelsport) oder in einer Mannschaft (Mannschaftssport), im Freien oder in einer Halle, auf dem Boden, im ᐅWasser oder in der ᐅLuft. Es gibt eine Vielzahl an Sportarten und Disziplinen, zu denen immer neue hinzukommen.

## Sportarten

Typische Wintersportarten sind z.B. Rodeln, Skifahren oder Eisschnelllauf. Surfen, Rudern, Schwimmen und Tauchen gehören zu den Wassersportarten. In der Luft kann man Segel- oder Drachenfliegen. Bei Kampfsportarten wie Boxen, Fechten oder Judo treten die Einzelkämpfer gegeneinander an. Bekannte Wettkämpfe sind beim Motorsport das Formel-1-Rennen und beim Radsport die Tour de France. Und wer zu ᐅPferd Hürden überspringt, betreibt Reitsport. Besonders beliebt sind Ballspiele wie Tischtennis, Tennis, Basketball, Rugby, Volleyball, Handball, American Football und natürlich Fußball. Fußball ist ein Mannschaftssport, der schon seit sehr langer ᐅZeit gespielt wird.

## Leichtathletik

Laufen, Springen und Werfen gehören zur Leichtathletik. Die höchste Ehre für Leichtathleten ist eine Goldmedaille bei den ᐅOlympischen Spielen. Der längste Lauf ist der Marathon mit 42,195 km. Er geht auf eine ᐅSage zurück: Nachdem die Athener nahe der ᐅStadt Marathon im ᐅJahr 490 v. Chr. gegen die Perser gesiegt hatten, schickten sie einen Läufer mit der Nachricht nach Athen. Der lief die über 42 km lange Strecke so schnell, dass er danach tot zusammengebrochen sein soll.

## Wettkämpfe und Sportrekorde

Beim Sport und vor allem bei Wettkämpfen gibt es klare Regeln. Für deren Einhaltung sorgen Schiedsrichter. Wer bei Meisterschaften eine Höchstleistung erreicht, erzielt einen Rekord. Als bester Fußballspieler der Welt gilt der Brasilianer Pelé. Er schoss zwischen 1956 und 1977 in 1363 Fußballspielen 1282 Tore. Kristin Otto gewann 1988 bei den Olympischen Spielen im Schwimmen sechs Goldmedaillen und hält damit den Rekord bei den Damen.

## Profis und Amateure

Amateure betreiben Sport aus Vergnügen und in ihrer Freizeit. Für Profisportler ist der Sport zum ᐅBeruf geworden. Sie trainieren ihren Körper zu Höchstleistungen und belasten ihn stark. Das kann zu ernsten Verletzungen führen. Auch kommt es immer wieder vor, dass sich Profisportler mit verbotenen Mitteln dopen, d.h. aufputschen.
ᐅ Doping

Woraus stellten die Steinzeitmenschen Gegenstände her?

## die Steinzeit

Vor etwa 2,5 Millionen ↪ Jahren fertigten die ↪ Menschen Werkzeuge und Waffen aus ↪ Stein, ↪ Holz und Knochen an. In der Altsteinzeit lebten die Menschen als Jäger und Sammler. Als Werkzeuge dienten ihnen vor allem Faustkeile und Schaber, die sie aus scharfkantigen Feuersteinstücken herstellten. Sie waren ↪ Nomaden und folgten z. B. den Mammut- oder Rentierherden. In ↪ Höhlen suchten sie Schutz vor Kälte und Nässe. Vor etwa 800 000 bis 500 000 Jahren begannen die Menschen das ↪ Feuer zu nutzen. Am Ende der Altsteinzeit entstanden erste Kunstwerke, z. B. Höhlenmalereien. Um 10 000 v. Chr. begann in Mitteleuropa die Mittlere Steinzeit, in der die Urmenschen immer besser behauene Steingeräte wie kleine Pfeil- und Harpunenspitzen herstellten. In der Jungsteinzeit, im mitteleuropäischen Raum seit etwa 5000 v. Chr., wurde das ↪ Klima milder und die Menschen lernten ↪ Getreide anzubauen und Tiere zu halten. Sie wurden sesshaft und bauten Hütten. Die ersten Dörfer (↪ Dorf) entstanden. Die Menschen stellten nicht nur geschliffene und durchbohrte Steinwerkzeuge her, sondern auch Gefäße aus Ton und webten Stoffe. Die Steinzeit endete ungefähr vor 5000 Jahren, als die Menschen in ↪ Ägypten und Teilen ↪ Asiens lernten, ↪ Metalle wie Bronze oder Eisen zu bearbeiten, und die ↪ Schrift erfanden. In ↪ Europa begann die Bronzezeit erst rund 1000 Jahre später.

➡ **Geschichte**

## die Steppe

Graslandschaften ohne Bäume (↪ Baum) nennt man Steppen. Sie entstehen in warmen Gebieten, in denen zu wenig ↪ Regen fällt. Daher wachsen in Steppen vor allem Gräser und ↪ Kräuter, die Trockenheit lieben. Die ↪ Prärie in ↪ Nordamerika und die Pampas in Argentinien sind Steppen.

➡ **Landschaft, Lebensraum, Klima, Savanne**

Menschen der Altsteinzeit

Wie heißt die höchste Singstimme bei Frauen?

### die Steuern

Unter Steuern versteht man das ↪Geld, das die Bürger von ihren Einkommen an den ↪Staat zahlen. Der braucht die Steuergelder, um seine Aufgaben zu erfüllen – z. B. für den Bau von Straßen, Krankenhäusern oder ↪Schulen. Auch die Leute, die für den Staat arbeiten, wie z. B. Lehrer oder ↪Richter, werden von den Steuern bezahlt. Wie viele Steuern man bezahlen muss, hängt vom Gehalt ab, von der ↪Zahl der Kinder und ob man verheiratet ist.

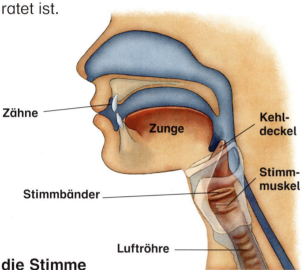

### die Stimme

Wenn ↪Luft aus der Lunge zwischen unseren zwei Stimmbändern hindurchströmt, beginnen sie zu schwingen und erzeugen Geräusche, den ↪Schall. Daraus formen Mund, Lippen, ↪Zunge und Kehlkopf dann unterschiedliche Laute. Sind die Stimmbänder stark gespannt, entstehen hohe Töne. Sind sie schlaffer, hört man tiefe Töne. Singstimmen unterscheidet man nach der Tonhöhe. Die Stimmlagen bei den Sängerinnen heißen Sopran (hoch) und Alt (tief). Bei den Sängern gibt es Tenor (hoch) und Bass (tief). Zwischenlagen sind Mezzosopran und Bariton.

### der Stress

Stress ist ursprünglich ein englisches ↪Wort und bedeutet „Druck". Den spüren wir manchmal bei schwierigen Aufgaben. Dann rast unser ↪Puls und das Herz schlägt schneller. Ein wenig Stress macht uns aufmerksamer und leistungsfähiger. Wer aber ständig unter hohem Stress steht, z. B. durch zu viel Arbeit oder Angst, kann ernsthaft krank werden.

### der Strom

Strom ist elektrische ↪Energie, auch Elektrizität genannt. Sie entsteht durch die Bewegung von elektrisch geladenen Teilchen. Strom ist unsichtbar, aber ohne ihn würde vieles nicht funktionieren: kein Kühlschrank, kein Staubsauger, keine Taschenlampe. Strom fließt nur im Kreis. Der einfachste Stromkreis besteht aus einer Stromquelle, z. B. einer ↪Batterie, einer Lampe und einem ↪Kabel. Von der Batterie fließt der Strom durch ein Kabel zu einer Lampe und durch sie hindurch. Durch ein zweites Kabel fließt der Strom zur Batterie zurück.

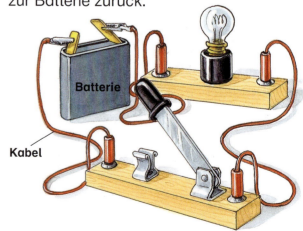

Wenn das Lämpchen leuchtet, ist der Stromkreis geschlossen. Wenn der Stromkreis unterbrochen wird, z. B. durch einen Schalter, kann die Elektrizität nicht mehr fließen. Dann geht die Lampe aus.

## das Substantiv

Substantive sind Wörter (→Wort), die →Menschen, Tiere, →Pflanzen, Orte oder Dinge bezeichnen (z.B. Paul, die Oma, das →Pferd, der →Baum, →Asien, das →Auto, die Freude). Sie werden auch Nomen, Namenwort oder Hauptwort genannt. Jedes Substantiv kann einen Artikel (Begleiter) haben: der, die, das, ein oder eine. Fast alle Substantive können in der Einzahl (Singular) und Mehrzahl (Plural) stehen (z.B. das Haus – die Häuser). Substantive schreibt man groß.

→ Adjektiv, Grammatik, Wortarten

## die Sucht

Jemand ist süchtig, wenn er von etwas nicht genug bekommen kann – auch wenn es ihm schadet. Man spricht dann auch von Abhängigkeit. Der Betroffene kreist mit seinen Gedanken nur noch um die Befriedigung seiner Sucht. Er verliert allmählich das Interesse an anderen →Menschen. Manchmal reagiert der Körper sogar mit →Schmerzen, wenn er das Suchtmittel nicht bekommt. Das kommt am häufigsten bei →Giften wie →Alkohol, →Nikotin oder →Drogen vor. Man kann aber auch süchtig sein nach Essen oder nach einem besonders schlanken Körper (Magersucht). Auch zu häufiges Spielen an Spielautomaten oder an →Computern kann süchtig machen. Süchte kann man behandeln. Es ist für die Betroffenen schwer, sie in den Griff zu bekommen.

## Südamerika

→ Seite 156

## der Südpol

Südpol

Der Südpol ist der südlichste Punkt der →Erde. Das Gebiet um den Südpol wird Antarktis genannt. Abgesehen von einigen →Gebirgen ist die Antarktis das ganze →Jahr über von einer durchschnittlich 2500 m dicken Eisschicht bedeckt und neben dem →Nordpol die kälteste Region der Erde. Die weltweit kälteste →Temperatur von –90 °C wurde hier gemessen. Viele Tiere wie Pinguine, →Wale, Robben und Albatrosse sind an der →Küste und in den →Meeren der Antarktis zu Hause. Am Südpol geht die →Sonne vom 23. September bis 21. März nicht unter (Südpolartag). Die andere Hälfte des Jahres herrscht dann Südpolarnacht. Die Antarktis ist unbewohnt. Nur Wissenschaftler leben dort in Forschungsstationen.

→ Kontinent

## der Sumpf

Als Sumpf bezeichnet man ein Gelände, dessen Boden ständig mit viel →Wasser durchtränkt ist. Er bildet sich in Regengebieten, wo der Grundwasserspiegel hoch oder der Untergrund wasserundurchlässig ist. Die Tier- und Pflanzenwelt ist an diese Lebensbedingungen angepasst.

→ Lebensraum, Moor

# Südamerika

Südamerika ist der viertgrößte ⮕ Kontinent. Süd- und ⮕ Nordamerika bilden zusammen den Doppelkontinent Amerika. Die Länder Süd- und Mittelamerikas werden auch als Lateinamerika bezeichnet. In den meisten Ländern wird Spanisch gesprochen, in Brasilien Portugiesisch.

## Natur
Entlang der Pazifikküste erstreckt sich von Kolumbien bis in den Süden Chiles eine Gebirgskette, die Anden. Mit einer Länge von rund 8000 km sind die Anden das längste ⮕ Gebirge der Welt. Der Amazonas ist der längste ⮕ Fluss Südamerikas und bildet im Norden Brasiliens das wasserreiche Amazonasbecken, das dicht mit tropischem ⮕ Regenwald bewachsen ist. In Argentinien, Uruguay, Paraguay und Venezuela gibt es weite Grassteppen, die als Weide- und Ackerland genutzt werden. Ganz im Süden liegt das kalte und vereiste Patagonien.

## Land und Leute
Die Ureinwohner Südamerikas waren die Inkas. Diese ⮕ Indianer, hier auch Indios genannt, zählen zu den alten Hochkulturen. Sie bauten große Städte (⮕ Stadt), Tempelanlagen und ein weitverzweigtes Straßennetz. Die Indios der Regenwälder kamen sehr spät mit den Weißen in Kontakt. Hier leben auch heute noch einige Stämme wie ihre Vorfahren.

## Brasilien
Brasilien ist das größte Land Südamerikas. Der Großteil der Brasilianer wohnt entlang der ⮕ Küste in sehr großen Städten wie z. B. São Paulo oder Rio de Janeiro. Am Rande dieser Millionenstädte liegen viele Elendsviertel. In Brasilien leben nur wenige reiche ⮕ Menschen, dafür aber sehr viele Arme. In den Küstenregionen gibt es große Industrieanlagen und Ackerflächen, auf denen vor allem ⮕ Kaffee und Soja angebaut wird.

⮕ Armut, Industrie, Slum, Yanomami

---

**Jaguar**

**Fläche:** etwa 17,8 Millionen km²
**Höchster Punkt:** Aconcagua, 6959 m
**Größter See:** Maracaibosee
**Längster Fluss:** Amazonas, 6500 km
**Zahl der Staaten:** 12
**Größte Stadt:** São Paulo (Brasilien), etwa 20,2 Millionen Einwohner
**Gesamtbevölkerung:** etwa 390 Millionen

### der Tabak

Tabak ist eine ⮕Pflanze, die auf der ganzen Welt angebaut wird. Aus ihren getrockneten Blättern (⮕Blatt) werden Zigaretten, Zigarren, Pfeifen-, Kau- oder Schnupftabak hergestellt. Tabak enthält das Pflanzengift ⮕Nikotin und ist gesundheitsschädlich. Das Rauchen von Tabak macht süchtig.

⮕ Sucht

### der Tag und die Nacht

Tag und Nacht entstehen, weil sich die ⮕Erde um ihre eigene ⮕Achse dreht. Die ⮕Sonne kann also immer nur eine Hälfte der Erde bescheinen. Dort ist heller Tag. Die andere Hälfte bekommt kein ⮕Licht. Dort ist Nacht. Für eine Drehung braucht die Erde genau 24 Stunden. Diese Zeitspanne nennt man auch Tag. Je nachdem, an welchem Punkt der Erde man sich befindet, ist es taghell oder Nacht oder es dämmert.

⮕ Jahreszeit, Zeit

### das Tal

Ein Tal ist eine lang gestreckte Vertiefung in der Erdoberfläche. Entstanden ist es durch fließende ⮕Gewässer. Bäche und Flüsse (⮕Fluss) haben im Laufe der ⮕Zeit die ⮕Erde weggeschwemmt, das ⮕Gestein ausgewaschen und so ein Tal gegraben. Es gibt verschiedene Talformen. In Engtälern bzw. Schluchten stehen die Talwände nah beieinander und sind sehr steil. Ein V-Tal hat die Form einer Kerbe. U-Täler wurden von ⮕Gletschern geformt und verbreitert. Der Grand Canyon (gesprochen: Gränd Kännjen) in ⮕Nordamerika ist eine Schlucht, bis zu 1700 m tief und rund 350 km lang.

### der Tanz

Tanz ist Bewegung zu ⮕Musik oder Geräuschen. Zu allen ⮕Zeiten haben die ⮕Menschen getanzt. Früher hatten Tänze oft etwas mit ⮕Religion zu tun. So tanzten die ⮕Indianer z. B. zu Ehren ihrer Geister. In manchen Gebieten, wie z. B. auf Bali, gibt es noch heute Tempeltänzerinnen. Später tanzte man dann vor allem zum eigenen Vergnügen. Beim Bühnentanz, z. B. beim ⮕Ballett, tanzen ausgebildete Tänzer vor einem Publikum. Einige Formen des Tanzens, wie z. B. Rock 'n' Roll oder Paartanz, gelten heute auch als Sportarten, in denen sogar Wettkämpfe ausgetragen werden.

⮕ Kunst

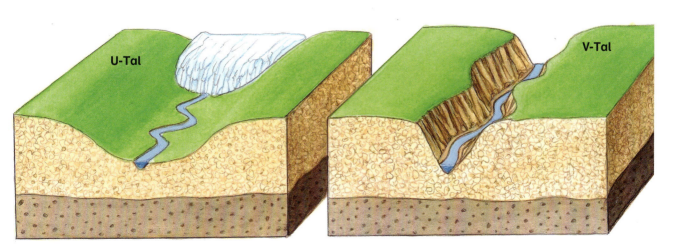

### die Tarnung

Lebewesen tarnen sich, um von anderen nicht entdeckt zu werden. Dafür haben sie verschiedene Gründe. Die einen passen Färbung oder Körperhaltung ihrer Umgebung an, um sich vor Feinden oder Angreifern zu schützen. Schneehasen bekommen im Winter ein weißes ⮕ Fell als Tarnfarbe. Die Gespenstheuschrecken wie das Wandelnde Blatt oder die Stabheuschrecke sehen Blättern (⮕ Blatt) oder dürren Ästen täuschend ähnlich. Tiere, die auf Jagd gehen, wollen auch möglichst lange unentdeckt bleiben. Dank ihres gestreiften Fells können sich Tiger z. B. sehr nah an ihr Opfer anschleichen, bevor sie angreifen. Die ⮕ Menschen haben diesen Tarntrick den Tieren abgeschaut. Militärfahrzeuge und -uniformen sind oft grün, braun oder schwarz gefärbt, um im Gelände nicht aufzufallen. Die Warntracht von manchen Tieren dient dagegen der Abschreckung von Feinden. Wespen oder Feuersalamander signalisieren mit ihren grellen ⮕ Farben, dass sie ungenießbar oder giftig sind.

**Wandelndes Blatt**

**Tiger**

### die Technik

Technik nennt man alle Dinge und Verfahren, die ⮕ Menschen entwickeln. Oft sind es Hilfsmittel, die uns die Arbeit erleichtern. Schon in der ⮕ Steinzeit haben Menschen immer neue Sachen entwickelt oder alte Techniken verbessert: So entstanden erste Werkzeuge, Gefäße aus Ton, das ⮕ Rad oder der ⮕ Hebel.

### der Tee

Als Tee bezeichnet man den Aufguss aus meist getrockneten Pflanzenteilen und heißem ⮕ Wasser. Bei Kräutertees werden z. B. die Blüten der Kamille, die Blätter (⮕ Blatt) der Pfefferminze oder die ⮕ Samen des Fenchels verwendet. Diese ⮕ Heilpflanzen dienen auch als ⮕ Medikamente. Schwarzer oder grüner Tee wird aus den getrockneten Blättern des Teestrauchs hergestellt. Diese Tees enthalten – wie der ⮕ Kaffee – den anregenden Stoff Koffein und machen munter. Der Teestrauch wächst in warmen Gebieten in ⮕ Asien und ⮕ Afrika. Aus getrockneten Früchten (⮕ Frucht) wie z. B. Hagebutten und Äpfeln werden Früchtetees gekocht.

**Teestrauch**

Wie hoch ist die Körpertemperatur beim Menschen?

### der Teenager
Die Bezeichnung Teenager (gesprochen: Tienejtscher) kommt aus dem Englischen und meint Jugendliche zwischen 13 und 19 ⊙ Jahren. In diese Zeitspanne fällt auch die ⊙ Pubertät.

### das Telefon
Mit dem Telefon kann man sich auch über große Entfernungen unterhalten. Es wandelt die ⊙ Sprache in elektrische Signale um. Diese werden dann über Leitungen, ⊙ Satelliten oder Funk zum Empfänger geführt. Dort werden die elektrischen Signale wieder in Töne umgewandelt. Das erste Telefon wurde 1876 von Alexander Graham Bell entwickelt. Mobiltelefone, auch Handys genannt, gibt es seit Anfang der 1980er-⊙ Jahre. Sie funktionieren über Mobilfunknetze. Mit fast allen Handys kann man ⊙ SMS verschicken, fotografieren, ⊙ Musik abspielen, im ⊙ Internet surfen und sie zur Navigation nutzen. Smartphones sind Mobiltelefone mit noch mehr Anwendungsmöglichkeiten und einem berührungsempfindlichen Bildschirm (Touchscreen; gesprochen Tatschskrin).

▶ Computer, Kommunikation, Medien

### die Temperatur
Die Temperatur gibt an, wie warm die ⊙ Luft oder ein Körper ist. Gemessen wird sie mit einem ⊙ Thermometer. Temperaturen werden in den meisten Ländern mit Grad Celsius (°C) angegeben. Bei 100 °C ist der Siedepunkt von ⊙ Wasser erreicht: es verdampft. Bei 0 °C beginnt Wasser zu gefrieren. Bei Temperaturen, die unter 0 °C liegen, schreibt man ein Minuszeichen davor. Die höchsten Lufttemperaturen von etwa 50 °C wurden in ⊙ Wüsten und die tiefsten von −90 °C am ⊙ Südpol gemessen. Die Körpertemperatur des ⊙ Menschen liegt bei 37 °C. In englischsprachigen Ländern ist die Fahrenheitskala (F) üblich. Der Gefrierpunkt liegt hier bei 32 °F und der Siedepunkt bei 212 °F.

▶ menschlicher Körper

### das Terrarium
Das Terrarium ist ein Behälter, in dem man kleine ⊙ Reptilien wie Eidechsen, Landschildkröten oder Schlangen, aber auch ⊙ Insekten oder ⊙ Spinnen hält. ⊙ Amphibien wie Frösche (⊙ Frosch) und Kröten brauchen mehr ⊙ Wasser. Man hält sie in einem Aqua-Terrarium. ⊙ Fische werden in einem mit Wasser gefüllten Aquarium gehalten.

**Aquarium**

### der Terrorist
Terroristen sind ⊙ Menschen, die ihre Meinungen und Ziele mit ⊙ Gewalt durchsetzen wollen: durch Bombenanschläge, Flugzeugentführungen oder Geiselnahmen. Terroristische Gruppen sind z. B. die baskische ETA in Spanien, die IRA in Irland, die palästinensische Hamas und die islamistische El Kaida.

Was macht eine Souffleuse?

### das Testament
**1.** Ein Testament enthält den letzten Willen eines ●Menschen. Meist geht es darum, wie nach dem ●Tod das Vermögen des Verstorbenen verteilt werden soll. Die Leute, die etwas davon erhalten, nennt man Erben. **2.** Die beiden Teile der christlichen Bibel werden Altes und Neues Testament genannt.

➡ Religionen

### das Theater
**1.** Als Theater bezeichnet man Sprechtheater (z. B. Marionettentheater, Schauspiel), Tanztheater (z. B. ●Ballett, ●Pantomime) und Musiktheater (z. B. Musical, ●Oper). Der Regisseur studiert das Theaterstück mit den Schauspielern, Tänzern oder Sängern ein. **2.** Das Gebäude, in dem Aufführungen stattfinden, nennt man Theater. Dort gibt es einen Zuschauerraum und einen Bühnenraum, die durch einen Vorhang voneinander getrennt sind. Auf der Bühne ist das Bühnenbild aufgebaut, das z. B. einen Wald oder ein Schloss darstellt. Manche Theater haben Drehbühnen. Der jeweils nicht sichtbare Teil der drehbaren Scheibe kann umgebaut werden und wird dann nach vorne zum Publikum gedreht. Die Souffleuse (gesprochen: Suflöse) flüstert (souffliert) den Schauspielern ihren Text zu, wenn sie ihn vergessen haben. Die Beleuchtungs- und Tontechniker sorgen für ●Licht und Geräusche. Zwischen der Bühne und dem Zuschauerraum befindet sich der Orchestergraben, in dem das Orchester sitzt. In den Werkstätten werden das Bühnenbild gebaut und die Kostüme genäht. In den Garderoben ziehen sich die Schauspieler um und werden von den Maskenbildnern geschminkt. In der Requisitenkammer lagern die Requisiten. Das sind alle Gegenstände, die man bei Theaterstücken auf der Bühne braucht, z. B. Möbel. Auch das Büro des Direktors befindet sich im Theater.

➡ Musik

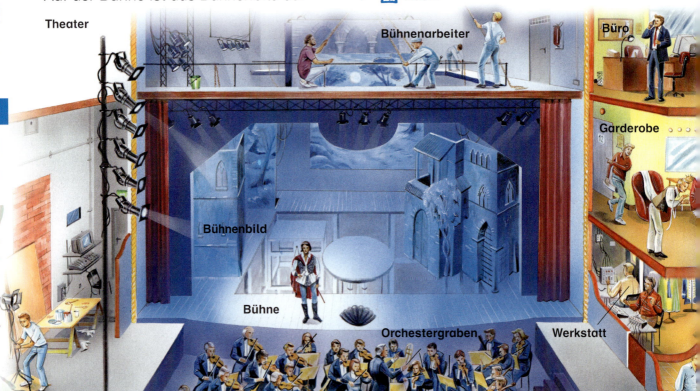

Theater — Bühnenarbeiter — Büro — Garderobe — Bühnenbild — Bühne — Orchestergraben — Werkstatt

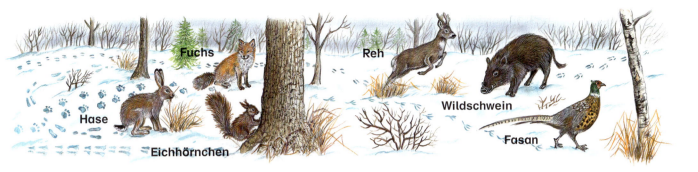

## das Thermometer

Das Thermometer dient dazu, ●Temperaturen zu messen. Meist besteht es aus einem Glasrohr und einer Messskala. In dem Glasrohr befindet sich noch ein sehr viel dünneres Röhrchen, das mit ●Alkohol oder ●Quecksilber gefüllt ist und unten in einer Kugel endet. Steigt die Temperatur, so erwärmt sich die Flüssigkeit im Röhrchen. Sie dehnt sich aus und steigt in dem dünnen Röhrchen hoch. Sinkt die Temperatur, so zieht sich die Flüssigkeit zusammen und bewegt sich in dem Röhrchen nach unten. Ein digitales Thermometer wandelt die Temperatur in elektrische Signale um und zeigt sie als ●Zahl an.

## das Tierreich

➡ Seite 162

## der Tierschutz

Der Tierschutz ist im ●Gesetz festgeschrieben: Keinem Tier dürfen grundlos ●Schmerzen oder Schäden zugefügt werden. Wer Tiere quält oder ●Haustiere nicht artgerecht hält, wird mit einer Geldstrafe oder sogar Gefängnis bestraft. Tierversuche für die medizinische Forschung sind eine Ausnahme. Tierschützer setzen sich dafür ein, dass das Tierschutzgesetz eingehalten wird. Tierschutzvereine errichten Tierheime, in denen ausgesetzte oder verwahrloste Tiere aufgenommen werden. Für diese Tiere werden dann neue Besitzer gesucht. Umstritten ist die Haltung von Nutztieren wie z.B. Schweinen, Kühen oder Hühnern, die häufig in viel zu engen und dunklen Ställen leben müssen und sich kaum bewegen können.

## die Tierspur

Tierspuren werden auch Fährten genannt. Tiere hinterlassen Abdrücke auf feuchtem oder weichem Boden. Besonders deutlich sieht man sie im frischen ●Schnee. Beim ●Menschen nennt man solche Spuren Fußabdrücke. Vor allem Förster und Jäger können diese Fährten lesen, d.h. die Spur einem Tier zuordnen, und mit ihrer Hilfe den Weg verfolgen, den das Tier genommen hat. Auch an Kot- und Fraßspuren kann man Tiere erkennen. ●Eulen würgen z.B. unverdaubare Nahrung wie Knochen oder ●Haare wieder aus. Diese sogenannten Gewölle findet man meist in der Nähe ihrer Nester. Rehe fressen die Triebe und Knospen junger Bäume (●Baum) ab, angenagte Fichtenzapfen deuten auf ein ●Eichhörnchen hin. Kleine Löcher und Rillen in Baumrinden können Fraßspuren von ●Insekten und ●Larven sein.

➡ Tierreich, Wohnungen der Tiere

# das Tierreich

Tukan

Tiere sind Lebewesen, die im Gegensatz zu ●Pflanzen Nahrung zu sich nehmen müssen. Nur wenn sie Pflanzen oder andere Tiere fressen, bleiben sie am Leben. Die Tierwelt ist sehr vielfältig: Heute sind rund 1,5 Millionen Tierarten bekannt. Viele Arten sind längst ausgestorben, wie z. B. die ●Saurier, da sich ihre ●Lebensräume verändert haben oder zerstört wurden. Aber es werden auch immer wieder neue Tierarten entdeckt. So geht man davon aus, dass in weniger gut erforschten Gegenden wie z. B. dem ●Regenwald oder in den großen Tiefen der ●Meere und ●Ozeane noch viele unbekannte Tiere leben.
Zoologen sind Wissenschaftler, die sich mit der Erforschung von Tieren beschäftigen. Für sie ist es schwierig, die Vielfalt der Tiere in Gruppen zu ordnen. Man kann z. B. nicht alle im ●Wasser lebenden Tiere zusammenfassen, da der ●Hai z. B. ein ●Fisch ist, während der ●Wal zu den ●Säugetieren gehört.
Um Verwandtschaften unter den Tieren zu erkennen, untersuchen Zoologen den Körperbau und die Lebensweise der Tiere. Sie erforschen anhand von ●Fossilien, wie die heutige Tierwelt im Laufe der Erdgeschichte entstanden ist und wie sich Tierarten verändert haben.

## Vom Einzeller zum Vielzeller
Eine ●Zelle ist der kleinste Baustein aller Lebewesen. Je höher ein Tier entwickelt ist, desto mehr Zellen besitzt es. Die Zellen übernehmen im Körper verschiedene Aufgaben: Manche bauen die Knochen auf, während andere Zellen die Haut oder ein inneres Organ bilden. Einfachste Lebewesen bestehen aus nur einer Zelle. Sie leben in allen ●Gewässern und im feuchten Boden. Aus solchen Einzellern entwickelten sich im Laufe von vielen Millionen ●Jahren Tiere und Pflanzen. Diese Entwicklung nennt man ●Evolution.

## Wirbeltiere und Wirbellose
Die meisten Zoologen unterteilen die Tiere in zwei Hauptgruppen: in wirbellose Tiere und Wirbeltiere. Alle Wirbeltiere haben eine Wirbelsäule (Rückgrat). Die meisten haben auch noch ein Knochenskelett. Sie besitzen ein ●Gehirn, innere Organe wie Herz und Lunge (Fische anstelle der Lunge Kiemen) sowie einen geschlossenen Blutkreislauf. Fische, ●Amphibien, ●Reptilien, Vögel (●Vogel) und Säugetiere sind Wirbeltiere.
Tiere ohne Wirbelsäule bezeichnet man als Wirbellose. Dazu zählen 97 Prozent aller Tierarten. Die am höchsten entwickelten Wirbellosen sind Gliederfüßer wie ●Insekten und ●Spinnen. Dazu gehören aber auch ●Quallen, Würmer und Weichtiere wie ●Schnecken und ●Muscheln.

⬛ Erdzeitalter

162

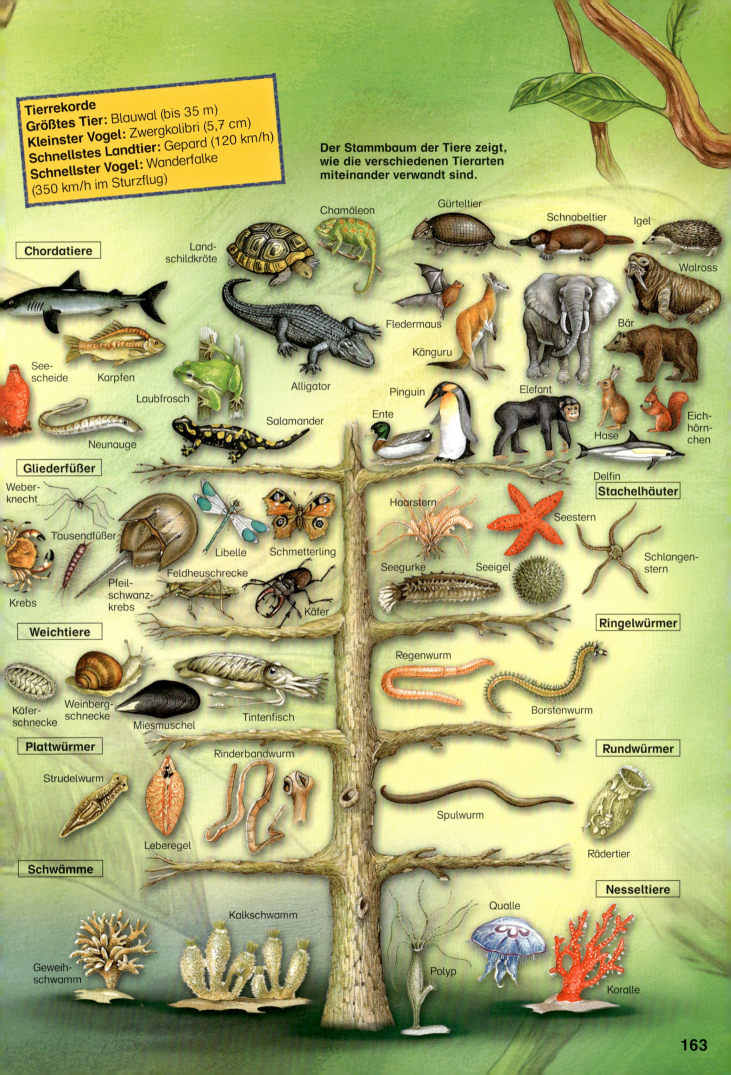

### der Tod
Jedes Leben endet mit dem Tod. Der Tod tritt ein, wenn lebenswichtige Organe wie Herz, ↪ Gehirn und Lunge ausfallen: Der ↪ Mensch ist ohne Bewusstsein, sein Herz steht still und er atmet nicht mehr. Der Körper erstarrt langsam und wird kalt.

↪ menschlicher Körper, Seele, Religion

### die Toleranz
Toleranz bedeutet, die Meinung anderer zu achten und gelten zu lassen und sie deswegen nicht auszulachen oder zu bekämpfen. Toleranz ist in unserem Grundgesetz und den ↪ Menschenrechten verankert als Gedankenfreiheit („Jeder darf denken, was er will"), Glaubensfreiheit („Jeder darf sich seine ↪ Religion selbst aussuchen") und Gewissensfreiheit („Niemand kann gezwungen werden, etwas zu tun, was er als großes Unrecht empfindet").

### die Tollwut
Tollwut ist eine lebensbedrohliche ↪ Krankheit, die ansteckend ist. Der Krankheitserreger ist ein ↪ Virus, das durch den Speichel übertragen wird. In ↪ Europa sind vor allem ↪ Hunde, Füchse und Marder von Tollwut befallen. ↪ Menschen, die von einem tollwütigen Tier gebissen werden, müssen sich impfen lassen. Bricht die Krankheit erst einmal aus, ist sie nicht mehr heilbar. Warnschilder weisen auf tollwutgefährdete Gebiete hin.

↪ Impfung

### die Träne
Tränendrüsen im ↪ Auge geben die Tränenflüssigkeit ab. Sie hält das Auge feucht, reinigt es und schützt es so vor Entzündungen. Die Tränenflüssigkeit wird über die Tränenkanäle abgeleitet. Wenn wir sehr traurig sind oder ↪ Schmerzen haben, weinen wir. Das kann auch geschehen, wenn wir heftig lachen oder uns ganz besonders freuen.

### das Transportmittel
Transportmittel sind ganz unterschiedliche Fahrzeuge, die Dinge oder Personen von einem Ort an einen anderen bringen. So gibt es z.B. ↪ Schiffe auf dem ↪ Wasser, Flugzeuge in der ↪ Luft, ↪ Eisenbahnen auf Schienen oder Lastkraftwagen und andere Fahrzeuge auf den Straßen.

↪ Luftfahrt, Verkehr

### der Traum
Träume sind Erlebnisse und Bilder, die wir während des ↪ Schlafes haben. Sie entstehen ohne unseren Willen und ohne dass wir sie lenken können. Im Schlaf erholt sich unser ↪ Gehirn und verarbeitet die Erlebnisse des ↪ Tages. Dabei mischen sich im Traum wirkliche Erlebnisse und Fantasiebilder.

### der Trickfilm
Bei einem Trickfilm wird der Film nicht fortlaufend gedreht, sondern jede Bewegung aus Einzelbildern zusammengesetzt. Dafür wird z.B. eine Puppe oder eine gezeichnete Figur von Bild zu Bild ein kleines bisschen verändert. Werden

diese Bilder dann in schneller Folge abgespielt, sieht es aus, als ob sich die Figur oder auch der Gegenstand bewegte. Die künstlich erzeugten Bewegungen nennt man auch Animationen. Für einen ganzen Film braucht man Zehntausende von Bildern. Heute werden die meisten Trickfilme am ➲ Computer erstellt.

## die Tropen

Die Gebiete auf beiden Seiten des ➲ Äquators werden Tropen genannt. Sie ziehen sich wie ein Gürtel um den Erdball. Die ➲ Sonne steht am Äquator sehr hoch. Die Sonnenstrahlen fallen beinahe senkrecht auf die ➲ Erde. Daher herrschen dort hohe ➲ Temperaturen. Nahe des Äquators regnet es fast täglich. Hier liegen auch die feuchtwarmen ➲ Regenwälder.

## der Tunnel

Ein Tunnel ist ein Verkehrsweg, der unter der ➲ Erde oder durch einen ➲ Berg hindurchführt. Tunnel gibt es für ➲ Eisenbahnen, Untergrundbahnen oder den Straßenverkehr, aber auch für Fußgänger. Der längste Straßentunnel ist der Lærdal-Tunnel in Norwegen. Er ist 24,5 km lang. Der Eurotunnel verbindet seit 1994 Frankreich und England. Er verläuft unter dem Ärmelkanal und ist 51 km lang. Er besteht aus drei Röhren: Zwei Tunnel sind für den Zugverkehr, einer für Reparatur- und Rettungsfahrzeuge. Tunnel werden aber auch für Rohre und Leitungen aller Art – z. B. Elektrokabel oder Wasserkanäle – und im Bergbau gebaut.

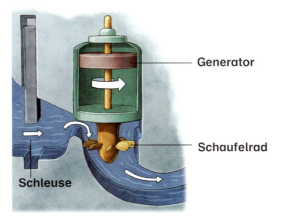

## die Turbine

Turbinen sind ➲ Maschinen, deren Schaufelräder bzw. Flügel mithilfe der Strömungskraft von ➲ Wasser, Dampf, ➲ Luft oder ➲ Gas bewegt werden. Die Drehbewegung erzeugt ➲ Energie, mit der ➲ Generatoren in Kraftwerken oder ➲ Pumpen angetrieben werden. Einfache Turbinen sind z. B. Mühlräder, die ein Mahlwerk bewegen. Mit Windrädern wird heute elektrischer ➲ Strom erzeugt.

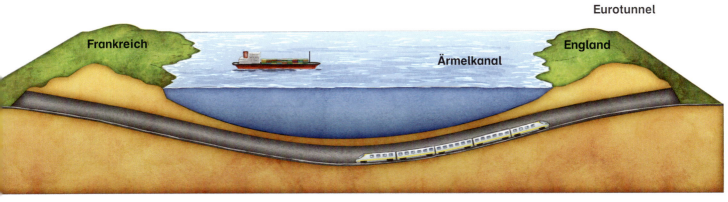

U-Boot

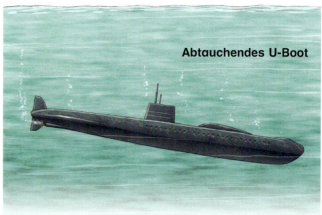
Abtauchendes U-Boot

### das U-Boot

U-Boot bedeutet Unterseeboot. Diese ᴏ Schiffe können tauchen. Dazu werden Tanks mit ᴏ Wasser gefüllt. Das U-Boot wird schwerer und sinkt. Pumpt man die Tanks leer, taucht das U-Boot wieder auf. U-Boote orientieren sich über ᴏ Radar, bei geringer Tauchtiefe mit einem Periskop. Das ist ein langes Sehrohr, das über die Wasseroberfläche ausgefahren werden kann. U-Boote werden für die Erforschung der ᴏ Meere, für Unterwasserarbeiten oder für militärische Zwecke gebraucht. Das erste U-Boot wurde vor etwa 100 ᴏ Jahren gebaut, heute gibt es Atom-U-Boote.

➡ Militär

### die Uhr

Uhren messen ᴏ Zeit und teilen ᴏ Tag und Nacht in kleinere Zeiteinheiten wie Stunden, Minuten und Sekunden ein. Erste Uhren waren die Sonnenuhren: Der Schatten eines Stabes oder eines Pendels wandert mit der ᴏ Sonne und zeigt so den Lauf des Tages an. Später erfanden die ᴏ Ägypter die Wasseruhren.

Sonnenuhr

Wasseruhr

Das waren mit ᴏ Wasser gefüllte Tongefäße, aus denen das Wasser heraustropfte. Der Wasserstand im Gefäß zeigte an, wie viel Zeit vergangen war. Die Sanduhr war eine Auslaufuhr, die man immer wieder umdrehen musste. Räderuhren hatten viele Zahnräder (ᴏ Zahnrad). Ein Gewicht trieb sie an. Um 1500 n. Chr. wurde die erste tragbare Uhr erfunden, aus der sich dann die Taschenuhren und im 19. Jahrhundert die Armbanduhren entwickelten. Um 1930 gab es elektronische Quarzuhren. Durch schwingende Quarzkristalle war die Zeitangabe sehr präzise. Die genaueste Uhr ist die

Sanduhr

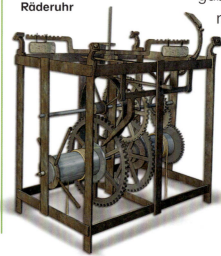
Räderuhr

Atomuhr. In ihr schwingen ◦ Atome so genau, dass sie in mehreren Millionen ◦ Jahren nur eine Sekunde abweicht. Per Funk werden Zeitsignale ausgesendet. Funkuhren stellen sich automatisch nach ihr.

**Armbanduhr**

### der Ultraschall

Unter Ultraschall versteht man Schallwellen, die für das menschliche ◦ Ohr nicht hörbar sind. Fledermäuse und ◦ Delfine orientieren sich mit Ultraschalltönen. Diese werden von Gegenständen wie ein ◦ Echo zurückgeworfen. So können die Tiere rechtzeitig einem Hindernis ausweichen oder ein Beutetier orten. Die ◦ Medizin nutzt den Ultraschall, um innere Organe zu untersuchen oder das Wachstum eines ◦ Babys im Mutterleib zu überwachen. Auf den Ultraschallbildern kann man z. B. Tumore sehen. In der Schifffahrt setzt man Ultraschall ein, um z. B. ◦ U-Boote zu orten oder Wassertiefen zu messen. Dieses Gerät heißt Sonar.

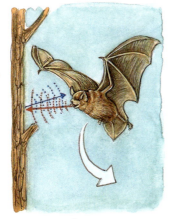

**Fledermäuse orientieren sich mit Ultraschall.**

➔ Radar, Schall

### der Umweltschutz

Die Umwelt ist der ◦ Lebensraum von ◦ Pflanzen, Tieren und ◦ Menschen. Unter Umweltschutz versteht man alle ◦ Gesetze und Maßnahmen, die verhindern, dass unsere Umwelt verschmutzt oder zerstört wird. Der Mensch hat die ◦ Natur bereits stark verändert und auch geschädigt: Für den Straßenbau werden Wälder abgeholzt, ◦ Autos und Flugzeuge verschmutzen mit ihren ◦ Abgasen die ◦ Luft, und der Einsatz von giftigen Spritzmitteln und künstlichem Dünger in der ◦ Landwirtschaft verunreinigt unser ◦ Wasser. Auslaufendes Erdöl (◦ Öl) verseucht die ◦ Meere. Die Folgen für die Umwelt sind schlimm. Viele Pflanzen- und Tierarten sind bereits ausgestorben oder vom Aussterben bedroht. Auch der Mensch leidet unter der Verschmutzung der Luft und ◦ Giften, die wir z. B. über die Nahrung aufnehmen. Der Bau von ◦ Kläranlagen, das Einrichten von Naturschutzgebieten, Autos mit ◦ Katalysatoren oder das ◦ Recycling von ◦ Müll sind noch nicht ausreichend. Jeder einzelne Mensch muss etwas für die Umwelt tun: Müll vermeiden (z. B. Einkaufsbeutel mitnehmen), sparsam mit Wasser und mit ◦ Energie umgehen, weniger mit dem Auto fahren oder ein Reiseziel aussuchen, das ohne Flugzeug zu erreichen ist. Es gibt auch Organisationen, die sich für den Umweltschutz einsetzen, so z. B. Greenpeace (gesprochen: Grienpies) oder der Bund Naturschutz, die man unterstützen kann. Aber auch weltweit muss gehandelt werden: Politiker vieler ◦ Staaten verhandeln auf Treffen über Maßnahmen zum Schutz des Klimas oder seltener Tierarten.

➔ **Geschützte Tiere und Pflanzen, Gletscher, Klima, Politik, Tierschutz**

 Was ist der Urknall?

### die Universität
An Universitäten, auch Hochschulen genannt, wird in allen Wissensbereichen geforscht und gelehrt. Wer die ⇨Schule mit dem Abitur abgeschlossen hat, kann an einer Universität studieren. Neben Fächern wie z. B. ⇨Mathematik, Englisch, ⇨Geschichte oder den ⇨Naturwissenschaften kann man an der Universität auch ⇨Medizin studieren, um Arzt zu werden. Wer z. B. ⇨Richter werden möchte, wählt das Fach Jura, die Lehre vom ⇨Recht und den ⇨Gesetzen. Auch Lehrer werden an der Universität ausgebildet. Am Ende des Studiums legt man wieder eine Prüfung ab. Universitäten gibt es schon seit dem ⇨Mittelalter.

### das Unkraut
⇨Pflanzen, die wild auf Feldern, Gemüse- und Blumenbeeten wachsen, nennt man Unkraut. Meist vermehren sie sich rasch und nehmen den Nutzpflanzen – wie z. B. ⇨Kartoffeln, ⇨Getreide und ⇨Gemüse – Boden, ⇨Licht, ⇨Wasser und Nährstoffe weg. Gärtner und Bauern sind also nicht erfreut über diese Pflanzen, zu denen z. B. Löwenzahn, Spitzwegerich oder Disteln zählen. Wachsen sie hingegen auf ⇨Wiesen und anderen freien Flächen, stören sie uns wenig. Sie sind Futter für viele Tiere und werden sogar als ⇨Heilpflanzen in der ⇨Medizin verwendet. Deshalb nennen manche sie auch lieber Wildkräuter.

Auf Feldern verspritzen Bauern häufig Unkrautvernichtungsmittel. Diese chemischen Mittel töten jedoch auch nützliche ⇨Insekten und verunreinigen unser Trinkwasser.

⇨ **Bauernhof, Landwirtschaft, Umweltschutz**

### das Uran
Uran ist ein silbrig glänzendes ⇨Metall, das in der ⇨Natur in bestimmten ⇨Gesteinen vorkommt. Uran gibt Strahlen ab, die beim Zerfall seiner ⇨Atome entstehen. Diese radioaktiven Strahlen sind gefährlich, weil sie ⇨Zellen im Körper zerstören oder verändern. Der Zerfallsprozess setzt aber auch sehr viel ⇨Energie frei, die man in Atomkraftwerken nutzt. Uran wird auch in Atombomben und Kernwaffen verwendet, die eine furchtbar zerstörerische Kraft haben.

⇨ **Krieg, menschlicher Körper, Radioaktivität**

### der Urknall
Astronomen, also Wissenschaftler, die das ⇨All erforschen, vermuten, dass unser Weltall durch eine gewaltige ⇨Explosion entstand. Dieser Urknall geschah wohl vor etwa 15 Milliarden ⇨Jahren. Es bildeten sich dabei heiße ⇨Gase und Staubwolken, die langsam abkühlten und sich zu ⇨Gesteinen verdichteten.

**Urknall** So entstanden die Himmelskörper und auch unser Sonnensystem.

## das Vakuum

Ein Vakuum ist ein abgeschlossener Raum, der völlig leer ist – er enthält nicht einmal ↪ Luft. Auf der ↪ Erde gibt es allerdings kein absolutes Vakuum, weil immer ein wenig Luft zurückbleibt. ↪ Lebensmittel wie ↪ Käse, Erdnüsse oder Kaffeebohnen werden vakuumverpackt, damit sie länger halten. Denn ohne Luft altern Nahrungsmittel nicht so schnell.

Vanille

## die Vanille

Vanille ist der ↪ Name einer tropischen Orchidee mit schotenartigen Früchten (↪ Frucht). Diese Früchte werden vor der Reife geerntet. Aber erst nach einer aufwendigen Behandlung verwandelt sich der Milchsaft in den Schoten in eine schwarzbraune Masse mit dem typischen Aroma: dem Vanillin. Als ↪ Gewürz wird Vanillin in vielen Süßspeisen verwendet.

## der Vegetarier

Vegetarier sind ↪ Menschen, die sich nur pflanzlich ernähren. Sie essen kein Fleisch, Geflügel oder ↪ Fisch. Vegetarier, die auch auf ↪ Eier, ↪ Milch und alle Milchprodukte verzichten, nennt man Veganer.

## das Ventil

Ventile werden überall da eingebaut, wo ↪ Gase oder Flüssigkeiten nicht unkontrolliert strömen sollen. So sorgt das Fahrradventil dafür, dass man ↪ Luft in den Reifen pumpen kann, ohne dass sie

Fahrradpumpe

Fahrradventil

gleich wieder herausströmt, sobald man die ↪ Pumpe absetzt: Eine kleine Kugel im Rückschlagventil wird von der Luft im Reifen gegen die Öffnung gedrückt und dichtet sie ab. Mit Ventilen kann man aber auch regeln, wie schnell bzw. wie viel Gas oder Flüssigkeit strömen sollen. Ventile in Rohrleitungen und im Wasserhahn dosieren, wie viel ↪ Wasser wann fließt. Im Automotor steuert ein Ventil die Zufuhr des Benzin-Luft-Gemisches und auch bei Taucherflaschen regelt ein Ventil das Ausströmen der Luft.

➔ Auto, Fahrrad, Motor

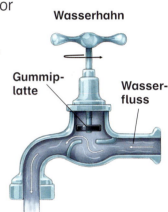

Wasserhahn

Gummilatte

Wasserfluss

## das Verb

Verben sind Wörter (↪ Wort), die beschreiben, was jemand tut oder was passiert (z. B. lesen, hüpfen, regnen). Sie werden deshalb auch Tunwörter genannt. Verben können in der Grundform oder in der Personalform stehen (z. B. Grundform: laufen, Personalformen: ich laufe, du läufst, er läuft, wir laufen, ihr lauft, sie laufen). Verben nennt man auch Zeitwörter, weil die verschiedenen Zeitformen des Verbs uns zeigen, ob etwas jetzt geschieht (Gegenwart/Präsens), schon vorbei ist (Vergangenheit/Präteritum) oder noch passieren wird (Zukunft/Futur). So heißt es z. B. entweder „ich lese", „ich las" oder „ich werde lesen".

➔ Grammatik, Wortarten

169

### die Verdauung

Wir verdauen die Nahrung, die wir zu uns nehmen, damit der Körper die darin enthaltenen Nährstoffe aufnehmen kann. Bei der Verdauung arbeiten viele Organe mit: Zunächst wird die Nahrung im Mund von den Zähnen (→ Zahn) zerkleinert und mit Speichel gemischt. Beim Schlucken gelangt sie durch die Speiseröhre in den Magen. Er kann bis zu 2 l Nahrung und Flüssigkeiten aufnehmen. Der Nahrungsbrei wird mit Magensaft durchtränkt und mithilfe der Magenmuskeln gut durchmischt. Schließlich gibt der Magen ihn an den Dünndarm ab. Gallenflüssigkeit aus der Gallenblase bewirkt, dass Nährstoffe über die Darmwände in das Blut gelangen können. Es transportiert die Nährstoffe zu allen → Zellen des Körpers. Die Nahrung, die vom Körper nicht genutzt wird, wandert in den Dickdarm und wird schließlich als Kot ausgeschieden.

→ menschlicher Körper

### die Vereinten Nationen

Das Zeichen der Vereinten Nationen

Die Vereinten Nationen, (abgekürzt UN bzw. UNO vom englischen Namen „United Nations (Organization)" (gesprochen: Juneitit Näjschens Organisäjschen), wurden 1945 gegründet. Der UN gehören fast alle → Staaten der Welt an. Ihr Ziel ist es, weltweit den → Frieden zu sichern und die → Menschenrechte zu schützen. So versucht die UN z. B. zwischen verfeindeten Staaten zu vermitteln. In Krisenregionen entsenden die Mitgliedsländer auch Friedenstruppen zum Schutz der → Menschen. Die UNO hat ihren Sitz in New York.

### die Vererbung

Ob ein → Baby ein Junge oder ein Mädchen wird und ob es mehr dem Vater oder der Mutter ähnelt, bestimmen die Gene der Eltern. Gene werden bei der Fortpflanzung an die Nachkommen weitergegeben, das heißt vererbt. Sie tragen alle Eigenschaften und Merkmale eines Lebewesens – nicht nur bei → Menschen, sondern auch bei Tieren und → Pflanzen. Gene sind in jedem → Haar, jeder Hautzelle, im Speichel und in jeder Eizelle und den Spermien enthalten. Wenn bei der → Befruchtung die → Zellen von Mutter und Vater verschmelzen, werden die Anlagen von

*Speicheldrüse, Zähne, Speiseröhre, Speicheldrüsen, Leber, Magen, Gallenblase, Dickdarm, Dünndarm*

 Warum braucht man Verkehrsschilder?

beiden Eltern weitergegeben: die blonden Haare der Mutter und die schwarzen des Vaters. Es kommen aber nicht alle Merkmale zum Vorschein. Die Zusammensetzung der Gene ist bei jedem Menschen einmalig – nur bei eineiigen ⊃ Zwillingen ist sie gleich. Deshalb kann man genau feststellen, von welchem Menschen ein Haar oder Speichelrest stammt. Seit 1986 konnten viele Verbrecher durch ihren „genetischen Fingerabdruck" überführt werden. Die Wissenschaft von der Vererbung wird Genetik genannt. In der Genetik wurde in den letzten Jahrzehnten viel geforscht – so können heute z. B. einzelne Gene künstlich auf andere Lebewesen übertragen werden. Genetische Eingriffe und Veränderungen sind aber umstritten.

⇒ Ei

### die Verhütung

Wenn ein ⊃ Mann und eine ⊃ Frau beim Geschlechtsverkehr kein Kind zeugen möchten, können sie verhüten. Es gibt viele verschiedene Verhütungsmethoden. Häufig benutzt der Mann ein ⊃ Kondom. Das ist eine Art Gummikappe, die er über seinen Penis zieht, sodass die Spermien nicht in den Körper der Frau gelangen können. Frauen können die Pille einnehmen. Dieses ⊃ Medikament verhindert, dass die Eizelle heranreift.

⇒ Befruchtung, Ei, Schwangerschaft, Sexualität, Zelle

### der Verkehr

Unter Verkehr versteht man alles, was sich von einem Ort zum anderen fortbewegt – sei es an Land auf Straßen und Schienen, auf und im ⊃ Wasser und in der ⊃ Luft. Zu den Verkehrsmitteln zählen ganz verschiedene Fahrzeuge wie ⊃ Fahrräder, ⊃ Autos, Busse, Züge, Straßenbahnen, ⊃ Schiffe, Flugzeuge usw. Verkehrsteilnehmer sind nicht nur ⊃ Menschen in und auf Fahrzeugen (wie Radfahrer), sondern auch Fußgänger. Der Verkehr hat sich im Laufe der Jahrhunderte verändert: Nutzte man früher vor allem Lasttiere, Handkarren und Kutschen, die sich nur langsam fortbewegten, so überwinden moderne Verkehrsmittel in kurzer ⊃ Zeit weite Entfernungen. Dadurch können Menschen nicht nur leichter andere Länder bereisen, auch Waren und Nahrungsmittel gelangen so schnell in alle Welt.

⇒ Luftfahrt

Verkehrsberuhigte Zone

### das Verkehrszeichen

Verkehrsschilder regeln den Straßenverkehr und machen ihn sicherer. Sie geben klare Verhaltensanweisungen und gelten für alle Verkehrsteilnehmer wie Fußgänger, Radfahrer, Motorradfahrer oder Autofahrer. Man unterscheidet Gebots- (z. B. Fußgängerweg) und Verbotsschilder (z. B. Einfahrt verboten) sowie Warnzeichen (Vorfahrt beachten) und Hinweisschilder (z. B. Autobahn). Auch Ampeln und die Handzeichen von Polizisten gelten als Verkehrszeichen.

Vorfahrt achten

Stoppschild

Fußgängerzone

Vorfahrt

### der Vers
**1.** Als Vers bezeichnet man eine Zeile eines ▸Gedichtes. Jeder Vers hat einen Rhythmus, bei dem sich betonte und unbetonte Silben abwechseln. Die Wörter (▸Wort) am Ende zweier Verse bilden oft einen ▸Reim.
**2.** Manchmal wird der Begriff Vers für einen ganzen Abschnitt eines Gedichtes verwendet. Solche Abschnitte heißen jedoch Strophen.

Stammbaum

Großvater  Großmutter

Vater  Mutter  Onkel  Tante

Bruder  Schwester  Cousine  Cousin
Schwester

### der Vertrag
Ein Vertrag ist eine Abmachung zwischen zwei oder mehr Vertragspartnern. Das können ▸Menschen, Organisationen oder ▸Staaten sein. Im Vertrag wird festgehalten, welche ▸Rechte und Pflichten die Vertragspartner jeweils haben. Bei einem Kaufvertrag z. B. verpflichtet sich der Verkäufer, eine Ware zu liefern, und der Käufer verpflichtet sich, diese Ware anzunehmen und zu bezahlen. Hält sich ein Vertragspartner nicht an die Abmachung, kann er vor ▸Gericht gestellt werden. Ein Vertrag wird meist schriftlich abgeschlossen.

### die Verwandten
Verwandte sind alle Mitglieder einer ▸Familie. Dazu gehören z. B. Eltern und Kinder, Geschwister, Großeltern und Enkel, Onkel und Tanten, Nichten und Neffen, Cousinen und Cousins. Die Familie des Ehepartners ist die Schwiegerfamilie. In einem Stammbaum wird dargestellt, wie die Mitglieder einer Familie miteinander verwandt sind.

### Virtuell
Virtuell ist eine Bezeichnung für etwas, das nicht wirklich vorhanden ist. Der Cyberspace (gesprochen: Seiberspäjs) ist so eine virtuelle Welt. Sie wird von einem ▸Computer erschaffen. Ihre Bilder bestehen nur aus elektronischen Daten.

### das Virus
**1.** Viren sind Krankheitserreger, die Infektionskrankheiten wie Erkältungen und Grippe, aber auch Masern, Röteln oder Kinderlähmung auslösen. Sie werden z. B. über die ▸Luft oder den Speichel übertragen. Das Virus befällt eine ▸Zelle. Sie wird krank. Viren breiten sich sehr schnell im Körper aus. Gegen Viren kann man wenig machen: Der Körper selbst muss bei einer Ansteckung Abwehrkräfte entwickeln, um die Viren abzutöten. Nur ▸Impfungen bieten teilweise einen vorbeugenden Schutz vor Viruserkrankungen. Neben ▸Menschen können auch Tiere und ▸Pflanzen von Viren befallen werden.

**2.** Computerviren gelangen über Disketten oder E-Mails in den ⮕Computer. Dort können sie große Schäden anrichten. So kann z.B. die Festplatte mit allen Daten gelöscht werden. Weil sie sich sehr schnell in dem befallenen Computer ausbreiten, wurden sie nach den Viren benannt.

⮕ Bakterien, Immunsystem, Krankheit, menschlicher Körper

## der Vogel

Vögel sind die einzigen Tiere, die ⮕Federn tragen. Sie haben einen kräftigen Schnabel, Krallen und Flügel, mit denen die meisten Vögel fliegen können. An der Form des Schnabels kann man erkennen, wovon sich ein Vogel ernährt. Greifvögel (z.B. Mäusebussard, Steinadler) besitzen einen besonders kräftigen, gekrümmten Hakenschnabel und spitze Krallen, um kleine Tiere erbeuten zu können. Körnerfresser wie der Buchfink haben einen kurzen, breiten Schnabel. Mit einem spitzen Schnabel picken Insektenfresser wie die Meisen ⮕Insekten auf. Watvögel wie der Austernfischer stochern mit ihren langen, spitzen Schnäbeln im Schlamm und Sand nach Nahrung. Vögel legen ⮕Eier in meist selbstgebaute Nester. Mit ihrer Körperwärme brüten sie die Eier aus. Junge, die noch von den Eltern gefüttert werden, nennt man Nesthocker. Kleine ⮕Enten können dagegen sofort schwimmen und ihre Nahrung selbst suchen. Man nennt sie deshalb Nestflüchter. Im Winter fliegen ⮕Zugvögel wie die Schwalben in wärmere Gegenden. Standvögel, wie die Amsel oder der Sperling, verbringen die kalten Wintermonate in ihrer ⮕Heimat. Es gibt auch flugunfähige Vögel: Laufvögel wie der Strauß können besonders schnell rennen und Pinguine gut schwimmen. Es gibt etwa 9000 Vogelarten. Der größte Vogel ist der Afrikanische Strauß, der etwa 150 kg schwer ist. Manche Kolibris dagegen wiegen nur 2 g. Der Urvogel Archaeopteryx lebte vor etwa 150 Millionen ⮕Jahren und entwickelte sich vermutlich aus einem ⮕Saurier.

⮕ Tierreich

173

## das Volk

Ein Volk ist eine Menschengruppe, deren Mitglieder sich durch eine gemeinsame ◦ Geschichte, meist auch gemeinsame ◦ Sprache und zum Teil auch ◦ Religion miteinander verbunden fühlen. Häufig bildet ein Volk zugleich auch einen ◦ Staat, z. B. das deutsche Volk und der Staat ◦ Deutschland. Manche Völker bilden keinen eigenen Staat, so wie die ◦ Indianer in ◦ Nord- und ◦ Südamerika. Statt Volk wird auch der Begriff „Nation" verwendet.

## das Vorurteil

Vorurteile sind Meinungen, die man meist von anderen übernimmt, ohne vorher zu überprüfen, ob sie stimmen. Häufig spielen Gefühle wie Neid, Angst oder Wut dabei eine Rolle. Vorurteile sind z.B.: Türken sind dumm, Männer (◦ Mann) können nicht kochen oder alle ◦ Asylanten sind faul. Vorurteile können zu ◦ Diskriminierungen und ◦ Rassismus führen.

## der Vulkan

Vulkane entstehen, wenn flüssiges ◦ Gestein (Magma) aus dem Inneren der ◦ Erde aufsteigt. Tritt das rot glühende Magma durch Spalten und Schlote an die Erdoberfläche, nennt man es Lava. Dabei werden ◦ Gase frei, die zu teils heftigen ◦ Explosionen (Eruption) führen. Gesteinsbrocken werden herumgeschleudert, riesige Aschewolken können sich bilden. Ein Lavastrom kann mit einer ◦ Geschwindigkeit von mehreren Metern in der Sekunde Abhänge hinunterfließen. Die hohen ◦ Temperaturen von bis zu 1200 °C richten große Verwüstungen an. Die Lava kühlt allmählich ab und erstarrt zu ◦ Stein. Die breite Öffnung eines Vulkanschlotes nennt man Krater. Es gibt erloschene Vulkane mit Kraterseen. Einige Vulkane ruhen viele ◦ Jahre, bevor sie wieder aktiv werden. Manche Ausbrüche haben verheerende Folgen: So wurde die italienische ◦ Stadt Pompeji 79 n. Chr. unter der Vulkanasche des Vesuvs begraben. Erst im 18. Jahrhundert wurde die Stadt wieder ausgegraben und kann heute besichtigt werden. Die meisten Vulkane brechen aber unbeobachtet im ◦ Meer aus. In der Nähe von Vulkanen kommt es häufig zu ◦ Erdbeben.

Wie nennt man jemanden, der sich zu einer Wahl aufstellen lässt?

### die Waage

Waagen zeigen an, wie schwer oder leicht Gegenstände oder ein ● Mensch sind. Sie wiegen ihr Gewicht. Eine Balkenwaage hat zwei Arme: Auf einer Waagschale liegt die Last, die man wiegen möchte. Auf die andere Schale legt man nun Gewichte, bis der Balken waagerecht steht. Die beiden Schalen sind nun im Gleichgewicht und man kann an den Gewichten ablesen, wie viel die Last wiegt. Bei einer Federwaage hängt die Last an einer Stahlfeder. Sie misst das Gewicht der Last anhand der Kraft, die auf die ● Feder wirkt. Heute werden anstelle der mechanischen meist elektronische Waagen benutzt. Wenn jemand sagt, dass zwei Dinge sich die Waage halten, dann meint er damit, dass sie ungefähr gleich sind.

➡ Größen und Maßeinheiten

Balken
Balkenwaage
Waagschale
Gewichte

### das Wachs

Wachs kennen wir vor allem von ● Kerzen. Es ist ein milchig trüber Stoff, der Fett sehr ähnlich ist. Wachs wird bei etwa 40 °C flüssig. Kneten und formen kann man es bei etwa 20 °C. Wachs gibt es in der ● Natur als pflanzliches Wachs von ● Palmen und Zuckerrohr oder als tierisches Wachs von ● Bienen oder Schafwolle. Heute wird Wachs meist künstlich aus Erdöl (● Öl) gewonnen. Außer in Kerzen findet man Wachs z. B. in Putzmitteln, Salben, Lippenstiften oder Farbstiften.

### die Wahl

Stimmzettel

Bei einer Wahl entscheiden die Wähler, welche Person eine bestimmte Aufgabe oder ein Amt übernehmen soll. Zum Beispiel wählen die Kinder einer Klasse einen Klassensprecher, die Mitglieder des Fußballvereins den Vorstand, die Bewohner einer ● Stadt den Stadtrat und die Bürger eines ● Staates Abgeordnete für das Parlament. Die ● Menschen, die sich wählen lassen, nennt man Kandidaten. In ● Deutschland und der ● Schweiz muss ein Wähler 18 ● Jahre alt sein, in ● Österreich 19 Jahre. Die Wähler kreuzen auf dem Wahlzettel den Kandidaten und die Partei ihrer Wahl an. Die Stimmabgabe geschieht meist in einem Wahllokal. Gewonnen haben die Kandidaten oder Parteien mit den meisten Stimmen. Man sagt auch, sie haben die Mehrheit. Sie übernehmen das Amt für einen genau festgelegten Zeitraum. Nach Ablauf der Amtszeit findet eine neue Wahl statt. In ● Demokratien müssen Wahlen frei und geheim sein. „Frei" bedeutet, dass jeder selbst entscheiden darf, wen er wählen möchte. Und „geheim" heißt, dass man unbeobachtet wählen darf. In manchen Ländern dürfen Wähler nur bestimmte Kandidaten wählen.

➡ Diktatur, Politik

### der/die Waise

Waisen sind Kinder, die keine Eltern mehr haben. Man nennt sie auch Vollwaisen. Halbwaisen haben nur noch einen Elternteil. Verwaiste Kinder erhalten einen Vormund. Der trifft alle wichtigen Entscheidungen, bis die Waisen 18 ⊙ Jahre alt und damit volljährig sind. Er wird vom ⊙ Gericht bestimmt. Früher kamen viele Waisen in ein Waisenhaus. Manche wachsen bei ⊙ Verwandten oder in Pflegefamilien auf oder werden adoptiert.

⇒ Adoption

Blauwal
Blasloch

### der Wal

Wale sind im ⊙ Meer lebende ⊙ Säugetiere. Sie gebären ihre Jungen im ⊙ Wasser und säugen sie mit Muttermilch. Wale atmen – im Gegensatz zu ⊙ Fischen – mit Lungen und müssen daher immer wieder auftauchen, um ⊙ Luft zu holen. Die verbrauchte Atemluft wird durch ein Blasloch ausgestoßen und ist als Fontäne sichtbar. Man sagt dann: Der Wal bläst. Wale haben unter ihrer Haut eine bis zu einem halben Meter dicke Speckschicht (Blubber), die sie warm hält. Es gibt Zahnwale und Bartenwale. Zahnwale besitzen Zähne (⊙ Zahn). Sie jagen vorwiegend Fische und Tintenfische. Zur Gruppe der Zahnwale zählen z. B. Pottwale und ⊙ Delfine wie der Orca. Bei Bartenwalen hängen anstelle der Zähne vom Oberkiefer Hornplatten herab, die sogenannten Barten. Beim Grönlandwal können sie 4 m lang werden. Mit halb geöffnetem Maul nehmen Bartenwale Wasser auf und lassen es durch ihre Barten wieder ausströmen. Wie in einem Sieb bleibt dabei ihre Nahrung, das ⊙ Plankton, hängen. Der Blauwal ist ein Bartenwal und das größte Säugetier der Welt. Er kann über 150 t wiegen und 30 m lang werden. Durch den Walfang sind viele Walarten vom Aussterben bedroht. Die Speckschicht und andere Körperteile der Wale lassen sich nämlich zu wertvollen Waren verarbeiten. Viele Länder halten sich nicht an die Walfangbestimmungen.

⇒ Geschützte Tiere und Pflanzen

### das Wappen

Wappen sind farbige Abzeichen, an denen man eine Person, eine ⊙ Familie, eine politische oder kirchliche Gemeinschaft oder ein Land erkennen kann. Wappen stammen ursprünglich aus dem ⊙ Mittelalter. Damals konnte man die Ritter in ihren Rüstungen nicht erkennen. Beim Kampf war es deshalb schwierig, Freund und Feind zu unterscheiden. Die Ritter trugen darum als Erkennungszeichen das Wappen ihrer Familie auf dem Schild. Heute noch haben die meisten Wappen die Form eines Schildes. Wappen wurden von ⊙ Generation zu Generation weitergegeben. Die Wappen vieler ⊙ Staaten

Niedersachsen

Saarland

Hessen

und Länder ähneln den Wappen früherer Herrscher. Staatswappen findet man z. B. an den ⊙ Grenzen und an den Uniformen des ⊙ Militärs. Auch Städte (⊙ Stadt) und Gemeinden haben eigene Wappen.

## das Wasser
➔ Seite 178

## das Watt
An flachen ⊙ Küsten ist der Meeresboden nur bei Flut von ⊙ Wasser bedeckt. Bei ⊙ Ebbe dagegen ist er fast wasserfrei. Diesen Bereich nennt man Watt. Der schlammige Boden des Watts besteht aus Sand und Schlick. Durchzogen wird das Watt von Prielen. Dies sind flussähnliche Vertiefungen. Im Watt leben zahlreiche Würmer, ⊙ Muscheln, ⊙ Schnecken und Krebse. Sie sind Nahrung für Watt- und Seevögel. Die deutschen Wattgebiete an der Nordseeküste sind bis zu 30 km breit und stehen unter Naturschutz.

➔ Ebbe und Flut, Vogel

## die Weltkriege
Weltkriege sind ⊙ Kriege, an denen viele Länder der ⊙ Erde beteiligt sind. Die größten Kriege des 20. Jahrhunderts waren der Erste Weltkrieg (1914–1918) und der Zweite Weltkrieg (1939–1945). Beide Kriege wurden von ⊙ Deutschland ausgelöst. Deutschland und die mit ihm verbündeten Länder verloren beide Kriege. Im Zweiten Weltkrieg starben Millionen von ⊙ Menschen. Viele Leute wurden aus ihrer ⊙ Heimat vertrieben oder mussten flüchten. Noch viele ⊙ Jahre nach Kriegsende litten die Menschen an den Folgen dieses Krieges. Nach dem Zweiten Weltkrieg wurden die ⊙ Vereinten Nationen gegründet, deren Ziel es ist, weitere Kriege zu verhindern.

➔ Nationalsozialismus

Silbermöwe, Wattenmeer, Brandganspaar, Kegelrobben, Wattschnecken, Miesmuscheln, Austernfischer, Qualle, Seestern, Ringelwurm

# das Wasser

**Unter 0 °C gefriert Wasser zu Eis. Über 100 °C kocht Wasser und verdampft.**

## Der Kreislauf des Wassers

Fast drei Viertel der ➔ Erde sind von Wasser bedeckt. Die größten Wasserflächen bilden die ➔ Meere bzw. ➔ Ozeane. Dazu kommt das Süßwasser aus Flüssen (➔ Fluss), Seen, Bächen usw. Das Wasser, das als ➔ Regen oder ➔ Schnee vom ➔ Himmel fällt, ist Teil eines ununterbrochenen Kreislaufs, der im Meer beginnt und endet. Jeder Tropfen Wasser, den wir verbrauchen, kommt aus dem Meer und gelangt auf einem langen Weg dorthin zurück.

## Der Weg des Wassers

Die ➔ Sonne erwärmt die Erde. Das Wasser an der Oberfläche von Flüssen, Seen und Meeren verdunstet. Es steigt als unsichtbarer Wasserdampf auf. Je höher die ➔ Luft steigt, desto kühler wird sie. Aus dem Wasserdampf bilden sich jetzt kleine Wassertröpfchen. Diesen Vorgang nennt man Kondensation. Die Wassertröpfchen verdichten sich und bilden ➔ Wolken. Mit dem ➔ Wind ziehen sie über die Meere. Ein Teil der Wolken erreicht die Landmassen der ➔ Kontinente. Werden die Wassertropfen in den Wolken zu schwer, fallen sie als Regen, Hagel oder Schnee zur Erde. Diese ➔ Niederschläge gelangen in die ➔ Gewässer oder versickern im Erdboden. Unter der Erde sammelt sich das Grundwasser. In ➔ Quellen kommt es wieder an die Erdoberfläche, fließt in Bäche, Flüsse und Seen und zurück zum Meer. Der Wasserkreislauf beginnt von Neuem.

## Wasser ist Leben

➔ Menschen, Tiere und ➔ Pflanzen brauchen Wasser. Der Großteil des Wassers auf der Erde ist Salzwasser. Zum Leben

Aus dem Wasserdampf bilden sich Wassertröpfchen. Sie ballen sich zu Wolken zusammen.

Wasser verdunstet und steigt als Wasserdampf auf.

benötigen wir Süßwasser, das aber nur einen kleinen Teil des Wasservorkommens ausmacht. Nicht überall auf der Welt gibt es genügend Süßwasser. In sehr heißen Gebieten, wie z. B. in ⮕ Afrika, regnet es nur ganz selten. Deshalb wachsen dort kaum Pflanzen. Wasser muss von weit entfernt liegenden Brunnen geholt werden. Wasser ist unser kostbarstes ⮕ Lebensmittel. Wir müssen es schützen und sorgsam damit umgehen.

**Trinkwasser ist wertvoll**
Früher wurden Abwässer, also gebrauchtes und verschmutztes Wasser aus Haushalten und Fabriken, ungefiltert in die Flüsse geleitet und gelangten so ins Meer. Das führte zu verheerenden Umweltschäden. Heute wird Schmutzwasser in ⮕ Kläranlagen gereinigt. Um Wasser sauber zu halten, werden an Trinkwasserquellen und an Flüssen Wasserschutzgebiete errichtet. Bauern dürfen dort keine Pflanzenschutzgifte oder künstlichen Dünger ausbringen. In ⮕ Europa verbraucht jeder Mensch täglich etwa 130 l Wasser. Jeder sollte versuchen, sparsam mit Wasser umzugehen. Viele Toiletten haben heute eine Stopptaste, die verhindert, dass beim Spülen der ganze Wasserkasten leerläuft. Eine volle Badewanne verbraucht etwa 200 l Wasser, ein Duschbad dagegen nur etwa 60 l.

⮕ **Umweltschutz**

**Trinkwasser im Kreislauf**
Im Wasserwerk wird aus dem Tiefbrunnen (1) Grundwasser nach oben gepumpt (2). Es ist nicht als Trinkwasser geeignet, denn es enthält Schadstoffe aus der ⮕ Industrie oder der ⮕ Landwirtschaft. Deshalb wird es gefiltert und gereinigt. Damit keine Krankheitserreger im Wasser bleiben, wird es entkeimt. Erst dann kann das Trinkwasser aus dem Vorratsbehälter (3) durch Rohre (4) in die Häuser fließen. Abwasser gelangt über Rohre in die Kläranlage. Dort wird es gereinigt. Nach dem Durchlaufen der Kläranlage wird das Wasser wieder in einen Fluss eingeleitet (5).

Die Wassertröpfchen in den Wolken werden immer schwerer und größer. Sie fallen als Regen herab.

Wasserwerk

Kläranlage

Grundwasser

### die Weltwunder

Pyramiden

Hängende Gärten von Babylon

Artemistempel

Zeusstatue

Die sieben Weltwunder sind besonders beeindruckende ⮕Bauwerke, die bereits im Altertum berühmt waren. Bis heute erhalten geblieben sind nur die ⮕Pyramiden von Giseh. Alle anderen wurden im Laufe der ⮕Zeit zerstört. Die Hängenden Gärten der ⮕Königin Semiramis in Babylon waren eine terrassenförmige Gartenanlage mit einem Bewässerungssystem. Der Artemistempel in Ephesos, in der heutigen Türkei gelegen, war damals einer der größten Tempel der Welt.

Mausoleum in Halikarnassos

Die 12 m hohe Statue des Gottes Zeus in Olympia bestand aus Elfenbein und Gold. Das Mausoleum in Halikarnassos wurde als Grabmal für den persischen König Mausolos erbaut. Der Koloss von Rhodos war eine 35 m hohe Statue, durch deren Beine die ⮕Schiffe in den ⮕Hafen von Rhodos einfuhren. Der Leuchtturm von Pharus wurde auf einer Insel vor der ⮕Stadt Alexandria erbaut.

➡ Ägypten, Geschichte

Koloss von Rhodos

Leuchtturm von Pharus

### die Werbung

Werbung soll die ⮕Menschen davon überzeugen, eine bestimmte Ware einer bestimmten Firma zu kaufen. Geworben wird vor allem über die ⮕Medien. Es gibt Sendungen mit einprägsamen Sprüchen im Fernsehen und im Radio. Zeitungen und Zeitschriften drucken Werbeanzeigen. Auch Plakate, Prospekte oder Schaufensterdekorationen sind Werbung. Firmen, die sich Werbung ausdenken und gestalten, sind Werbeagenturen.

Satellitenaufnahme eines Hurrikans

### das Wetter

Das Wetter spielt sich in der Lufthülle der ⮕Erde, der ⮕Atmosphäre, ab. Wettererscheinungen sind z.B. ⮕Wind, ⮕Wolken, ⮕Regen, ⮕Schnee, ⮕Nebel, ⮕Gewitter oder Wärme und Kälte. Die ⮕Sonne erwärmt die Oberfläche der Erde und mit ihr die ⮕Luft. Warme Luft steigt auf

Was machen Meteorologen?

und kühlere Luft strömt nach. Es entstehen Luftströmungen, die Winde. Sie bringen Luftfeuchtigkeit oder Kälte mit sich. Durch die Sonnenwärme verdunstet das ↪ Wasser aus ↪ Meeren und Seen und es bilden sich Wolken. Aus diesen Wolken fallen Niederschläge (↪ Niederschlag) auf die Erde. Luft wiederum hat ein Gewicht, das auf die Erde „drückt". Dieser Luftdruck wird mit einem ↪ Barometer gemessen. Bei Hochdruck, d.h. starkem Druck, scheint eher die Sonne, bei Tiefdruck regnet es meist. Weltweit beobachten und messen Forscher das Wetter. Sie heißen Meteorologen. Ihre Messgeräte befinden sich in Wetterstationen, Wetterballons und Wettersatelliten. Mithilfe der Messdaten und Bilder von Wolkenformen erstellen Meteorologen Wettervorhersagen. Diese werden auf Wetterkarten dargestellt.

⇾ Satelliten

## die Wiedervereinigung

Über 40 ↪ Jahre lang gab es zwei deutsche ↪ Staaten: die Bundesrepublik ↪ Deutschland (BRD) im Westen und die Deutsche Demokratische Republik (DDR) im Osten. 1990 vereinigten sie sich zu einem Staat. Nach dem Zweiten ↪ Weltkrieg wurde Deutschland von den Siegern besetzt: Im Westen waren die Amerikaner (USA), Briten und Franzosen, im Osten die Russen. Die ↪ Stadt Berlin, die mitten im Osten Deutschlands liegt, wurde geteilt: in Ost- (Russland) und Westberlin (USA, England, Frankreich). 1961 wurde Berlin durch eine Mauer geteilt. Eine streng bewachte ↪ Grenze durchzog ganz Deutschland. Die ↪ Menschen in der DDR waren in ihren ↪ Freiheiten stark eingeschränkt – sie konnten z.B. nicht in den Westen reisen und ihre Meinung nicht frei sagen. Schritte der Annäherung gab es zwischen den beiden deutschen Staaten immer wieder, aber der wirkliche Aufbruch geschah erst durch Michail Gorbatschow, der 1985 sowjetischer Präsident wurde: Seine ↪ Politik ermutigte die Menschen in der DDR, offen ihre Regierung zu kritisieren. 1989 kam es zu ↪ Demonstrationen in der DDR. Die Menschen verlangten mehr ↪ Rechte und Freiheit. Dieser Druck führte am 9. November 1989 zur Öffnung der Berliner Mauer und der Grenzen zwischen den beiden deutschen Staaten. Die Wiedervereinigung der beiden deutschen Staaten fand am 3. Oktober 1990 statt. Dieser „Tag der Deutschen Einheit" ist heute der deutsche Nationalfeiertag.

⇾ Diktatur, Feiertag

Demonstration vor dem Brandenburger Tor in Berlin

### die Wiese

Auf einer Wiese wachsen verschiedene Gräser, Kleearten, ↪ Kräuter und ↪ Blumen. Sie ist ↪ Lebensraum für zahlreiche Tiere wie z. B. ↪ Bienen, ↪ Spinnen, Käfer, ↪ Schmetterlinge, Feldmaus, ↪ Maulwurf und ↪ Regenwurm. Das geschnittene Gras wird Tieren als Grünfutter oder getrocknet im Winter als Heu verfüttert. Wiesen, auf denen Kühe oder ↪ Pferde grasen, heißen Weiden. In Parks, Gärten oder Sportanlagen werden besondere Grassamen ausgesät. Es entsteht eine künstliche Grünfläche: der Rasen.

### die Wikinger

Das ↪ Volk der Wikinger lebte vor etwa 1200 ↪ Jahren im Gebiet des heutigen Schweden, Norwegen und Dänemark.

**Wikinger und Wikingerschiff**

Die Wikinger waren ausgezeichnete Seeleute und fuhren mit ihren wendigen Langschiffen, die sich segeln und rudern ließen, über die ↪ Meere. Sie eroberten neue Siedlungsgebiete in Island und entdeckten 982 n. Chr. Grönland. Einige erreichten um 1000 n. Chr. sogar ↪ Nordamerika, lange bevor Kolumbus diesen ↪ Kontinent entdeckte. Auch an den ↪ Küsten Englands, Irlands und Frankreichs ließen sich die Wikinger nieder. In Frankreich nannte man sie Normannen, und noch heute trägt ein Gebiet im nördlichen Frankreich den ↪ Namen Normandie. Die Wikinger waren wegen ihrer Überfälle und Plünderungen gefürchtet. Die Wikinger handelten mit Pelzen, ↪ Bernstein, Waffen und

Wiese

◯ Sklaven. Ihre Handelsbeziehungen reichten bis nach Russland und Konstantinopel, das in der heutigen Türkei liegt.

⮕ Berühmte Menschen, Geschichte, Schiff

### der Wind

◯ Luft, die sich bewegt, nennt man Wind. Er entsteht, weil die ◯ Sonne die Luft unterschiedlich stark erwärmt. Über dem Erdboden erwärmt sie sich schneller als über dem ◯ Meer. Warme Luft dehnt sich aus und wird leichter. Sie steigt nach oben und die kühle, schwerere Luft strömt vom Meer nach. Die aufgestiegene Warmluft kühlt sich in der Höhe wieder ab und sinkt zum Erdboden. So entstehen Luftströmungen, die Winde. Sie können aus allen möglichen Richtungen wehen und unterschiedlich stark sein: Es gibt leichte Brisen, Stürme, aber auch Orkane oder Wirbelstürme wie Hurrikan (gesprochen: Harrikenn) oder Tornado. Bereits 1805 entwickelte der Engländer Francis Beaufort eine Skala von 0 bis 12 zur Messung der Windstärken. Mit der Kraft des Windes kann ◯ Energie erzeugt werden.

### der Winterschlaf

Der Winterschlaf ist ein Ruhezustand bestimmter Tiere, um den Winter zu überstehen. Tiere wie Mäuse, Hamster, ◯ Igel oder Murmeltiere finden im Winter kaum Nahrung. Daher fressen sie sich im Herbst ein dickes Fettpolster an, von dem sie während ihres ◯ Schlafes zehren. Sobald es sehr kalt wird, suchen sie sich ein geschütztes Lager und versinken in einen Winterschlaf, aus dem sie nur selten kurz aufwachen. Ihre Körpertemperatur sinkt, sie atmen kaum noch und ihr Herz schlägt sehr langsam. So verbrauchen sie weniger ◯ Energie. Im Frühling erwachen die stark abgemagerten Tiere und begeben sich auf Nahrungssuche. Es gibt auch andere Formen der Überwinterung. Waschbär, ◯ Eichhörnchen und Dachs halten Winterruhe. Sie unterbrechen ihren Schlaf immer wieder, um auf Nahrungssuche zu gehen. So vergräbt das Eichhörnchen bereits im Herbst einen Wintervorrat an Eicheln und Nüssen. In eine Winterstarre fallen viele ◯ Amphibien und ◯ Reptilien.

**Igel im Winterschlaf**

Frösche (◯ Frosch), Schlangen und Eidechsen vergraben oder verstecken sich in einem frostsicheren Versteck. Dort fallen sie in einen totenähnlichen, starren Zustand. ◯ Zugvögel meiden den kalten Winter und fliegen in den wärmeren Süden, weil sie dort Nahrung finden.

### die Wirtschaft

Wirtschaft umfasst alles, was mit ◯ Industrie, ◯ Handel, Arbeit und ◯ Geld zu tun hat. Die Wirtschaft ist in einzelne Bereiche unterteilt wie z. B. ◯ Landwirtschaft, Autoindustrie, Textilindustrie, Nahrungsmittelwirtschaft und Bauwirtschaft.

⮕ Auto

Zirrokumulus
(Federhaufenwolke)

Zirrostratus
(hohe Schleierwolken)

Altokumulus
(grobe Schäfchenwolken)

Kumulonimbus
(Gewitterwolke)

Nimbus
(Regenwolken)

Kumulus
(Haufenwolken)

Stratus
(niedere Schichtwolken)

### die Woche
Eine Woche besteht aus sieben ◦ Tagen: Montag, Dienstag, Mittwoch, Donnerstag, Freitag, Samstag und Sonntag. Schon die Ägypter, ◦ Griechen und ◦ Römer benannten die einzelnen Wochentage nach ihren Göttern oder den damals bekannten sieben Planeten (◦ Sonne, ◦ Mond, Mars, Merkur, Jupiter, Venus und Saturn). Im Deutschen wurden die Bezeichnungen teilweise durch die ◦ Namen von germanischen Göttern ersetzt.

➔ Ägypten, Germanen, Größen und Maßeinheiten, Kalender

### die Wohnungen der Tiere
➔ Seite 186

### die Wolke
Wolken bestehen aus winzigen, schwebenden Wassertröpfchen und Eiskristallen. Eine Wolke bildet sich, wenn ◦ Wasser verdunstet und die feuchtwarme ◦ Luft aufsteigt. Je höher sie kommt, desto kälter wird es. Der Wasserdampf kühlt ab und wird zu Wassertröpfchen. Diese bilden Wolken. Bei kühleren ◦ Temperaturen gefrieren die Wassertröpfchen zu Eiskristallen. Aus Wolken kann ◦ Niederschlag in Form von ◦ Regen, ◦ Schnee oder Hagel herabfallen. In der ◦ Atmosphäre bilden sich unterschiedliche Wolkenformen. So sind sehr hohe Schleierwolken z. B. Vorboten von schlechtem ◦ Wetter und Regen. Haufenwolken sind ein Zeichen für schönes Wetter.

### die Wolle
Tierhaare, die sich spinnen lassen, nennt man Wolle. Sie stammt vor allem von Schafen, aber auch von anderen Tieren wie Ziegen, Lamas, Kamelen oder Angorakaninchen. Schafe werden ein- oder zweimal im ◦ Jahr geschoren. Die Wollhaare werden gewaschen, getrocknet und gekämmt. In einer Spinnerei wird aus den Wollfasern dann ein dickerer Faden gesponnen. Dieses Garn wird meist noch gefärbt, bevor man es zu Decken, Teppichen oder ◦ Kleidung weiterverarbeitet.

Welche Fürwörter kennst du?

◎ Baumwolle wird aus einer ◎ Pflanze gewonnen und hält nicht so warm wie Wolle.

→ Fell, Haare

### das Wort

Wörter sind sinntragende Bausteine unserer ◎ Sprache. Sinntragend meint, dass jedes Wort für sich eine Bedeutung hat. Manche Wörter haben mehrere Bedeutungen. So kann mit dem Wort „Schloss" sowohl ein Königsschloss als auch ein Türschloss gemeint sein. Nur im Zusammenhang mit anderen Wörtern oder einer bestimmten Situation kann man genau wissen, von welchem Schloss die Rede ist. Ein Wort besteht aus einer oder mehreren Silben, z. B. Huhn und Hüh-ner-ei. Wörter, die den gleichen Wortstamm haben, gehören zu einer Wortfamilie, z. B. fühlen, das Gefühl, gefühlvoll. Wörter werden in verschiedene ◎ Wortarten unterteilt. Reiht man verschiedene Wörter sinnvoll aneinander, entsteht ein ◎ Satz.

→ Grammatik, Wörterbuch

### die Wortarten

Im Deutschen unterscheidet man verschiedene Wortarten: Besonders wichtig sind ◎ Substantiv, ◎ Verb und ◎ Adjektiv. Artikel oder Begleiter sind die Wörter (◎ Wort) der, die, das, ein und eine. Zu den Pronomen oder Fürwörtern gehören z. B. sie, mir, dein und ihm. Unter Zahlwörtern versteht man z. B. eins, zweiter und dreimal. Konjunktionen sind Wörter, die Satzteile, ganze Sätze (◎ Satz) oder einzelne Wörter miteinander verbinden (z. B. und, aber, denn). Außerdem gibt es noch Präpositionen (z. B. durch, auf, aus, nach) und Adverbien (z. B. vielleicht, gestern, fast, noch). Interjektionen, auch Ausrufewörter genannt, stehen normalerweise allein außerhalb eines Satzes (z. B. Hallo! Au! Miau!).

→ Grammatik

### das Wörterbuch

In einem Wörterbuch kann man Informationen zu Wörtern (◎ Wort) nachschlagen. Es gibt verschiedene Arten von Wörterbüchern: So steht z. B. in einem Rechtschreib-Wörterbuch, wie die Wörter einer ◎ Sprache richtig geschrieben werden. In einem Wörterbuch für Fremdsprachen steht bei jedem Wort die Übersetzung in die andere Sprache. Die Wörter sind nach dem ◎ Alphabet geordnet, damit man das gesuchte Wort schnell finden kann. Alle Wörter sind in der Grundform aufgelistet. Wenn man also das Wort „Häuser" sucht, muss man unter der Grundform „Haus" nachschlagen. Das bekannteste Rechtschreib-Wörterbuch ist der Duden, der 1880 zum ersten Mal herausgegeben wurde.

### der Würfel

Für viele Spiele braucht man einen Spielwürfel. Auf seinen sechs Flächen sind entweder Punkte oder die ◎ Zahlen von eins bis sechs abgebildet. Die Zahlen auf den gegenüberliegenden Würfelflächen ergeben zusammen immer sieben. Wenn also die Eins oben liegt, weiß man genau, dass die Sechs unten ist.

→ Formen und Körper

# die Wohnungen der Tiere

Ein Revier oder Territorium ist ein Gebiet, in dem ein Tier lebt, Nahrung sucht und seine Behausung hat. Diese Wohnungen bieten den Tieren Schutz vor der Witterung oder vor Feinden und sind meist ein sicherer Ort für die Aufzucht der Jungen. Das Revier wird gegen Eindringlinge verteidigt. Tiere reagieren auf ➡ Hunger, Gefahr oder das andere Geschlecht mit einem ganz bestimmten Verhalten. Dies nennt man ➡ Instinkt. Der Instinkt ist den Tieren angeboren und dient der Lebenserhaltung. Dazu gehört auch das Bauen eines Nestes oder Unterschlupfes.

### In luftiger Höhe
In sicherer Entfernung vom Erdboden, wo Feinde lauern, suchen viele Tiere Unterschlupf. Unter Dachvorsprüngen oder in Viehställen bauen Schwalben Nester aus Lehm und Pflanzenteilen. Die Nester von Greifvögeln nennt man Horst. Spechte hämmern ihre Bruthöhlen in Baumstämme und ➡ Eulen nisten in Astlöchern. Die runden Nester der ➡ Eichhörnchen liegen versteckt in Baumkronen und werden Kobel genannt. Und Wespen bauen ein kugelförmiges Nest aus einem papierartigen Material.

➡ Baum

### Am Boden
Die Roten Waldameisen errichten aus kleinen Zweigen, Nadeln und ➡ Moos einen Hügel. Dieser Ameisenhaufen ist von Gängen durchzogen, die bis zu 2 m tief in den Boden führen. Die Kreuzspinne webt in Bodennähe ein radförmiges Fangnetz und wartet auf Beute.

➡ Ameise, Spinne

### In Höhlen
Fledermäuse suchen für ihren ➡ Winterschlaf ➡ Höhlen, Dachstühle oder Scheunen auf. Auch Bären überwintern in Höhlen.

### Am und im Wasser
Im ➡ Wasser bauen sich Biber aus Ästen und Zweigen große Burgen, die sie mit ➡ Erde und Gras abdichten. Der Eingang liegt unter Wasser. An steilen Ufern

graben Eisvögel ihre Bruthöhlen in die
◉ Erde hinein. Die Wasserspinne spinnt unter Wasser ein dichtes Nest, das an Wasserpflanzen hängt. Da sie aber keine Kiemen zum Atmen hat, muss sie immer wieder an die Wasseroberfläche, um
◉ Luft zu holen. An ihrem Hinterleib bleiben Luftblasen haften, die sie mit unter Wasser nimmt. Mit dieser Luft befüllt sie ihr Netz. So entsteht eine Art Taucherglocke. Der Einsiedlerkrebs hat keinen Panzer. Um seinen weichen Hinterleib zu schützen, steckt er ihn in ein leeres Schneckenhaus. Stichlinge sind ◉ Fische. In der Laichzeit baut das Männchen am Wassergrund ein Nest aus Pflanzenteilen, das es mit Schleim verklebt.

**Stichlinge**

## Unter der Erde
Dachs, Fuchs, Maus und Hamster graben einen Bau unter der Erde – meist als Kammer oder Gang. Die unterirdischen Gänge des ◉ Maulwurfs durchziehen die Erde hingegen wie ein ◉ Labyrinth. Erdhummeln legen ihre Nester oft in verlassenen Erdlöchern von Mäusen an. Feldgrillen graben etwa 30 cm lange Röhren in den Boden.

## Tiere, die ihr Haus mitnehmen
Die Weinbergschnecke trägt ihr Haus stets bei sich. Auch die Schildkröte kann sich bei Gefahr schnell in ihren Panzer zurückziehen

**Weinbergschnecke**

➜ Schnecke

## Tiere ohne Behausung
Der Kuckuck baut kein Nest. Er legt seine
◉ Eier in fremde Nester und lässt andere Vogeleltern sein Junges ausbrüten und aufziehen.

**Kreuzspinne**

## Vom Menschen geschaffene Behausungen
Nicht alle Tiere leben in ihrem natürlichen ◉ Lebensraum. Sie bekommen vom ◉ Menschen ein neues Zuhause. Im ◉ Zoo werden Wildtiere z. B. in einem
◉ Terrarium, Aquarium oder im Käfig gehalten. ◉ Haustiere wie
◉ Hunde und ◉ Katzen leben meist mit den Menschen in einer Wohnung zusammen. Und für Schweine, Kühe oder
◉ Pferde baut man Ställe.

➜ Bauernhof, Tierreich

187

Löwenzahn

Radieschen

### die Wurzel

Wurzeln sind die Teile von ⮕Pflanzen, die meist im Erdboden wachsen und der Pflanze Halt geben. Sie nehmen ⮕Wasser und Nährstoffe aus dem Boden auf. Pflanzen bilden unterschiedliche Wurzeln. Löwenzahn hat eine lange Pfahlwurzel. Karotten, Radieschen und Sellerie haben essbare Knollen- bzw. Speicherwurzeln. Manche Pflanzen wie der Spitzwegerich haben weitverzweigte Flachwurzeln, andere sind Tiefwurzler und treiben ihre Wurzeln tief in die ⮕Erde.

Spitzwegerich

### die Wüste

Wüsten sind Gegenden, in denen es selten regnet und es daher sehr trocken ist. Nur wenige ⮕Pflanzen und Tiere können dort leben. Es gibt auch Kältewüsten in Hochgebirgen und am ⮕Nord- und ⮕Südpol. Diese Gegenden sind völlig von Eis und ⮕Schnee bedeckt. In den Trockenwüsten hingegen ist das ⮕Klima sehr heiß. Der Boden besteht aus Sand, Geröll oder Felsen. Die größte Wüste ist die Sahara im Norden ⮕Afrikas. Tagsüber herrschen hier ⮕Temperaturen von bis zu 60 °C und nachts kühlt es bis auf −10 °C ab. Die hohen ⮕Dünen werden von Sandstürmen gebildet. Manchmal kommt es erst nach einigen ⮕Jahren zu heftigen Niederschlägen (⮕Niederschlag). Dann blühen die wenigen Pflanzen der Wüste für kurze ⮕Zeit auf. Kakteen (⮕Kaktus) können z. B. ⮕Wasser speichern und so die Trockenheit überstehen. ⮕Menschen können in Trockenwüsten nur in ⮕Oasen leben. Wegen der Rodung von Wäldern breiten sich Wüsten immer mehr aus.

⮕ **Lebensraum, Lebensraum Wald**

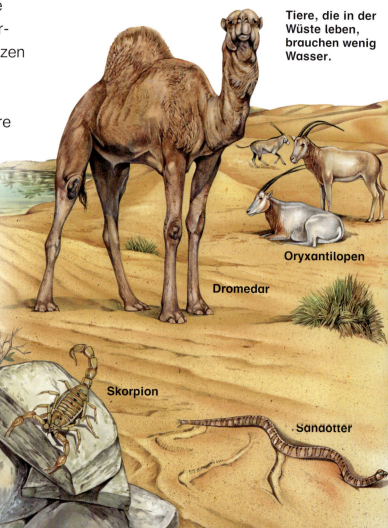

Tiere, die in der Wüste leben, brauchen wenig Wasser.

Oryxantilopen

Dromedar

Skorpion

Sandotter

### das Xylofon
Das Xylofon ist ein Schlaginstrument aus ↣ Holz. Es stammt ursprünglich aus ↣ Asien. Auf einem Rahmen befinden sich unterschiedlich lange Klanghölzer. Sie sind in der Reihenfolge einer Tonleiter angeordnet. Je länger die Hölzer sind, desto tiefer ist ihr Klang. Sie werden mit Schlegeln aus Holz angeschlagen. Das Xylofon wird als Begleitinstrument in kleinen Gruppen oder in Orchestern gespielt.

➡ Musik

Xylofon

### der Yak
Yaks sind langhaarige Rinder. Sie kommen hauptsächlich in ↣ Asien vor. Im Himalaja werden Yaks als Lasttiere gebraucht. Sie laufen sicher über steinige schmale Bergpfade. Eis und ↣ Schnee können ihnen nichts anhaben. Yaks liefern ↣ Milch und Fleisch. Aus ihrem ↣ Fell stellt man Seile und Stoffe her.

### die Yanomami
Das ↣ Volk der Yanomami-Indianer lebt im südamerikanischen ↣ Regenwald, am ↣ Fluss Amazonas. Sie sind eines der letzten Völker dieser ↣ Erde, die wie ihre Vorfahren leben: Sie wohnen in einfachen Hütten und tragen keine Kleider. Sie

Yanomami-Indianer

jagen, fischen und sammeln, was sie zu ihrer Ernährung brauchen. Wenn sie krank sind, helfen sie sich mit ↣ Heilpflanzen aus der ↣ Natur. Sie haben keine ↣ Medikamente. Weil es in ihrem Gebiet Gold gibt, wird ihr Land durch Goldsucher zerstört. Diese brachten außerdem ↣ Krankheiten mit, an denen viele Yanomami starben. Die Yanomami kämpfen heute um ihr Land und um ihr Überleben.

➡ Indianer

### das Yoga
Yoga bringt Körper und ↣ Seele in Einklang. Dabei werden zu bestimmten Körperhaltungen Atem- und Konzentrationsübungen ausgeführt. In Indien ist Yoga schon seit 2000 ↣ Jahren bekannt. Yogis sind ↣ Menschen, die Yoga beherrschen. Ihnen schreiben die Inder übernatürliche Kräfte zu. In ↣ Europa hat sich eine eigene Art des Yoga entwickelt. Dabei lernen Menschen durch bestimmte Atemtechniken und Körperhaltungen, sich leichter zu entspannen.

# Z

Wie viele Zähne hat der Mensch?

### die Zahl

Mit Zahlen gibt man Mengen an, also wie viele Dinge vorhanden sind. Wir benutzen das sogenannte Dezimalsystem mit arabischen Ziffern. Es setzt sich aus den zehn Ziffern 0 bis 9 zusammen. Die Zahl ganz rechts gibt die Einer an, die zweite links die Zehner (23), die dritte die Hunderter (134), die vierte die Tausender (2538) usw. 2538 bedeutet also: zwei Tausender, fünf Hunderter, drei Zehner und acht Einer – sprich zweitausendfünfhundertachtunddreißig. 1, 2, 3, 4, 5 usw. sind natürliche Zahlen. Sie sind alle Vielfache von 1. Die natürlichen Zahlen hören nie auf. Man kann immer noch eins dazuzählen.

### der Zahn

Menschen und die meisten Wirbeltiere haben Zähne, um Nahrung zu greifen, zu zerschneiden, zu zerreißen oder zu zermahlen. Die Anordnung aller Zähne zusammen in einem Mund oder Maul nennt man Gebiss. Es gibt verschiedene Gebisse, z.B. das Greifgebiss bei Robben, das Nagegebiss der Nagetiere, das Scherengebiss der Raubtiere oder das Kaugebiss des Menschen. Das menschliche Gebiss hat 32 Zähne mit unterschiedlichen Zahnformen: acht scharfe Schneidezähne und vier Eckzähne zum Abreißen bzw. Abbeißen der Nahrung sowie 16 Backenzähne und vier Weisheitszähne zum Mahlen und Kauen. Kindern wächst zunächst ab dem sechsten Lebensmonat das Milchgebiss mit 20 Zähnen. Vom 6. bis zum 14. Lebensjahr wird es durch das bleibende Gebiss aus 32 Zähnen ersetzt. Der Zahn des Menschen besteht aus Krone, Hals und Wurzel. Das, was man vom Zahn sehen kann, ist die Zahnkrone. Die Zahnwurzel verbindet den Zahn mit dem Kiefer. Die Zahnkrone ist vom harten Zahnschmelz umgeben. Im Inneren des Zahns liegt das Zahnbein, eine Art Knochen. Das Zahnmark enthält Blutgefäße und Nerven. Deshalb bekommt man Zahnschmerzen, wenn der Zahn ein Loch hat. Löcher müssen vom Zahnarzt ausgebohrt und mit einer Füllung abgedichtet werden. Es ist wichtig, mindestens zweimal täglich nach dem Essen die Zähne zu putzen.

Gesundheit und Ernährung

### das Zahnrad

Ein Zahnrad ist Teil einer Maschine und kann Drehbewegungen oder Kräfte übertragen. Die Scheibe aus Stahl oder Kunststoff ist rundherum gleichmäßig mit Zähnen (Zahn) besetzt.

**Zahnrad** **Zähne**

Sie können ineinandergreifen und so die Zahnräder in Bewegung setzen. Zahnräder gibt es z. B. in vielen ↗ Uhren oder in der Fahrradschaltung.

## die Zecke

Zecken sind blutsaugende Milben und zählen zu den Spinnentieren. Am bekanntesten ist der in heimischen Wäldern und auf ↗ Wiesen lebende Holzbock. Er klettert an ↗ Pflanzen hoch und wird von vorbeigehenden Tieren oder ↗ Menschen abgestreift. Selten lässt er sich fallen. Mit ihren Mundwerkzeugen bohrt sich die Zecke in die Haut und beginnt Blut zu saugen. Dabei schwillt der flache Hinterleib stark an. Wenn die Zecke prall gefüllt ist wie eine Erbse, lässt sie sich zu Boden fallen. Zeckenbisse können gefährliche ↗ Krankheiten übertragen. Gegen die Hirnhautentzündung kann man sich impfen lassen. Zecken sollte man schnell, aber vorsichtig entfernen.

➔ **Impfung, Spinnen, Tierreich**

## die Zeit

Die Zeit, die vor uns liegt, nennen wir Zukunft; jetzt gerade ist die Gegenwart und bald schon gehört sie zur Vergangenheit. Die Zeit scheint besonders langsam zu vergehen, wenn wir auf etwas warten. Ein schöner ↗ Tag scheint aber zu verfliegen. Wenn man sagt, jemand würde „die Zeit stehlen", ist gemeint, dass man aufgehalten wird. Die Zeit wird mithilfe der Bewegungen von ↗ Erde und ↗ Mond um die ↗ Sonne eingeteilt: in ↗ Jahr, ↗ Monate sowie Tag und Nacht. Über den Stand der Sonne am ↗ Himmel kann man ungefähr die Tageszeit bestimmen. Mit einer ↗ Uhr wird die Zeit in Sekunden, Minuten und Stunden gemessen. 60 Sekunden sind eine Minute, 60 Minuten eine Stunde und 24 Stunden ein Tag. Da sich die Erde um ihre eigene ↗ Achse dreht, herrschen an verschiedenen Orten auf der Erde unterschiedliche Tageszeiten.

➔ **Größen und Maßeinheiten**

**Lichtuhr**

## die Zeitlupe

Zeitlupe ist eine ↗ Technik bei Filmaufnahmen, um Bewegungen verlangsamt darzustellen, z. B. bei Sportsendungen. Dazu werden in einer bestimmten Zeiteinheit mehr Bilder aufgenommen. Spielt man sie dann aber in der normalen ↗ Geschwindigkeit ab, kommen dem Zuschauer die Bewegungen im Film langsamer bzw. verzögert vor. Mithilfe der Zeitlupe kann man auch bei schnellen Vorgängen besser sehen, was genau geschieht. Daher wird sie bei Sportwettkämpfen eingesetzt: So hilft die Zeitlupe z. B. bei der Entscheidung, wer als Erster ins Ziel gelaufen ist oder ob ein Tor gefallen ist. Will man hingegen Bewegungen beschleunigen, wendet man den Zeitraffer an.

➔ **Sport**

## die Zelle

Alle Lebewesen bestehen aus Zellen, sie sind quasi die kleinsten Bausteine von ⊙Pflanzen, Tieren und ⊙Menschen. Jedes ⊙Blatt, jeder Knochen, jedes Stück Haut, jeder Nerv – sie alle setzen sich aus vielen, vielen Zellen zusammen. Zellen sind der Ursprung des Lebens: Der Mensch entsteht z. B. aus nur zwei Zellen, der Eizelle und der Samenzelle. Erst nach der ⊙Befruchtung beginnen sie sich zu teilen und zu einem neuen Menschen zu entwickeln. Am Ende setzt sich der ⊙menschliche Körper aus bis zu 100 000 Milliarden Zellen zusammen! Es gibt aber auch einfache Lebewesen, die nur aus einer einzigen Zelle bestehen, die sogenannten Einzeller. Die meisten Zellen sind so klein, dass man sie nur unter dem ⊙Mikroskop erkennen kann. Zellen bestehen aus einem Zellleib und einem Zellkern, in dem sich die Erbanlagen befinden und der die Zelle steuert.

⇨ Ei, menschlicher Körper, Tierreich, Vererbung

## der Zimt

Zimt ist ein ⊙Gewürz, das in Süßspeisen oder in Gebäck verwendet wird. Gewonnen wird er hauptsächlich aus der Rinde des Ceylon-Zimtbaumes, der besonders in ⊙Asien verbreitet ist. Die Rinde wird dünn abgeschält und rollt sich beim Trocknen röhrenartig zusammen. Neben diesem Stangenzimt können wir Zimt auch gemahlen kaufen. Das ⊙Öl des Zimtbaumes ist sehr aromatisch und wird deshalb für die Herstellung von Parfüm verwendet.

## der Zoll

**1.** Zoll ist eine Abgabe, die man an der ⊙Grenze zahlen muss, wenn man bestimmte Waren ins Land bringen möchte. Innerhalb der ⊙Europäischen Union müssen keine Zölle mehr gezahlt werden. **2.** Früher musste man an ⊙Brücken und Straßen Brücken- oder Wegezoll zahlen. Heute muss man in manchen Ländern, wie z. B. Frankreich, Italien, ⊙Österreich und der ⊙Schweiz, eine sogenannte Maut zahlen, um bestimmte Straßen, vor allem Autobahnen, benutzen zu dürfen. Autobahngebühren für Lkw werden auch in ⊙Deutschland verlangt. Von dem eingenommenen ⊙Geld werden Reparaturen durchgeführt und neue Straßen gebaut. **3.** Zoll ist auch ein altes Längenmaß. Es wird heute noch in den USA und Großbritannien verwendet und heißt dort Inch. Ein Inch misst 2,54 cm.

⇨ Größen und Maßeinheiten

## der Zoo

In einem zoologischen Garten, kurz Zoo oder auch Tierpark genannt, werden Tiere aus aller Welt gehalten. Zoobesucher können die Tiere in ihren Käfigen und Freigehegen betrachten. Tierärzte und Tierpfleger kümmern sich um die Tiere, und Wissenschaftler beobachten vor allem das Verhalten seltener Tierarten. Einige Zootiere wie Gorillas oder Pandabären sind vom Aussterben bedroht. Zootiere fühlen sich am wohlsten, wenn ihre Umgebung ihrem natürlichen ⊙ Lebensraum in der Wildnis möglichst ähnlich ist. Bereits die Chinesen haben vor über 3000 ⊙ Jahren wilde Tiere in Käfigen gehalten. Der älteste Zoo ⊙ Europas ist der Tierpark Schönbrunn in Wien von 1752.

➔ **Geschützte Tiere und Pflanzen, Wohnungen der Tiere**

## der Zucker

Zucker schmeckt süß und ist in ⊙ Wasser löslich. Das weiße oder braune ⊙ Kristall wird aus dem in den ⊙ Tropen wachsenden Zuckerrohr oder aus Zuckerrüben hergestellt. Die Rüben werden nach der Ernte zu den Zuckerfabriken gebracht. Dort werden sie gewaschen und klein geschnitten. In Wasser werden die Rüben erhitzt und dann gepresst. So erhält man einen zuckerhaltigen Saft. Wenn diesem Saft das Wasser entzogen wird, bleiben Zuckerkristalle übrig. Zucker ist ein Kohlenhydrat, das sehr schnell ⊙ Energie spendet. Er findet sich vor allem in Süßspeisen und Getränken, ist aber auch in vielen anderen Nahrungsmitteln versteckt. Man sollte nicht zu viel Zucker essen, da er dick macht und für die Zähne (⊙ Zahn) sehr schädlich ist.

➔ **Gesundheit und Ernährung**

## die Zugvögel

Viele einheimische Vögel (⊙ Vogel) verbringen den Winter nicht bei uns.

Wenn es im Herbst kälter wird, versammeln sich z. B. Stare, Schwalben oder Wildgänse zu Schwärmen und fliegen gemeinsam in den wärmeren Süden, meist viele Hundert Kilometer weit. Hier finden sie genug Nahrung. Störche fliegen sogar bis nach Südafrika. Im Frühjahr kehren die Zugvögel wieder zurück, um zu brüten und ihre Jungen aufzuziehen. Wandertrieb und Flugrichtung sind den Tieren angeboren – sie handeln aus ⊙ Instinkt. Vögel wie Amseln, Meisen und Sperlinge bleiben das ganze ⊙ Jahr über bei uns. Sie werden deshalb Standvögel genannt.

➔ **Afrika**

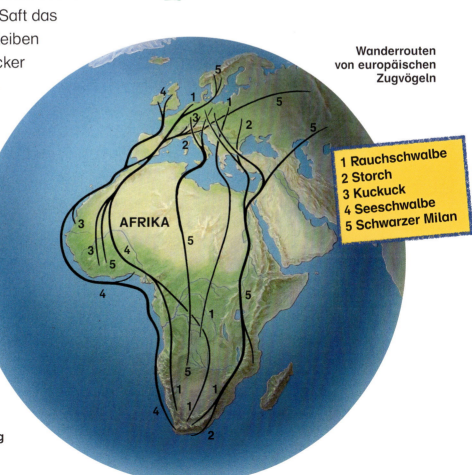

Rauchschwalbe

**Wanderrouten von europäischen Zugvögeln**

1 Rauchschwalbe
2 Storch
3 Kuckuck
4 Seeschwalbe
5 Schwarzer Milan

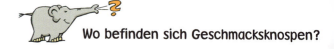
Wo befinden sich Geschmacksknospen?

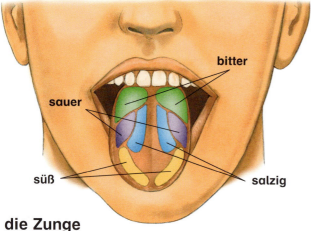

### die Zunge

Die Zunge ist ein Organ in der Mundhöhle des ●Menschen und der meisten Wirbeltiere. Sie besteht aus vielen Muskeln und ist daher sehr beweglich. Wir brauchen sie zum Kauen und Schlucken, aber auch beim Sprechen. Außerdem befinden sich auf der Zunge unsere Geschmacksknospen. Sie reagieren auf die vier Geschmacksrichtungen süß, sauer, salzig und bitter. Über Nerven senden sie entsprechende Signale ans ●Gehirn. Der Geschmack des Essens hängt aber auch vom Geruch ab. Ist die ●Nase verstopft, so schmecken wir kaum etwas. Neben dem Geschmacks- hat die Zunge auch einen Tastsinn. Sie registriert z.B., ob etwas heiß oder kalt, weich oder rau ist.

➡ menschlicher Körper, Stimme

### die Zwiebel

1. Frühlingsblumen wie Tulpen, Narzissen, Krokusse und Schneeglöckchen wachsen aus einer Zwiebel. Diese steckt in der ●Erde und hat ●Wurzeln. Das Innere der Zwiebel besteht aus dicken, meist weißlichen Schalen, die eigentlich verdickte Blätter (●Blatt) sind. Die Zwiebel speichert Nährstoffe und ermöglicht den Frühlingsblumen das zeitige Wachsen und Blühen. 2. Die Küchen- oder Speisezwiebel ist ein Lauchgewächs und wird zum Kochen verwendet.

➡ Blume

### die Zwillinge

Zwillinge sind zwei Geschwister, die gleichzeitig in der Gebärmutter einer schwangeren ●Frau wachsen und nacheinander geboren werden. Wenn sich die Zwillinge aus zwei befruchteten Eizellen entwickelt haben, werden sie zweieiige Zwillinge genannt. Dann können es auch ein Mädchen und ein Junge sein. Sie sehen sich genauso ähnlich wie gewöhnliche Geschwister. Entwickeln sich zwei Kinder aus nur einer Eizelle, werden sie eineiige Zwillinge genannt. Sie sind entweder beide Mädchen oder beide Jungen. Eineiige Zwillinge sehen einander so ähnlich, dass man sie nur schwer auseinanderhalten kann. Ganz selten kommt es vor, dass sich bei der Entwicklung eineiiger Zwillinge die Körper nicht vollständig trennen. Dann sind die beiden z.B. am Kopf oder an der Hüfte miteinander verwachsen. Man spricht dann von siamesischen Zwillingen. Durch Operationen versuchen Ärzte manchmal die zusammengewachsenen Kinder voneinander zu trennen.

➡ Ei, Geburt, Schwangerschaft

*Die Speisezwiebel hat mehrere Häute.*

# Lösungen der Quizfragen

| | |
|---|---|
| 7 | Man findet sie im Gestein. |
| 13 | Man nennt Amphibien auch Lurche. |
| 20 | Ich verstehe nichts. |
| 27 | Männliche Bienen heißen Drohnen. |
| 35 | Zucker liefert Energie. |
| 38 | Der Dolmetscher übersetzt Sprachen. |
| 45 | Ein Tsunami ist eine besonders hohe Welle infolge eines Seebeben. |
| 46 | Den Euro gibt es seit 1999. |
| 49 | Rot, Blau und Gelb sind die Grundfarben. |
| 51 | Ein Feuer wird mit Wasser, Schaum oder Sand gelöscht. |
| 56 | Wenn Wasser gefriert, entsteht Eis. |
| 60 | Donnerstag stammt vom germanischen Gott Donar. |
| 65 | Fließende Gewässer sind Quellen, Bäche und Flüsse. |
| 68 | Das Steingeröll heißt Moräne. |
| 72 | Man nennt die Schrift der alten Ägypter Hieroglyphen. |
| 74 | Junge Hunde nennt man Welpen. |
| 77 | Insekten haben Facettenaugen. |
| 78 | Das ist ein Boot der Inuit. |
| 81 | Die Kartoffel stammt aus Südamerika. |
| 84 | Den Kompass braucht man zur Bestimmung der Himmelsrichtungen. |
| 89 | Die Früchte der Buche nennt man Bucheckern. |
| 90 | Die Mehrzahl lautet Lexika. |
| 97 | Marienkäfer fressen Blattläuse. |
| 99 | Der Blauwal ist das größte Lebewesen im Meer. |
| 105 | Der Monat Juli hat 31 Tage. |
| 108 | Das älteste Mosaik ist über 5000 Jahre alt. |
| 112 | Eine Narkose ist eine Betäubung. |
| 115 | Nomaden ziehen umher und wohnen nicht an einem festen Ort. |
| 118 | Orient oder Morgenland nannte man die Länder östlich von Europa. |
| 122 | Ein weibliches Pferd nennt man Stute. |
| 126 | Die höchste Pyramide ist die Cheopspyramide. |
| 129 | Zu den Raubtieren gehören z.B. Hunde, Katzen, Bären, Marder und Robben. |
| 131 | Recycling ist die Wiederverwertung von Abfällen. |
| 133 | Reptilien nennt man auch Kriechtiere. |
| 136 | Roboter werden in der Industrie eingesetzt. |
| 139 | Säugetiere atmen mit Lungen. |
| 145 | Eine Schwangerschaft dauert neun Monate. |
| 148 | Zum Sonnensystem gehören acht Planeten. |
| 150 | Die Muttersprache ist die Sprache, die man von seinen Eltern lernt. |
| 153 | Die Steinzeitmenschen stellten Gegenstände aus Stein, Knochen und Holz her. |
| 154 | Die höchste Singstimme bei Frauen heißt Sopran. |
| 159 | Die Körpertemperatur des Menschen ist 37°C. |
| 160 | Die Souffleuse flüstert den Schauspielern ihren Text zu, wenn sie ihn vergessen haben. |
| 164 | Wenn wir sehr traurig sind, weinen wir. Tränen können auch beim Lachen entstehen. |
| 168 | Der Urknall war eine gewaltige Explosion, bei der das All entstand. |
| 171 | Verkehrsschilder regeln den Straßenverkehr und machen ihn sicher. |
| 175 | Man nennt ihn Kandidat. |
| 181 | Meteorologen sind Wissenschaftler, die das Wetter beobachten. |
| 185 | Fürwörter sind z.B. sie, mir, dein, ihm. |
| 190 | Der Mensch hat 32 Zähne. |
| 194 | Geschmacksknospen befinden sich auf der Zunge. |

# Die Länder der Erde

Auf der Welt gibt es fast zweihundert unabhängige Staaten. Der größte Staat der Welt ist Russland. Der kleinste Staat ist die Vatikanstadt. Ist ein König an der Macht, spricht man von einer Monarchie. In einer Republik dagegen regiert das Volk durch Wahlen. Manchmal entstehen durch

politische Veränderungen neue Staaten. So zerbrach zum Beispiel in den 1990er-Jahren der riesige Staat Sowjetunion in eine große Zahl unabhängiger Staaten. Die einzige Landmasse, die nicht einem bestimmten Land gehört, ist die Antarktis. Sie wurde zum Forschungsgebiet erklärt.

# Flaggen

Diese Nationalflaggen repräsentieren die wichtigsten Länder oder Territorien der Welt. Muster und Farben der Flaggen gehen auf Geschichte oder Religion eines Landes zurück.

## Europa

Viele europäische Flaggen benutzen als Grundform ein Kreuz.

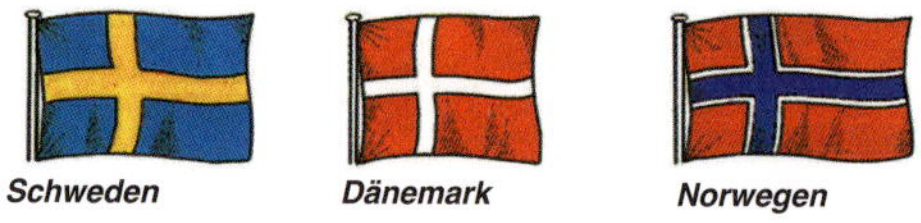

Schweden, Dänemark, Norwegen

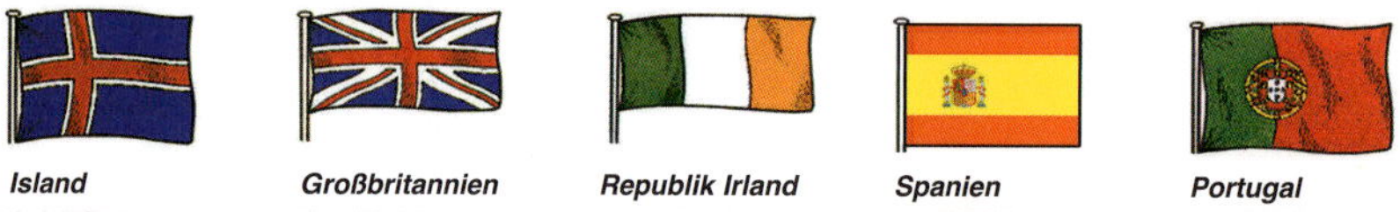

Island, Großbritannien, Republik Irland, Spanien, Portugal

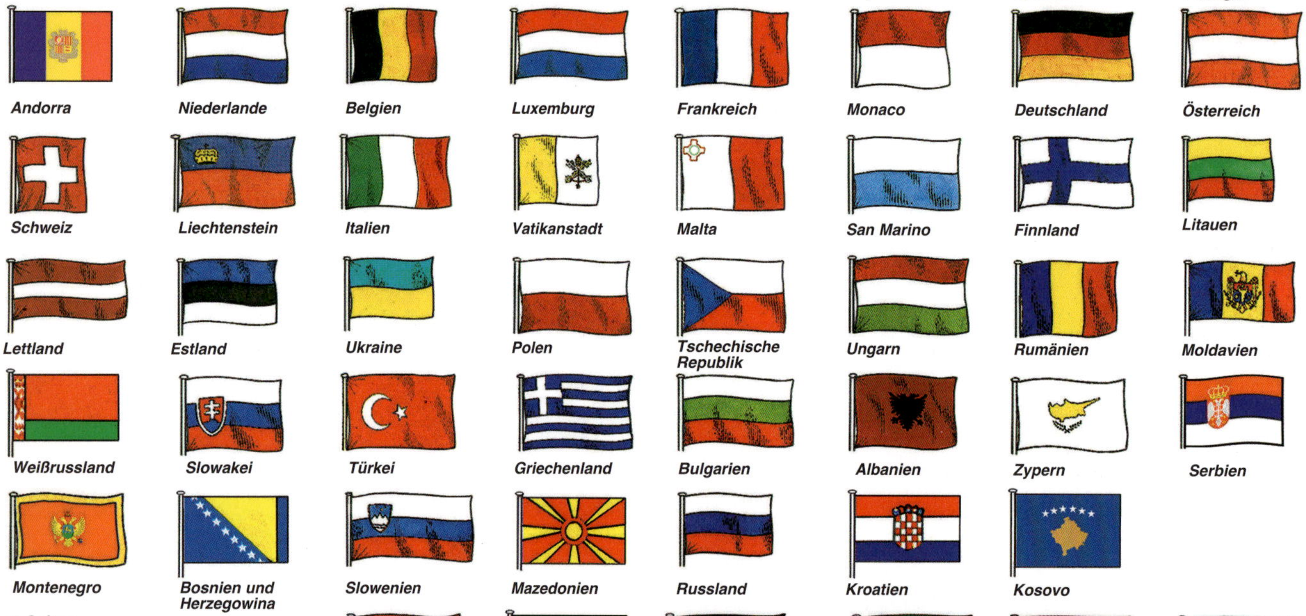

Andorra, Niederlande, Belgien, Luxemburg, Frankreich, Monaco, Deutschland, Österreich

Schweiz, Liechtenstein, Italien, Vatikanstadt, Malta, San Marino, Finnland, Litauen

Lettland, Estland, Ukraine, Polen, Tschechische Republik, Ungarn, Rumänien, Moldavien

Weißrussland, Slowakei, Türkei, Griechenland, Bulgarien, Albanien, Zypern, Serbien

Montenegro, Bosnien und Herzegowina, Slowenien, Mazedonien, Russland, Kroatien, Kosovo

## Afrika

Viele afrikanische Flaggen tragen die Farben Grün, Gelb und Rot.

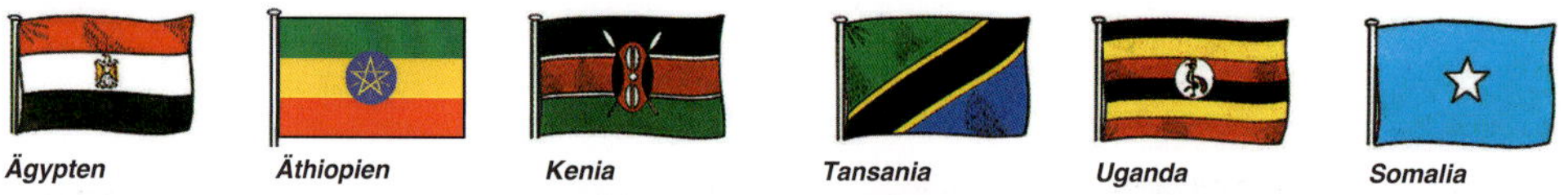

Ägypten, Äthiopien, Kenia, Tansania, Uganda, Somalia

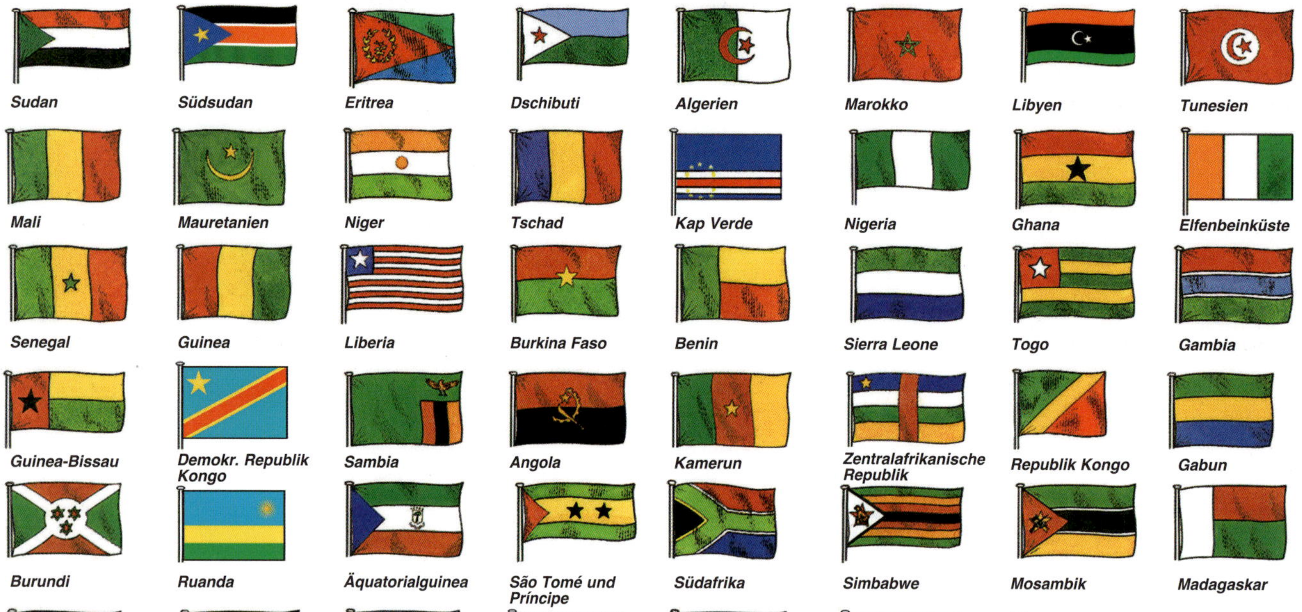

Sudan, Südsudan, Eritrea, Dschibuti, Algerien, Marokko, Libyen, Tunesien

Mali, Mauretanien, Niger, Tschad, Kap Verde, Nigeria, Ghana, Elfenbeinküste

Senegal, Guinea, Liberia, Burkina Faso, Benin, Sierra Leone, Togo, Gambia

Guinea-Bissau, Demokr. Republik Kongo, Sambia, Angola, Kamerun, Zentralafrikanische Republik, Republik Kongo, Gabun

Burundi, Ruanda, Äquatorialguinea, São Tomé und Príncipe, Südafrika, Simbabwe, Mosambik, Madagaskar

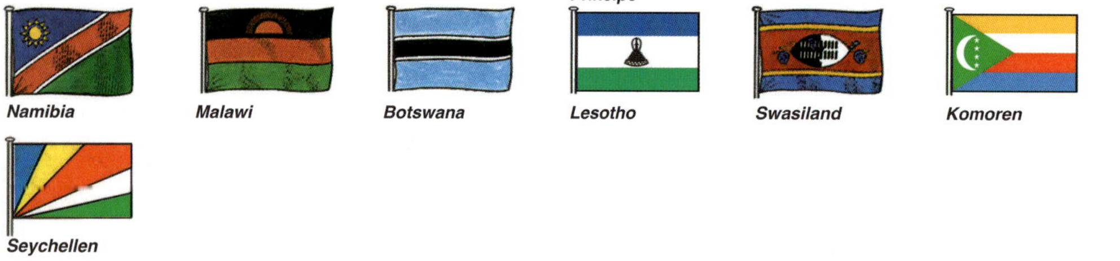

Namibia, Malawi, Botswana, Lesotho, Swasiland, Komoren

Seychellen

### Wissenswertes zu Flaggen

Die Lehre von den Flaggen heißt „Vexillologie“. Der Name bezieht sich auf das lateinische Wort „vexillum“, ein Banner, das von den römischen Legionären getragen wurde.

Die Antarktis hat keine eigene Flagge. Das Land gehört niemandem und darf nur für friedliche Forschung genutzt werden.

## Nord- und Mittelamerika

In vielen Flaggen wird die Farbe Blau verwendet.

| | | | | | |
|---|---|---|---|---|---|
| Kanada | USA | Mexiko | Nicaragua | Panama | El Salvador |
| Costa Rica | Guatemala | Honduras | Belize | Kuba | Haiti | Jamaika | Trinidad und Tobago |
| Dominikanische Republik | Barbados | Bahamas | Antigua und Barbuda | Dominica | Grenada | St. Kitts und Nevis | St. Lucia |
| St. Vincent und die Grenadinen | | | | | | | |

## Südamerika

Diese Länder verwenden oft die Trikolore, eine Flagge mit drei Streifen.

| | | | | | |
|---|---|---|---|---|---|
| Kolumbien | Peru | Venezuela | Bolivien | Ecuador | Guyana |
| Suriname | Brasilien | Argentinien | Chile | Uruguay | Paraguay |

## Asien

Hier tauchen häufig Sonnensymbole und der islamische Halbmond auf.

| | | | | | |
|---|---|---|---|---|---|
| Israel | Syrien | Libanon | Jordanien | Irak | Saudi-Arabien |
| Armenien | Aserbaidschan | Georgien | Kuwait | Jemen | Vereinigte Arabische Emirate | Iran | Afghanistan |
| Kasachstan | Usbekistan | Kirgisistan | Oman | Katar | Bahrain | Pakistan | Bangladesch |
| Nepal | Bhutan | Sri Lanka | Tadschikistan | Turkmenistan | Indien | Vietnam | Thailand |
| Myanmar | Kambodscha | Laos | China | Malediven | Mauritius | Nordkorea | Mongolei |
| Japan | Indonesien | Malaysia | Philippinen | Südkorea | Taiwan | Singapur | Brunei |
| Osttimor | | | | | | | |

## Australasien und Ozeanien

Hier werden häufig Sternbilder dargestellt, die zur Navigation benutzt wurden.

| | | | | | |
|---|---|---|---|---|---|
| Australien | Papua-Neuguinea | Fidschi | Salomonen | Vanuatu | Neuseeland |
| Samoa | Marshall-Inseln | Tonga | Kiribati | Mikronesien | Tuvalu | Nauru | Palau |

# Starke Rekorde

## Das stärkste Tier

Der kleine Nashornkäfer ist das stärkste Tier der Welt: Er kann Gewichte tragen, die 850-mal schwerer sind als er selbst. Ein Elefant müsste im Vergleich dazu 850 andere Elefanten auf seinem Rücken tragen, wenn er mithalten wollte – das schafft er aber nicht. Der Käfer ist also im Verhältnis zu seinem Gewicht viel stärker!

## Das größte Säugetier

Elefanten sind nicht die größten Säugetiere: einer ist größer! Der Blauwal wird 30 m lang und wiegt 180 t. Das Herz eines ausgewachsenen Blauwals ist so groß wie ein Kleinwagen und durch seine Blutgefäße könnte ein Mensch kriechen. Der Blauwal macht auch die lautesten Geräusche. Sein „Gesang" ist so laut, dass wir taub werden würden, und ist unter Wasser kilometerweit zu hören.

## Die größten und die kleinsten Menschen

Am 22. Februar 1918 wurde Robert Pershing Wadlow in den USA geboren. Er wuchs bis zu seinem Tod mit 22 Jahren immer weiter und erreichte zuletzt eine Größe von 2,72 m. Wadlow litt an einer Erkrankung der Hypophyse. Das ist eine Drüse im Gehirn, die für das Wachstum des Menschen zuständig ist.

Der größte lebende Mann der Welt heißt Sultan Kösen. Er wurde 1982 in der Türkei geboren und ist 2,51 m groß. Seine Schuhe sind Maßanfertigungen aus Deutschland – in Größe 60!
Der kleinste Mann der Welt kommt aus Nepal. Chandra Bahadur Dangi ist 54,6 cm groß.

## Das langsamste Säugetier

Am Boden bewegt sich ein Faultier mit der einschläfernden Geschwindigkeit von nur 1,50 m pro Minute. Am liebsten hängt es die meiste Zeit über mit dem Rücken nach unten im Geäst von Bäumen.

## Die größte Spinne

Die Leblondis-Vogelspinne misst von Fußspitze zu Fußspitze 30 cm – das ist der Durchmesser eines großen Tellers. Für den Menschen ist sie ungefährlich. Aber treffen will man sie trotzdem nicht!

## Das größte Landtier

Obwohl Nashornkäfer im Vergleich stärker sind, gehören die Elefanten zu den größten Landtieren. Der Afrikanische Elefant wird mehr als 3 m groß und wiegt bis zu 6350 kg, das ist etwa so viel wie 90 Erwachsene.

## Die ältesten Fossilien

In Australien wurden die Spuren des ersten Lebens auf der Erde gefunden: Gesteine enthielten winzige Spuren von Kohlenstoff, dem Baustein allen Lebens. Da die Steine rund 3,5 Milliarden Jahre alt sind, wären das die ältesten Lebewesen der Erde.

## Ausgestorbene Riesen

Die Dinosaurier waren riesige Lebewesen, die vor Millionen von Jahren lebten und ausgestorben sind. Was wir heute über sie wissen, haben wir Fossilien funden zu verdanken. Der größte Fund stammt aus Argentinien: Der Titanosaurus war wahrscheinlich 40 m lang und wog bis zu 100 t. Der größte Dinosaurier Europas war der Turiasaurus. Seine Knochen wurden 2006 in Spanien entdeckt. Er dürfte 30 bis 37 m lang gewesen sein und wog etwa 40 bis 48 t.

## Ganz schön clever!

Oktopusse haben ein hervorragendes Gedächtnis und vergessen nichts, was sie einmal gelernt haben. „Okti" wurde von einer Familie aus Neuseeland bei Ebbe gefangen und nach Hause mitgenommen. Inzwischen hat er gelernt, eine Flasche zu öffnen, die lebende Krabben – sein Leibgericht – enthält.

Schweine sind sehr intelligente Tiere. Man kann sie wie Hunde trainieren und ihnen Tricks beibringen. Angeblich träumen sie auch und kennen ihre Namen.

In Japan lebt ein Schimpansenweibchen, das gelernt hat, einen Computer zu bedienen. Es liebt Computerspiele und kann komplizierte Zahlenaufgaben lösen.

Elefanten haben ein fantastisches Gedächtnis. Tiere, die von einem Freund getrennt werden und ihn Jahre später wiedersehen, erkennen ihn sofort wieder. Sie können sogar trauern: Wenn ein Freund oder ein Familienmitglied stirbt, zeigen sie ihren Kummer.

Das Gorillaweibchen Koko, das in San Francisco (USA) lebt, versteht die menschliche Sprache: Sie erkennt etwa 2000 gesprochene Wörter und kann mithilfe der Zeichensprache mit etwa 1000 Wörtern antworten. Am liebsten malt sie oder spielt mit ihren Puppen.

## Das schnellste Säugetier

Geparde erreichen Geschwindigkeiten von 110 km/h und sind auf kurzen Strecken die schnellsten Tiere. Sie leben in Afrika und Indien. Mit ihren langen Beinen und ihrem schlanken, biegsamen Körper sind sie perfekt an das schnelle Laufen angepasst.

## Das höchste Säugetier

Eine erwachsene Giraffe kann bis zu 5,50 m groß werden und könnte damit durch das Fenster im 2. Stock eures Schulhauses sehen. Obwohl der Hals einer Giraffe bis 1,80 m lang ist, enthält er genauso viele Wirbel wie der eines Menschen. Allerdings sind die Wirbel der Giraffe viel länger als unsere.

## Das kleinste Säugetier

Die Hummelfledermaus ist nur 3 bis 4 cm lang und wiegt nur 2 g, das ist weniger als eine 1-Eurocent-Münze. Sie lebt in Thailand und versteckt sich tagsüber in warmen Kalksteinhöhlen.

### Die stinkendste Frucht

Die Frucht des Durianbaumes sieht aus wie ein grüner Igel und stinkt so schlimm, dass es auf der Insel Borneo verboten ist, Früchte ins Hotel oder in öffentliche Verkehrsmittel mitzunehmen. In vielen asiatischen Ländern ist die Frucht als süße Delikatesse beliebt – wenn man sich beim Essen die Nase zuhält!

### Die feurigsten Vulkane

Der Mauna Loa auf der Insel Hawaii ist der größte noch aktive Vulkan der Erde. Er erstreckt sich über 120 km und bedeckt damit die Hälfte der Insel. Seit 1990 ist er 15-mal ausgebrochen, zum letzten Mal 1984.

Der Vesuv in Italien ist der für Menschen gefährlichste Vulkan, weil er sich direkt neben der Stadt Neapel erhebt. Der Vesuv ist zwar seit 1944 nicht mehr ausgebrochen, gilt aber immer noch als aktiv.

Am 18. Mai 1980 brach der Mount St. Helens in den USA aus. Die Wucht des Ausbruchs war so groß, dass die Spitze des Berges einfach weggesprengt wurde. Es blieb nur ein riesiger Krater übrig.

Der Ätna auf Sizilien (Italien) dürfte mit einem Alter von rund 350 000 Jahren der älteste aktive Vulkan der Erde sein. Die meisten anderen Vulkane sind jünger als 100 000 Jahre. Der letzte Ausbruch fand 2010 statt, der erste ist für 1500 v.Chr. belegt.

### Der höchste Baum

Die höchsten Bäume der Erde sind die mächtigen Mammutbäume. Es dauert 400 Jahre, bis sie zu ihrer beachtlichen Größe herangewachsen sind. Der höchste Mammutbaum „Hyperion" ist 115,2 m hoch. Damit ist er höher als die Freiheitsstatue in New York.

### Die giftigste Pflanze

Die Rizinuspflanze wird auch Wunderbaum genannt und enthält ein absolut tödliches Gift in ihrem Samen.

### Die höchsten Berge

Im Himalaja gibt es die höchsten Berge der Erde. Der höchste Berg ist mit 8850 m der Mount Everest in Nepal. Der K2 oder Chogori in Pakistan erreicht 8614 m, der Kangchendzönga in Nepal 8586 m.

### Die schnellsten Fahrzeuge

Ein unbemanntes Flugzeug der NASA stellt 2004 den Geschwindigkeitsrekord auf: Der Flieger erreichte 11 265 km/h!

Das schnellste Auto der Welt, der Thrust SSC, erreichte 1997 eine Geschwindigkeit von 1227,99 km/h.

Der schnellste Wagen, der für den Straßenverkehr zugelassen ist, ist der Ultimate Aero des Fahrzeugbauers Shelby Super-Cars. Das Auto hat 1183 PS und raste 2007 mit 412,28 km/h über ein abgesperrtes Autobahnstück.

Der französische Hochgeschwindigkeitszug TGV brach am 3. April 2007 den Weltrekord für Eisenbahnen auf normalen Schienen: Er schaffte 574,8 km/h. Nur eine Magnetschwebebahn in Japan fuhr mit einer Geschwindigkeit von 581 km/h noch schneller.

## Der längste und der größte Fluss

Der Nil ist zusammen mit seinen Zuflüssen mit 6695 km Länge das längste Flusssystem der Erde – von den Quellen in Burundi bis zum Mündungsdelta im Mittelmeer. Der Nil fließt durch neun Länder. Der südlichste Quellfluss des Nil liegt in Burundi, fast auf dem Äquator. Es dauert drei Monate, bis sein Wasser im Mittelmeer ankommt.

Der Nil ist zwar 295 km länger als der 6400 km lange Amazonas in Südamerika, dafür ist der Amazonas der wasserreichste Fluss der Welt. Er transportiert 100-mal mehr Süßwasser ins Meer als der Nil. Der Amazonas entspringt in den Anden in Peru. Dann fließt er durch Venezuela, Ecuador, Bolivien und quer durch Brasilien, ehe er in den Atlantischen Ozean mündet.

## Weit gereist

Alle Zugvögel legen zwischen ihrem Sommer- und Winterquartier lange Strecken zurück. Die Küstenseeschwalbe erreicht dabei den Flugstreckenrekord: Sie pendelt Jahr für Jahr zwischen der Arktis und der Antarktis hin und her und schafft rund 35 000 km auf einer Strecke. Beim Flug über den Ozean setzt sie ab und zu auf dem Wasser auf und fängt kleine Meerestiere als Verpflegung.

## Die längste Schlange

Der Netzpython kann bis zu 10 m lang werden. Er ist eine Würgeschlange und umschlingt seine Opfer, bis sie ersticken. Dann schluckt er seine Beute im Ganzen hinunter.

## Die größte Stadt

Allein die Stadt Tokio in Japan hat über 34 Millionen Einwohner und ist damit die größte Stadt der Welt. Zum Vergleich: In Deutschland leben insgesamt 82 Millionen Einwohner. In Tokio herrscht also ein ziemliches Gedränge! Aber noch enger als in Tokio müssen die Menschen in Mumbai (Indien) zusammenrücken. Hier leben 29 650 Menschen auf einen Quadratkilometer. In München oder Berlin in Deutschland sind es nur um die 4000 Menschen pro Quadratkilometer.

## Heiß, heißer, am heißesten

Die Wüste Sahara in Nordafrika ist nur ein wenig kleiner als Europa. Während es dort nachts unter 0 °C kalt sein kann, steigen die Temperaturen tagsüber auf über 50 °C. Der extreme Wechsel der Temperaturen und die trockenen, sandigen Winde sind die Gründe dafür, dass in der Wüste nur wenige Tier- und Pflanzenarten überleben können.

## Die Größten im Sonnensystem

Die Sonne ist das größte Objekt in unserem Sonnensystem. Ohne ihre wärmende Strahlung wäre kein Leben auf der Erde möglich. Die Sonne ist 110-mal größer als die Erde.

Jupiter ist der größte Planet. Er ist doppelt so groß wie alle anderen Planeten zusammen und elfmal größer als die Erde.

Venus ist der heißeste Planet. Wie in einem Gewächshaus dringen die Sonnenstrahlen ein, die Wärme kann aber nicht mehr komplett durch die Atmosphäre entweichen. Nach Sonne und Mond ist Venus auch das hellste Objekt am Nachthimmel. Sie leuchtet als Morgenstern im Osten und Abendstern im Westen.

## Das kleinste und das größte Land

Das kleinste Land ist die Vatikanstadt; sie liegt in der Stadt Rom (Italien). Das Staatsoberhaupt des Vatikans ist der Papst. Der ganze Staat umfasst nur etwa eine Fläche von 40 Fußballfeldern und etwa 932 Einwohner. Die Vatikanstadt hat sogar eine eigene Nationalhymne, eine Flagge, eigene Münzen und Briefmarken. Aber keine Fußballnationalmannschaft!

Das größte Land ist die Russische Föderation; sie bedeckt eine Fläche von 17 Millionen Quadratkilometern. Das Land ist so groß, dass es elf Zeitzonen überdeckt: Wenn die Kinder in der Stadt Kaliningrad im Westen des Landes um 9 Uhr in der Schule sitzen, essen die Kinder im äußersten Osten von Russland zu Abend. Dann ist es dort nämlich schon 20 Uhr.

## Die meisten Einwohner

Trotz seiner enormen Größe ist Russland aber nicht das Land mit den meisten Einwohnern. Diesen Rekord hält China mit über 1,3 Milliarden Menschen. Von den zurzeit etwa 6,7 Milliarden Menschen auf der Erde lebt also ungefähr jeder Fünfte in China.

## Der älteste versteinerte Baum

In einem Sandsteinbruch bei New York wurde der erste komplett versteinerte Baum gefunden. Der Wattieza-Baum ist einer der ältesten Bäume der Erde und wuchs bereits 140 Millionen Jahre, bevor die Dinosaurier die Erde bevölkerten.

## Die größten und höchsten Wasserfälle

Die Viktoriafälle in Simbabwe (Afrika) sind die größten Wasserfälle der Erde. Sie sind 1708 m breit und das Wasser des Sambesiflusses stürzt in eine 90 bis 107 m tiefe Schlucht. In der Regenzeit wälzen sich pro Sekunde 9,2 Millionen l Wasser über die Kante und schießen in die Tiefe.

Die Niagarafälle an der Grenze zwischen den USA und Kanada sind die zweitgrößten Wasserfälle und bestehen aus drei Fällen: zwei auf der amerikanischen Seite, einem auf der kanadischen Seite. Pro Sekunde stürzen 2,8 Millionen l Wasser hinunter.

Der Angelfall in Venezuela (Südamerika) transportiert keine gewaltigen Wassermengen, dafür stürzt sein Wasser 500 m in die Tiefe. Er ist der höchste Wasserfall der Erde.

### Der älteste See

Der Baikalsee in Sibirien (Russland) entstand schon vor 25 Millionen Jahren und ist damit der älteste und mit 1637 m auch der tiefste See der Erde. Hier gibt es eine einzigartige Tier- und Pflanzenwelt mit über 1500 Arten, die nirgendwo sonst auf der Erde vorkommen.

### Die längsten Gebirgsketten

Die Anden erstrecken sich entlang der Westküste von Südamerika über 7500 km. Damit sind sie das längste Gebirge der Welt und auch eines der höchsten nach dem Himalaja.

Mitten durch den Atlantischen Ozean zieht sich eine Gebirgskette, der Mittelatlantische Rücken. Sie beginnt im Nordpolarmeer und zieht sich zwischen Afrika und Amerika bis zur Spitze von Südamerika durch. Insgesamt ist dieses Gebirge 74 000 km lang. Der Meeresboden besteht also nicht aus Sand, sondern sieht so ähnlich aus wie die Oberfläche der Erde mit Bergspitzen, Tälern, Gräben und Vulkankegeln.

### Das größte Lebewesen

Kein Blauwal und kein Dinosaurier erreicht die Größe eines Pilz-giganten in den USA: Das Exemplar der Gattung Hallimasch nimmt unterirdisch eine Fläche von 8,9 Quadratkilometern ein. Das ent-spricht 1665 Fußballfeldern.

### Die besten Hochspringer

Mit ihren kräftigen Hinterbeinen sind Flöhe erstklassige Hochspringer. Ein Floh kann 100-mal höher springen als er groß ist. Zum Vergleich: Du müsstest mit einem Satz auf dem Dach eines Hochhauses landen!

### Tödliche Tiere

Stechmücken (Moskitos) sind winzig, aber sehr gefährlich, denn sie übertragen tödliche Infektionskrankheiten. Jedes Jahr sterben weltweit eine Million Menschen an Malaria und mindestens 500 Millionen Menschen sind daran erkrankt.

Der Taipan aus Australien ist die giftigste Schlange der Welt. Das Gift eines einzigen Bisses reicht aus, um 100 Menschen zu töten.

Die giftigste Spinne ist die Brasilianische Wanderspinne. Sie lebt in Mittel- und Südamerika.

Der Pfeilgiftfrosch ist nur 4 cm lang, enthält aber genügend Gift, um 10 000 Mäuse zu töten.

Der Weiße Hai ist mit 6 m Länge und über 2000 kg Gewicht das größte Meeresraubtier. Er stößt blitzschnell und mit solcher Wucht zu, dass er seine Beute aus dem Wasser schleudern kann.

Eine ausgewachsene Würfelqualle schleppt bis zu 3 m lange Tentakel hinter sich her. Auf den Tentakeln sitzen rund 5000 der sogenannten Nesselzellen. Die Berührung kann tödlich sein. Würfelquallen kommen im Pazifik vor; zu bestimmten Jahreszeiten breiten sie sich aus und dann ist das Baden im Meer verboten.

### Rasante Fahrstühle

Wolkenkratzer haben Aufzüge, die in kurzer Zeit über viele Stockwerke sausen können. Das höchste Gebäude der Welt, das Burj Kalifa (Dubai; Vereinigte Arabische Emirate), ist 828 m hoch. Sein Fahrstuhl fährt mit 65 km/h in das oberste Stockwerk. Der Fahrstuhl des Taipeh 101 in Taiwan erreicht 60,6 km/h.

# Internet-Adressen

### Suchmaschinen für Kinder
- Blinde Kuh: http://www.blinde-kuh.de/
- Frag Finn: http://www.fragfinn.de/kinderliste.html
- Seitenstark: http://www.seitenstark.de/
- Helles Köpfchen: http://www.helles-koepfchen.de/

### Sicher durchs Internet
- http://www.internauten.de
- http://kids.polizei-beratung.de/
- http://www.watchyourweb.de

### Sicherheit im Internet – Infos für Eltern
- Viele Tipps und Informationen zum Thema Online Sicherheit: http://www.sicher-im-netz.de/
- Aktion der Polizeilichen Kriminalprävention der Länder und des Bundes: http://www.polizei-beratung.de/vorbeugung/medienkompetenz/internet/
- Initiative der EU für mehr Sicherheit im Netz: https://www.klicksafe.de/

### Forschung und Wissen
- Professoren erklären Kindern die Welt: http://www.kinder-hd-uni.de/
- Die Welt der Physik: http://www.physikfuerkids.de/
- Wissenslexikon des BR: http://www.br-online.de/kinder/fragen-verstehen/wissen/

### Geschichte
- Ritter: http://www.blinde-kuh.de/ritter/
- Mittelalter: http://www.br-online.de/kinder/fragen-verstehen/wissen/2003/00320/

### Menschlicher Körper
- Haut: http://www.geo.de/GEOlino/mensch/873.html
- http://www.kindergesundheitsquiz.de/
- Körper, Gesundheit und Krankheit: http://www.medizin-fuer-kids.de/

### Musik, Kunst und Literatur
- Dirigieren und mit Klängen experimentieren: http://klangkiste.wdr.de/
- http://www.br-online.de/kinder/fragen-verstehen/musiklexikon/
- Die Oper erkunden: http://www.bayerische.staatsoper.de/data/kinder_flash/index.html
- Selber kreativ werden: http://www.kidsville.de/atelier/links-kunst-und-kuenstler/
- Lesetipps für Kinder: www.antolin.de

### Nachrichten für Kinder
- Südwestrundfunk: http://www.kindernetz.de/minitz/
- ZDF: http://www.tivi.de/fernsehen/logo/start/index.html
- WDR: http://www.kirak.de/

### Natur, Umwelt und Tiere
- Kinderportal des Bundesumweltministeriums: http://www.bmu-kids.de
- Kinderseite von Greenpeace: http://www.greenpeace4kids.de/
- Naturschutzjugend: http://www.najuversum.de
- Der Regenwald: http://www.abenteuer-regenwald.de
- http://www.oekoleo.de/
- http://www.pferde-rassen.de/rasseverzeichnis.htm
- http://www.wolf-kinderclub.de/
- http://www.vogelstimmen-wehr.de/

### Politik
- Kinder-Portal der Bundeszentrale für politische Bildung: http://www.hanisauland.de/
- Kinderseite des Deutschen Bundestags: http://www.kuppelkucker.de/
- Offizielle Seite des österreichischen Bundeskanzlers: http://www.kanzler4kids.at/
- Informationen über die Schweiz und ihr politisches System: http://www.swissworld.org/de/

### Religion
- http://www.kindernetz.de/infonetz/thema/weltreligionen

### Universum
- Kinderseite der Europäischen Weltraumbehörde: http://www.esa.int/esaKIDSde/
- Ausbildungszentrum für junge Astronomen: http://www.avgoe.de/StarChild/
- Mit vielen Links zu Weltall und Raumfahrt: http://astronomie.de/kinder/astrokids/
- Informationen über Erde, Sonne, Mond, Planeten, Sterne und Kometen: http://www.learnweb.de/Weltall/start.htm

### Verkehr und Verkehrsmittel
- Verkehr und Verkehrsmittel: http://www.bics.be.schule.de/son/verkehr/
- Luftfahrt: http://www.luftfahrtgeschichte.com/
  http://www.lilienthal-museum.de/
  http://www.jetfriends.com/
- DB-Museum: http://www.dbmuseum.de
- Zeppelin-Museum: http://www.zeppelin-museum.de

# Register

Abakus 6, 98
Abendland 118
Abendmahl 84
Abfall 108, 129, 131
Abflug 52
Abflughalle 52
Abgase 6, 18, 19, 34, 42, 81, 108, 120, 140, 167
Abgeordneter 35, 124
Abhängigkeit 155
Abholzung 93
Aborigines 6, 17
Absetzbecken 82
Abstrakte Malerei 86, 87
Abwasser 179
Abwasserkanal 81
Abwehrkräfte 9
Abwehrstoffe 75
Abwehrsystem 12
Achse 6, 10, 71, 108, 115, 128, 157, 191
Ackerbau 88
Aconcagua 156
Adel / Adelige 6, 7, 106, 133
Ader 7, 28, 102
Adjektiv 7, 185
Adlerhorst 186
Adoptieren / Adoption 7
Adverb 185
Affe 45
Afrika 8, 15, 39, 44, 47, 64, 75, 80, 82, 85, 96, 115, 117, 119, 132, 140, 148, 158, 179, 188
Ägypten / Ägypter 8, 9, 30, 73, 109, 121, 122, 126, 137, 140, 144, 153, 166, 180, 184
Aids 9, 85
Airbase 52
Airbus A380 95
Airport 52
Akkumulator 9
Alaska 78, 116
Albanien 47
Aldrin, Edwin 130
Alemannen 60
Alexandria 180
Algen 9, 45, 98, 123
Algonkin 76
Alkohol 9, 38, 155, 161
All 10, 11, 11, 130, 138, 140, 168
Allah 135
Allergie 12
Alpen 12, 36, 56, 120, 126, 146
Alpha 12
Alphabet 12, 73, 90, 185
Alt 154
Alter 12, 64, 84, 97, 125, 133
Altertum 62, 63
Altglas 32
Altokumulus 184
Amazonas 156, 189

Amboss 117
Ameisen 13, 77, 93, 149, 186
Ameisenbau 13
Ameisenkönigin 13
Ameisensäure 13
Amerika 13, 26, 44, 76, 85, 92, 101, 115, 119, 150, 156
Ammonit 45, 54
Amphibien 13, 22, 45, 55, 133, 159, 162, 183
Anästhesist 113
Anden 156
Andenexpress 41
Andorra 126
Angebot 97
Angeklagter 60, 131, 151
Animation 165
Anis 72
Antarktis 85, 119, 155
Antenne 100, 101
Antibiotikum 98
Antiblockiersystem (ABS) 18
Antike 62, 121
Antikörper 75
Antisemitismus 135
Antrieb 18
Aorta 7
Apachen 76
Apfel 55
Aquädukt 14, 24, 27, 137
Aquarium 159, 187
Aquaterrarium 159
Äquator 14, 39, 68, 83, 165
Araber 8
Arabische Emirate 16
Arbeit 14, 44
Arbeiter 77
Arbeiterin 13
Arbeitsbiene 27
Arbeitslosigkeit 14, 148, 149
Arbeitsmaschine 97
Arbeitsplatz 14
Arbeitsstier 71
Archaeopteryx 173
Architektur 14, 86
Arena 14, 62
Argentinien 153, 156
Aristoteles 69
Arktis 83, 115
Armbanduhr 167
Ärmelkanal 165
Armstrong, Neil 130
Armut 8, 15, 134, 148
Artemistempel 180
Arterie 7, 102
Artikel 155, 185
Arzt 23
Asien 9, 15, 16, 23, 39, 41, 44, 47, 56, 62, 64, 75, 80, 82, 85, 92, 98, 115, 117, 119, 132, 153, 155, 158, 189, 192
Asterix 32
Astronaut 11, 130
Astronom 10, 168
Astronomie 114
Asyl 15
Asylanten 15, 174

Asylbewerber 15
Atemluft 11
Athen 68, 69, 118
Athene 69
Atlantik / Atlantischer Ozean 47, 81, 99, 119
Atlas (Buch) 15
Atlas (Gebirge) 15
Atmen 113
Atmosphäre 15, 20, 65, 83, 119, 138, 148, 180
Atmung 102
Atom 15, 128, 167, 168
Atomkraftwerk 42, 109, 168
Atomuhr 167
Auftrieb 94
Augapfel 15
Auge 15, 20, 29, 46, 50, 77, 91, 104, 143, 150, 164
Ausbildung 14, 71
Auspuff 19
Austernfischer 177
Australien 6, 17, 40, 85, 119, 132
Australopithecus 45
Ausweis 68
Auto 6, 18, 19, 20, 33, 37, 41, 77, 81, 108, 128, 140, 141, 155, 167, 171
Autor 30, 31
Ayers Rock 6
Azteken 76, 126

Baby 20, 56, 77, 90, 104, 143, 145, 167, 170
Bach, Johann Sebastian 37, 111
Bäcker 23
Baden-Württemberg 36
Bagger 22
Bahnhof 20
Bakterien 12, 20, 45, 75, 81, 82, 92, 98, 102, 112, 113
Balkanhalbinsel 47
Balkenwaage 175
Ball 53
Ballaststoff 66, 90
Ballett 20, 157, 160
Ballon 94
Bangladesch 16
Bank 59
Bankschalter 59
Bär 129
Bariton 154
Barock 110, 111
Barometer 20, 91, 127, 181
Bart 125
Bartenwal 176
Bass 154
Batterie 9, 20, 109, 127, 131, 154
Bauer 38, 107
Bauernhof 21, 38, 88
Baum 17, 21, 25, 28, 40, 45, 73, 89, 92, 93, 112, 114, 117, 122, 132, 140, 142, 153, 155, 161

Baumaschine 22
Baumaterial 151
Baumkrone 21, 41, 93
Baummarder 93
Baumwolle 8, 22, 82, 136, 185
Bauplan 14
Baustelle 27
Baustoff 27
Bauwerke 22, 24, 29, 86, 108, 151, 180
Bayern 37
Beaufort, Francis 183
Bedecktsamer 138
Beeren 41, 117
Beethoven, Ludwig van 37, 111
Befruchtung 13, 22, 27, 29, 40, 55, 138, 170, 192
Behausung 24
Behinderung 23, 144
Beinschützer 32
Belebungsbecken 82
Belgien 46, 58, 150
Bell, Alexander Graham 46, 159
Benz, Carl Friedrich 18
Benzin 19, 23, 108
Benzinmotor 18, 19
Berber 8
Berg 6, 23, 40, 56, 68, 88, 91, 106, 120, 126, 165
Bergbau 17
Bergwälder 16
Bergwerk 39
Berlin 36, 181
Bern 146
Bernstein 23, 54, 182
Beruf 23, 58, 67, 101, 152
Berühmte Menschen 26
Beschleunigung 61
Bestäubung 29, 143
Beta 12
Betäubung 113
Beton 27
Betonmischer 22, 27
Betriebsprogramm 33
Beuteltier 139
Bewässern 34
Bewegung 66
Bewegungsenergie 42
Bewusstsein 113
Bibel 135, 160
Biber 90, 186
Biberburg 186
Biene 22, 27, 74, 77, 175, 182
Bienenstock 27, 74
Bienenvolk 27
Bienenwabe 27
Bilderbuch 31
Bildergeschichte 32
Bildhauerei 86
Bildschirm 33, 159
Bionik 28
Bisamratte 90
Bischof 106
Bison 76, 125
Bizeps 103

Blasentang 9
Blasloch 176
Blatt 7, 21, 28, 57, 65, 72, 80, 89, 92, 93, 96, 112, 121, 122, 139, 142, 143, 157, 158, 192, 194
Blattadern 7
Blattfarbstoff / Blattgrün 122
Blattlaus 13, 97
Blau 49
Blauhai 71
Blauhelme 104
Blaumeise 173
Blauwal 163, 176
Blauwangenlori 132
Blechblasinstrument 111
Blei 30
Blesshuhn 90
Blinde 28
Blindenhund 74
Blindenschrift 28
Blitz 65
Blubber 176
Blume 28, 29, 86, 114, 122, 182
Blumenkohl 57
Blu-ray Disc 32
Blut 7, 38, 54, 102, 125, 170, 191
Blutbahn 103
Blüte 22, 28, 29, 55
Blütenblatt 29
Blütenpollen / Blütenstaub 12, 22, 27, 29
Blutgefäße 7, 70, 89
Blutkörperchen 75, 102, 103
Blutkreislauf 7, 102, 162
Blutplasma 102
Boden 39
Bodenschätze 8, 37, 47, 99, 104
Bodenschicht 92
Bodensee 36
Boeing 747 39, 95
Bogengänge 117
Bohnen 55
Bohrer 22
Bojaxhiu, Agnes Gonxha 26
Boot 140
Bord 52
Borke 21
Borkenkäfer 93
Borkum 36
Braille, Louis 28
Brailleschrift 28
Brand 51
Brandeisen 32
Brandgans 177
Brandrodung 93
Brasilien 156
Braun 49
Braunalgen 9
BRD (Bundesrepublik Deutschland) 36, 181
Bremen 36
Bremse 18, 19, 49
Brenner 72
Brennkammer 39
Brennstoff 39, 73, 94, 108

Brille 29, 67, 91
Britische Inseln 47
Bronzezeit 63, 153
Brücke 14, 22, 27, 29, 192
Brüder Michelin 128
Brüder Wright 94
Brust 20, 54, 77, 125
Buch 15, 30, 31, 38, 62, 100, 135, 147
Buchdruck 30
Buche 89
Bücherei 31
Buchstabe 12, 28, 30, 33, 35, 73
Buchecker 138
Buddha 134
Buddhismus 83, 134
Bühne 160
Bulgarien 46, 47
Bundesfeier 50
Bundeskanzler 124
Bundesländer 36
Bundespräsident 124
Bundesrepublik Deutschland (BRD) 36, 181
Bundesstaat 116
Bundestag 35
Bundesversammlung 35
Bundeswehr 104
Buntspecht 92, 149
Burg 6, 24, 29, 63, 88, 106, 107, 186
Burgenland 120
Bürger 107
Bürgerkrieg 8, 85
Bürgermeister 129
Burggraben 106
Burgherr 106
Burj Chalifa 25
Bürzeldrüse 44

Carter, Howard 44
Caulerpa-Alge 9
CD (Compact Disc) 31, 32, 39, 89
CD-Player 89
CD-R 32
CD-ROM 32
CD-RW 32
Cello 110
Celsius 159
Cézanne, Paul 87
Chemiker 26
Cheops, Pharao 122
Cheopspyramide 126
Chile 156
China 16, 22, 41, 58, 121, 125
Chinesische Mauer 24
Chitin 77
Chlorophyll 28, 122
Chordatiere 163
Christ 47, 82, 84, 135
Christentum 83, 134, 135
Christi Geburt 62
Christi Himmelfahrt 79
CITES (Washingtoner Artenschutzabkommen) 61
Claustrum 83

Cockpit 95
Comic 32, 147
Compact Disc (CD) 31, 32, 39, 89
Computer 23, 30, 31, 32, 33, 35, 42, 59, 78, 81, 98, 109, 111, 123, 136, 144, 150, 155, 165, 172, 173
Computerprogramm 33
Computervirus 173
Container 32, 141
Containerschiff 141
Cornflakes 96
Coubertin, Pierre de 118
Cowboy 32
Crow 76
Curie, Marie 26
Curie, Pierre 26

Daimler, Gottlieb 18
Damhirsch 93
Damm 34
Dampf 34, 67
Dampflok 34
Dampfmaschine 34, 41, 63, 108, 141
Dampfschiff 141
Dänemark 46, 84, 150, 182
Darlehen 59
Darm 170
Daten 33
Dattelpalme 121
Daunenfedern 50
DDR (Deutsche Demokratische Republik) 36, 181
Deckfedern 50
Delfin 34, 35, 51, 167, 176
Demokratie 35, 36, 69, 133, 175
Demonstration 35, 181
Desinfektion 9
Deutsch 12
Deutsche Demokratische Republik (DDR) 36, 181
Deutschland 12, 35, 36, 37, 41, 46, 50, 58, 60, 81, 82, 100, 101, 104, 113, 121, 124, 133, 137, 150, 174, 175, 177, 181, 192
Diabetes 35
Dialekt 35, 37, 150
Diamant 8, 40
Dichter 57
Dickdarm 170
Dienstleistungsberufe 23
Dieselmotor 41, 141
Digital 35
Digital Versatile Disc / Digital Video Disc (DVD) 32, 39, 109
Digitalkamera 80
Diktator 35
Diktatur 35, 113
Dinosaurier 142
Diplodocus 142
Dirigent 111
Diskriminierung 38, 174
Diskussion 38

Docht 82
Dock 70
Dolmetscher 38
Dom 24, 82
Donar 60, 65
Donner 65
Doping 38
Dorf 38, 72, 88, 107, 109, 153
Dornen 80
Dotter 40
Drahtspule 60
Drehleiter 51
Dreidimensional 53
Dreieck 53
Drei-Liter-Auto 19
Drittes Reich 113
Droge 38, 39, 74, 155
Drohne 27
Dromedar 188
Druck 34
Drucker 33
Druckerpresse 30
Druckplatte 30
Dschungel 39
Dubai 26
Duden, Konrad 185
Dunant, Henri 137
Düne 39, 188
Dünger 88, 109, 167, 179
Durchgangsbahnhof 20
Dürre 8, 39
Düsenantrieb 39
Düsenjet 95
DVD (Digital Versatile Disc / Digital Video Disc) 32, 39, 109
DVD-Laufwerk 32
DVD-Player 32
Dynamit 39
Dynamo 60

Ebbe 40, 177
E-Book 31
Echo 40, 128, 140, 167
Echsen 22
Echsenbecken-Saurier 142
EC-Karte 59
Ecken 53
Ecstasy 38
Edelstein 40, 105
Edison, Thomas Alva 46
Efeu 72
Ehe 140
Ei 13, 22, 27, 40, 44, 51, 54, 55, 66, 71, 77, 84, 89, 133, 139, 142, 143, 149, 169, 171, 173, 187
Eiche 89, 92
Eichelhäher 93, 138
Eicheln 138
Eichhörnchen 40, 41, 138, 161, 183, 186
Eierstock 54, 145
Eigenschaftswort 7
Eileiter 54
Einbaum 140
Einsiedlerkrebs 187
Einstein, Albert 26

Einzahl 155
Einzelhandel 71
Einzeller 162
Eis 56, 68
Eisberg 41
Eisen 37
Eisenbahn 20, 34, 41, 164, 165
Eisenbahnbau 39
Eisenerz 17
Eisenhut 72
Eisenzeit 63
Eiskristall 144
Eisvogel 90, 187
Eiszeit 41, 45, 68
Eiweiß 40, 66
Eizelle 22, 40, 54, 145, 170, 171, 192, 194
Elbrus 47
Elch 16
Elefant 16
Elektrizität 65, 154
Elektromotor 97, 108
Elektronen 104
Elektronenmikroskop 104
Elektronik 18, 19
Elementarteilchen 104
Elendsviertel 148
Elfenbein 61
El Kaida 159
Elritze 90
Eltern 7, 49, 60
E-Mail 33, 78
Emanzipation 67
Embryo 22, 145
Energie 15, 19, 35, 41, 42, 43, 60, 66, 74, 90, 108, 118, 128, 148, 154, 165, 167, 168, 183, 193
Energiekraftwerk 43
Energiequellen 42
Energiesparlampe 42, 90, 127
Engel der Armen 26
Engerling 89
England 137, 144, 165, 181, 182
Entdecker 44, 48, 141
Ente 44, 141, 173
Entwicklungsland 8, 44
Enzyklopädie 90
Epiphanias 79
Epizentrum 44, 45
Epoche 86
Erbe 160
Erbsen 55
Erdaltertum 45
Erdbeben 25, 44, 81, 117, 119, 174
Erdbebenherd 45
Erde 8, 9, 10, 11, 14, 15, 16, 20, 23, 24, 25, 28, 41, 42, 43, 44, 45, 50, 51, 54, 56, 60, 64, 68, 73, 79, 81, 83, 84, 85, 88, 91, 92, 96, 98, 101, 105, 109, 114, 115, 116, 119, 127, 130, 132, 133, 138, 140, 142, 144, 147, 148, 149, 155, 157,

165, 169, 174, 177, 180, 181, 184, 186, 187, 188, 189, 191, 194
Erdfrühzeit 45
Erdgas 23
Erdhummel 187
Erdkabel 101
Erdkern 45
Erdkruste 44, 45, 64, 84
Erdkunde 60
Erdmantel 45
Erdmittelalter 45
Erdneuzeit 45
Erdoberfläche 44, 45
Erdöl 8, 42, 77, 99, 116, 118, 125, 136, 141, 167, 175
Erdölfelder 42
Erdölvorkommen 16
Erdzeitalter 45
Erfinder 28, 46, 94
Erlkönig, Der 31
Ernährung 13, 66
Erpel 44
Erste Hilfe 46
Erster Weltkrieg 63, 177
Erstkommunion 84
Eruption 174
Erzählung 31, 91
Erze 104, 105
Erzgebirge 36
Eskimo 78
Estland 46
ETA (Euskadi Ta Askatasuna) 159
EU (Europäische Union) 46, 47, 58, 192
Eule 46, 161, 186
Euro 46, 58
Europa 12, 16, 17, 24, 25, 30, 36, 37, 46, 47, 56, 60, 62, 75, 76, 79, 81, 83, 85, 92, 96, 97, 98, 106, 113, 115, 118, 119, 120, 121, 141, 144, 146, 149, 153, 164, 179, 189, 193
Europäische Union (EU) 46, 47, 58, 192
Eurotunnel 165
Evangelische Kirche 82, 84
Evangelischer Glaube 26
Evolution 48, 162
Expedition 48
Experiment 11, 48, 114
Explosion 11, 48, 168, 174
Expressionismus 86, 87
Eyresee 17

Fabel 49
Fabrik 6, 63
Facettenauge 77, 143
Fadenalge 9
Fagott 111
Fahne 52
Fahrenheit 159
Fahrrad 19, 49, 171
Fahrraddynamo 60
Fahrradpumpe 169
Fährte 161
Fahrwerk 18, 19

Familie 7, 15, 18, 26, 49, 72, 74, 75, 76, 81, 107, 115, 122, 124, 145, 150, 172, 176
Farbe 9, 15, 28, 40, 49, 73, 86, 87, 91, 109, 131, 137, 141, 143, 158
Farn 45, 50, 93, 108
Fasan 161
Faustkeil 62
Feder 50, 71, 149, 173, 175
Federhaufenwolke 184
Federwaage 175
Feiertag 50, 134
Feinde 158
Feld 21, 34, 88
Feldarbeit 71
Feldberg 36
Feldspat 105
Fell 28, 32, 41, 50, 58, 70, 98, 158, 189
Felsbilder 73
Fernglas 50, 67, 91
Fernrohr 50
Fernsehen 38, 79, 100, 101, 180
Festungsanlage 24
Fett 66, 118
Fettreserven 74
Fetus 145
Feuer 42, 50, 51, 75, 139, 153
Feueralarm 51
Feuerraum 34
Feuerwehr 46, 51, 74
Feuerwerk 48
Feuilleton 100
Fichte 93, 112
Fieber 11, 85
Film 39, 191
Filmkamera 80
Filteranlagen 6
Fingerabdruck 51, 123
Fingerhut 72
Fingersprache 56
Fingertang 9
Finnland 46, 47, 58
Firmament 73
Fisch 13, 22, 34, 45, 51, 55, 66, 70, 99, 109, 112, 123, 145, 159, 162, 169, 176, 187
Fischadler 90
Fjord 68
Fläche 53
Flagge 52, 137
Flaschenzug 52, 97
Fledermaus 61, 167, 186
Fliegen 94
Fliegenpilz 123
Fliehkraft 147
Fließband 18, 77
Flugdrache 132
Flügel 77
Flugfrosch 132
Fluggastbrücke 52
Flughafen 52
Fluglotse 52
Flugsaurier 142

Flugzeug 6, 32, 33, 39, 41, 52, 94, 95, 164, 167, 171
Fluorchlorkohlenwasserstoff (FCKW) 119
Fluss 34, 37, 51, 53, 60, 65, 73, 88, 99, 116, 156, 157, 178, 189
Flussbett 53
Flüssigkeit 9
Flut 40, 177
Fohlen 122
Föhr 36
Ford T 18
Ford, Henry 18
Formen 53, 86, 87, 98
Forscher 48
Förster 92
Forstwirtschaft 92
Fortpflanzung 22, 55, 138, 170
Fossil 48, 54, 64, 109, 162
Fotoapparat 80
Fotografie 86, 100
Fotosynthese 28
Frachter 141
Frachtraum 95
Frank, Anne 26
Franken 60
Frankfurt 37
Fränkische Alb 36
Frankreich 12, 20, 25, 46, 47, 58, 82, 126, 137, 150, 165, 181, 182, 192
Fraßspuren 161
Frau 7, 23, 54, 67, 69, 74, 82, 83, 84, 118, 145, 146, 147, 171, 194
Freibeuter 123
Freiheit 54, 99, 101, 113, 181
Freilichtmuseum 109
Fremdsprache 150
Fresszellen 75
Freyja 60
Frieden 46, 55, 85, 131, 170
Friedfische 51
Friseur 23
Frosch 13, 55, 89, 132, 159, 183
Frucht 21, 28, 29, 55, 57, 65, 75, 80, 89, 112, 117, 121, 138, 158, 169
Fruchtblase 56, 145
Fruchtkapsel 22
Fruchtknoten 29, 55
Fruchtwasser 145
Frühling / Frühjahr 13, 79, 89, 138, 183, 193
Fuchs 161
Fühlen 57, 103, 148
Fußbodenheizung 24
Futur 169

## G

Gagarin, Juri 130
Galaxie / Galaxis 10, 11
Gallenblase 170
Gallier 82
Gänge (Auto) 19

Ganges 16
Gänsehaut 70
Garnelen 9
Gas 11, 39, 42, 48, 56, 83, 91, 94, 119, 125, 130, 139, 140, 148, 165, 168, 169, 174
Gaspedal 19
Gebärdensprache 56, 84, 150
Gebärmutter 54, 56, 145
Gebäude 14
Gebirge 12, 15, 16, 23, 56, 60, 64, 68, 90, 92, 126, 146, 155, 156
Gebiss 190
Gebotsschild 171
Geburt 23, 56, 75, 135, 139
Geburtsstellung 56
Gedankenfreiheit 164
Gedicht 31, 57, 91, 133, 172
Gefieder 44
Gegenteil 7
Gegenwart 63, 169
Geheimnummer 59
Gehirn 15, 57, 103, 113, 117, 143, 148, 162, 164, 194
Gehörgang 117
Gehörlose 56
Geist 147
Geistlicher 106
Gelb 49
Gelbhaubenkakadu 132
Gelbrandkäfer 90
Geld 14, 15, 16, 23, 24, 57, 58, 59, 71, 124, 130, 145, 146, 148, 149, 154, 183, 192
Geldautomat 59
Geldscheine 58
Gelenkwelle 18
Gemälde 109
Gemüse 57, 66, 88, 90, 97, 117, 136, 168
Gemüsegarten 21
Gene 170, 171
Generation 48, 49, 60, 110, 176
Generator 42, 43, 49, 60, 165
Genetik 171
Genetischer Fingerabdruck 171
Genussmittel 90
Geografie 60
Geologe 64
Geologie 114
Geometrische Formen 53
Gepäck 52
Gepard 163
Gericht 7, 60, 123, 129, 131, 136, 140, 151, 172, 176
Germanen 60, 63, 137
Gerste 64
Geschichte 30, 36, 37, 45, 50, 61, 62, 76, 86, 109, 113, 135, 136, 168, 174
Geschichten 49
Geschlecht 74
Geschlechtsorgane 28, 54, 96

Geschlechtsverkehr 84, 96, 147, 171
Geschlechtszelle 22, 40
Geschmack 194
Geschmacksknospen 194
Geschützte Tiere und Pflanzen 61
Geschwindigkeit 39, 61, 65, 91, 128, 174, 191
Geschwister 49
Geselle 71
Gesellschaft 61
Gesetz 54, 60, 61, 64, 67, 68, 84, 99, 123, 124, 129, 131, 134, 136, 151, 161, 167, 168
Gestein 7, 25, 26, 40, 45, 54, 64, 104, 105, 140, 151, 157, 168, 174
Gesteinsschicht 56, 64, 127
Gesundheit 38, 39, 64, 66, 115, 137, 143
Getreide 58, 64, 66, 88, 96, 117, 136, 153, 168
Getriebe 18, 19
Gewalt 35, 64, 99, 148, 159
Gewässer 9, 53, 65, 88, 90, 141, 147, 162, 178
Gewicht 69, 175
Gewichtskraft 147
Gewissen 65
Gewissensfreiheit 164
Gewitter 65, 140, 180
Gewitterwolke 184
Gewölle 161
Gewürz 65, 72, 81, 85, 121, 144, 169, 192
Geysir 67
Gezeiten 40
Gift 67, 115, 127, 150, 155, 167
Giftmüll 109
Giftstachel 27
Giseh 24, 126
Glas 48, 50, 67, 91, 109, 131
Glasbläser 67
Glaube 26, 84
Glaubensfreiheit 164
Glaubensgemeinschaft 26
Gleichberechtigung 67
Gleichgewichtssinn 117
Gleichstellung 67
Gleis 20
Gletscher 41, 68, 120, 157
Gletscherbach 68
Gletscherzunge 68
Gliederfüßer 163
Global Positioning System (GPS) 139
Globus 68
Glühlampe 46
Goethe, Johann Wolfgang von 31, 37
Gogh, Vincent van 87
Gold 8, 15
Goldader 7
Gondwana 85
Gorbatschow, Michail 181
Gorch Fock 141

Goten 60
Gotik 24
Gott 134, 135
Götter 69
Gottesdienst 82
GPS (Global Positioning System) 139
Grabmal 24
Graf 106
Graf Zeppelin 94
Grammatik 68
Grand Canyon 157
Graslandschaft 153
Graupel 114
Graureiher 90
Gravitation 147
Greifvogel 46, 173
Grenze 16, 24, 36, 68, 85, 116, 120, 137, 177, 181, 192
Griechen 62, 68, 69, 110, 118, 121, 148, 184
Griechenland 46, 47, 58, 62, 68, 69, 114, 137
Griechisch 12
Grimm, Jacob und Wilhelm 97
Grönland 78, 116, 182
Groschen 59
Großbritannien 46, 82, 84, 192
Großeltern 49, 60
Großes Barriereriff 17
Großglockner 120
Großhandel 71
Großstadt 25
Grün 49
Grünalgen 9
Gründeln 44
Grundfarbe 49
Grundfläche 53
Grundgesetz 64, 164
Grundnahrungsmittel 64, 90
Grundriss 69
Grundwasser 64, 67, 127
Gummi 69, 84
Gurke 57
Gutenberg, Johannes 30
Güterzüge 32

## H

Haar 12, 50, 66, 70, 75, 113, 117, 139, 161, 170, 171
Haarwurzel 70
Hafen 70, 77, 127
Hafeneinfahrt 29
Hafer 64
Hagel 114, 178, 184
Hagelschnur 40
Hai 51, 70, 71, 162
Haida 76
Halbmond 105
Hamas 159
Hamburg 36
Hammer 117
Hammerhai 71
Handarbeit 71
Handel 58, 60, 61, 71, 120, 183
Handgepäck 52
Handwerk 14, 23, 71, 107

209

Handy 9, 109, 148, 159
Hängende Gärten 180
Hardware 33
Harmonie 110
Hartholz 21, 73
Hartkäse 81
Harz (Baumharz) 23
Harz (Mittelgebirge) 36
Haschisch 38
Hase 161
Haubentaucher 90
Haufenwolke 184
Hauptschlagader 7
Hauptwort 68, 155
Haus 22, 27, 69
Hausbau 21
Haustier 71, 74, 161, 187
Haut 13, 70, 102
Hautfarbe 15, 38
Haydn, Franz Joseph 111, 120
Hebel 71, 97, 158
Hecht 90
Hefepilz 123
Heide 36, 72
Heilige Drei Könige 79
Heilkunde 99
Heilpflanze 72, 85, 158, 168, 189
Heimat 8, 15, 72, 113, 132, 173, 177
Heimatmuseum 109
Heimweh 72
Heizung 72, 107
Helikopter 95
Heller 59
Hengst 122
Herbst 28, 41, 75, 79, 89, 112, 183, 193
Herde 115
Herkunft 38
Heroin 38
Herrschaft 35
Herz 102, 125
Herzog 106
Hessisch 37
Heterosexualität 74
Heuschnupfen 12
Hieroglyphen 9, 73, 126, 144
Himalaja 56, 189
Himmel 10, 73, 79, 131, 142, 178, 191
Himmelsgewölbe 73
Himmelskörper 10, 68, 105, 138, 148, 168
Himmelsrichtung 73, 84
Hinduismus 134
Hinterleib 77
Hinterrad 49
Hirschkäfer 61
Hirse 64
Hirte 115
Historiker 62
Hitler, Adolf 113
HI-Virus / HIV (Humanes Immundefizienz-Virus) 9
Hochadel 7
Hochdeutsch 37
Hochdruck 181

Hochhaus 25, 27
Hochschule 168
Hoden 96, 125
Hodensack 96
Höhenflosse 94
Höhenruder 94
Höhle 65, 73, 153, 186
Höhlenmalerei 86, 153
Holz 21, 24, 73, 82, 86, 92, 106, 118, 121, 128, 132, 136, 141, 148, 149, 153, 189
Holzblasinstrument 111
Holzbock 191
Holzrad 23
Homo 74
Homosexualität 74
Honig 27, 71, 74
Honigbiene 27
Honigmagen 27, 74
Hood, Robin 138
Hopi 76
Hörbücher 31
Hören 57, 103, 148
Hörgerät 20
Horizont 73
Horn 50, 70
Hörnerv 117
Hornhaut 15
Hörspiele 100, 101
Horst 186
Hotelfachleute 23
Hubrettungsfahrzeug 51
Hubschrauber 95
Huf 122
Hund 71, 74, 129, 164, 187
Hundertwasser, Friedensreich 25
Hunger 20, 74, 186
Hurrikan 180, 183
Hydrant 74
Hygiene 66
Hypothese 48

Iberische Halbinsel 47
ICE (Intercity-Express) 41
Ichthyosaurus 142
Igel 75, 77, 139, 183
Iglu 75, 78
Illustrator 30
Imker 74
Immunsystem 75
Impfung 75, 85, 172
Impressionismus 86
Inch 192
Indianer 26, 41, 76, 125, 156, 157, 174, 189
Indien 8, 12, 16, 22, 26, 76, 134, 189
Indios 76
Indischer Ozean 17, 99, 119
Industrie 44, 47, 60, 77, 108, 109, 114, 120, 136, 183
Industriegebiet 38, 77
Industrieländer 37
Industrienation 16
Inka 76, 126, 156
Innenohr 117
Insekt 13, 22, 23, 29, 44, 45, 46, 54, 55, 75, 77, 89, 93, 97, 98, 143, 150, 159, 161, 162, 168, 173
Insektenfresser 75
Instinkt 77, 78, 186, 193
Instrument 110, 111, 189
Insulin 35
Intelligenz 78
Interjektion 185
International Space Station (ISS) 130
Internet 31, 33, 78, 84, 100, 109, 123, 159
Inuit 75, 76, 78, 115, 116
iPad 33
IRA (Irish Republican Army) 159
Iris 15
Irland 46, 58, 159, 182
Irokesen 76
Irrgarten 88
Islam 47, 62, 83, 118, 134, 135
Island 47, 67, 182
Israel 137
ISS (International Space Station) 11, 130
Italien 12, 46, 58, 120, 137, 150, 192

Jagd 46
Jahr 79, 105
Jahresfeste 79
Jahresring 21, 73
Jahreszeiten 79
Jangtsekiang 16
Japan 16, 32, 144, 176
Jesus / Jesus Christus 62, 84, 135
Joghurt 79, 104
Journalist 79, 101, 137
Jude 26, 113, 134, 135
Judentum 134, 135
Jumbojet 95
Junge 22, 125
Jupiter 10
Jura / Jurist 131, 136, 168
Jura (Gebirge) 146

Kabel 80, 81, 154
Kaffee 8, 38, 80, 90 156, 158
Kaffeebohnen 80
Kaffeestrauch 80
Kairo 8, 24
Kaiser 7, 24, 106
Kajak 78
Kakao 8, 80, 136, 144
Kaktus, Kakteen 80, 188
Kalender 9, 79, 80
Kalk 67
Kalkschale 40
Kalkstein 73
Kalkutta 26
Kalligrafie 144
Kälte 24
Kältestarre 133
Kamera 80, 91
Kamille 72
Kanada 78, 116

Kanal 81
Kandidat 175
Kandinsky, Wassily 87
Känguru 17
Kante 53
Kanton 146
Kärnten 120
Karosserie 18, 19
Karpfen 90
Kartoffel 66, 71, 81, 90, 97, 168
Käse 81, 104, 141, 146, 169
Kaspisches Meer 16
Kastanie 138
Katalysator 6, 81
Katastrophe 81, 104, 137, 167
Kathedrale 24, 82
Katholische Kirche 26, 82, 84
Katze 71, 77, 81, 129, 187
Katzenhai 70
Kaufleute 107
Kaukasusgebirge 47
Kaulquappe 55, 89
Kautschukbaum 69
Kegel 53
Kegelrobbe 177
Keilschrift 144
Keimling 138
Kelchblätter 28
Kelten 63, 82
Kernenergie 15
Kernkraftwerk 128
Kernobst 117
Kerze 6, 25, 48, 82, 97, 175
Kessel 34
Kette 49
Kiefer 112
Kieferknochen 190
Kiemen 13, 51, 55, 109, 143, 162, 187
Kilimandscharo 8
Kind 7, 15, 20, 31, 47, 49, 60, 90, 99, 117, 140, 144
Kinderkrankheiten 85
Kinderrechtskonvention 99
Kirche 24, 26, 82, 88, 135
Kirchturm 24
Kisch, Erwin 101
Kläranlage 82, 167, 179
Klarinette 111
Klärschlamm 82
Klassik 110, 111
Klee, Paul 87
Kleidung 14, 15, 22, 28, 58, 62, 77, 82, 83, 122, 184
Kleinkind 20, 90
Klette 28
Klettverschluss 28
Klicklaute 34
Klima 39, 41, 45, 47, 80, 83, 88, 93, 119, 132, 153, 188
Klimawandel 68, 83, 167
Klimazonen 83
Klingel 49
Kloakentier 139
Kloster 30, 83, 134
Knall 48
Knappe 106, 107

Knochen 54
Knochenfisch 51
Knochenmark 103
Knolle 81
Knospe 65, 89
Koala 17
Koalition 124
Kobel 41, 186
Koch 23
Koffein 38, 158
Kohle 15, 37, 42
Kohlekraftwerk 43
Kohlendioxid / Kohlenstoffdioxid 28, 83, 92, 112, 139
Kohlenhydrate 66, 90, 193
Kohlensäure 83
Kohlmeise 173
Kokain 38
Kokon 147
Kokospalme 121
Kolben 19, 34
Kolbenpumpe 125
Kölner Dom 24
Kolonien 8
Koloss von Rhodos 180
Kolosseum 62
Kolumbien 156
Kolumbus, Christoph 26, 44, 76, 182
Kommandozentrale 29
Kommunikation 84, 150
Kommunikationsmittel 100
Kommunion 82, 84
Kompass 73, 84, 96
Komponist 110, 120
Kompost 109
Kondom 84, 171
Konfirmation 82, 84
König 7, 13, 24, 25, 27, 84, 106, 122, 123, 133, 138, 180
Königskammer 126
Königstiger 132
Konjunktion 185
Kontinent 6, 8, 16, 17, 40, 47, 68, 84, 85, 116, 118, 119, 156, 178, 182
Konto 59
Kontrollturm 52
Konzentrationslager 26, 113
Kopfbahnhof 20
Kopfsalat 57
Kopfschmerzen 88
Kopie 30
Korallenriff 17
Koran 135
Körper 7, 9, 11, 22, 34, 40, 53, 57, 66, 67, 70, 74, 75, 77, 90, 94, 96, 98, 102, 103, 125, 126, 127, 134, 137, 138, 139, 140, 143, 145, 147, 150, 152, 155, 159, 162, 164, 168, 170, 171, 172, 189, 192, 194
Körperpflege 66
Körpersprache 84
Körpertemperatur 102
Körperzellen 35
Kosmos 10

Kot 170
Kraftmaschine 97
Kraftstoffe 23
Kraftwerk 42, 165
Kran 22
Kraniche 36
Krankenhaus 44, 85, 137, 148, 154
Krankenschwester 23
Krankheit 9, 20, 23, 35, 72, 75, 84, 85, 98, 99, 115, 127, 137, 148, 149, 164, 189, 191
Krankheitserreger 9, 75, 164, 172
Krater 105, 174
Kräuter 85, 97, 109, 132, 153, 182
Krautschicht 93
Krebs (Krankheit) 129, 137
Krebse 9, 34
Kredit 59
Kreditkarte 59
Kreis 53
Kreislinie 53
Kreuzfahrtschiff 140
Kreuzspinne 150, 186, 187
Kreuztisch 104
Krickente 90
Kriechtiere 133
Krieg 24, 55, 60, 63, 69, 82, 85, 104, 106, 113, 117, 137, 146, 177
Krieg der Welten 101
Kriegsberichterstatter 101
Kristall 85, 193
Krokus 29
Kronblätter 28
Krone 21
Kronenschicht 93
Kröte 13, 55
Kuckuck 187, 193
Kugel 53
Küken 40
Kulturen 61
Kümmel 72
Kumulonimbus 184
Kumulus 184
Kunde 71
Kunst 24, 61, 69, 73, 85, 86, 100, 110, 144, 151
Kunstfaser 82
Künstler 86, 87
Kunstmusik 110, 111
Kunststoff 32, 80, 85, 91, 131, 190
Kupfer 8
Küste 39, 40, 45, 85, 88, 116, 155, 156, 177, 182
Kuwait 16

Labyrinth 88
Ladogasee 47
Lærdal-Tunnel 165
Lagerhaus 70
Laichschnüre 55
Landbrücke 41
Landebahn 52
Landeklappe 94
Landkarte 15, 48, 88
Landschaft 16, 17, 23, 36, 60, 72, 81, 88, 126
Landschaftsmalerei 86
Landwirt 23
Landwirtschaft 17, 60, 88, 167, 183
Länge 69
Langschiff 182
Langstrumpf, Pippi 31
Laptop 33
Lärche 112
Lärm 88, 92, 120, 148
Larve 13, 27, 51, 77, 89, 97, 123, 149, 161
Laser 32, 39, 89
Lasso 32
Lateinamerika 156
Laubbaum 21, 45, 73, 89, 93, 112, 122
Laubfrosch 90
Laubwald 83, 92
Laufmaschine 49
Laufrädchen 60
Laufvögel 173
Laufwerk 33
Laurasia 85
Lava 174
Lawine 89, 92
Leben 54
Lebensbedingungen 12, 41, 47
Lebenserwartung 12
Lebensgemeinschaft 90, 123
Lebensmittel 9, 14, 66, 75, 90, 97, 138, 169, 179
Lebensmittelpyramide 66
Lebensraum 90, 92, 93, 98, 167, 182, 187, 193
Lebensraum Wald 90, 92
Lebensunterhalt 23
Lebewesen 22, 40, 48, 122, 129, 147, 162
Leber 170
Legierung 104
Lehm 24
Lehre 23, 71
Lehrer 23
Leiche 109
Leinwand 86
Leistung 38
Leitwerk 94
Lektor 30
Lenkrad 19
Lenkstange 19
Leonardo da Vinci 94
Leopard 50
Lernen 90
Lesbe 74
Lesegerät 31
Lettern 30
Lettland 46
Leuchtturm von Pharus 180
Lexikon 90, 100
Libelle 90
Licht 11, 15, 25, 46, 49, 51, 65, 87, 89, 90, 91, 104, 131, 132, 140, 148, 149, 157, 160, 168

Lichtgeschwindigkeit 91
Lichtjahr 11
Lichtmikroskop 104
Liebe 60, 74, 91
Liechtenstein 12, 150
Lied 133
Limes 137
Lindgren, Astrid 31
Linse 15, 29, 50, 91, 104
Litauen 46
Literatur 37, 57, 69, 86, 97, 91
London 29
Löschen 51
Löschmittel 51
Löschzug 51
Lot 91
Löwenzahn 188
Ludwig XIV. 25
Luft 6, 20, 39, 46, 50, 56, 64, 65, 75, 81, 83, 91, 92, 94, 95, 102, 103, 109, 113, 114, 119, 125, 130, 139, 140, 142, 144, 152, 154, 159, 164, 165, 167, 169, 171, 172, 176, 178, 180, 181, 183, 184, 187
Luftdruck 20, 91, 181
Luftfahrt 91, 94, 128
Luftfeuchtigkeit 181
Lufthülle 15
Luftreifen 128
Luftröhre 154
Luftschiff 94
Lüneburger Heide 36, 72
Lunge 13, 34, 55, 102, 103, 113, 132, 139, 143, 154, 162, 164, 176
Lupe 50, 91
Lurch 13
Luther, Martin 26
Luxemburg 46, 58, 150

## M

Macke, August 87
Mädchen 125
Made 77, 89
Magellan, Ferdinand 44
Magen 170
Magma 174
Magnet 40, 60, 96, 115
Magnetfeld 84, 96
Mähdrescher 21
Mahlzeit 60
Maikäfer 89
Mais 8, 64, 96
Malediven 16
Malerei 86
Malta 46
Mammut 41, 54
Mammutbäume 12
Manager 96
Mandant 131
Mangas 32
Mann 7, 23, 54, 67, 69, 74, 83, 96, 147, 171, 174
Mannschaftswagen 51
Maracaibosee 156
Marathon 152
Marc, Franz 87

Märchen 97
Marianengraben 119
Marienkäfer 97
Mark / Deutsche Mark 59
Markt 97, 100
Mars 10
Maschine 6, 21, 23, 34, 37, 58, 60, 63, 77, 88, 89, 97, 108, 120, 121, 125, 136, 146, 165, 190
Maße 69
Maßeinheit 69
Maßstab 88
Mathematik 98, 168
Mauersegler 173
Maulwurf 98, 139, 182, 187
Maulwurfsbau 98
Maurer 23, 91
Maus 33
Mauser 50
Mausoleum in Halikarnassos 180
Maut 192
Maya 76, 126
Mecklenburg-Vorpommern 36
Medaille 38
Medien 98, 100, 101, 109, 180
Medikament 35, 38, 67, 85, 98, 99, 141, 143, 158, 171, 189
Medizin 9, 85, 89, 99, 122, 137, 167, 168
Meer 34, 41, 45, 51, 53, 60, 68, 81, 84, 85, 99, 109, 127, 141, 142, 155, 162, 166, 167, 174, 176, 178, 179, 181, 182, 183
Meeresalgen 9
Meeresboden 40, 42
Meeresküste 34
Meeressaurier 142
Meeresspiegel 41
Meersalat 9
Mehl 64
Mehrzahl 155
Meinung 35
Meisterprüfung 71
Melisse 65
Melodie 110
Melone 55
Menora 135
Mensch 7, 8, 9, 13, 14, 15, 16, 17, 22, 23, 24, 26, 28, 30, 33, 35, 38, 43, 44, 45, 46, 47, 48, 49, 50, 51, 54, 55, 57, 58, 59, 60, 61, 62, 63, 64, 67, 68, 69, 70, 71, 72, 73, 74, 75, 76, 78, 79, 81, 82, 84, 85, 86, 87, 88, 91, 92, 94, 96, 97, 98, 99, 100, 101, 104, 108, 109, 110, 112, 113, 114, 115, 117, 120, 122, 123, 124, 126, 127, 128, 129, 130, 134, 135, 136, 137, 138, 139, 140, 143, 144, 147, 148, 149, 150, 151, 153, 155, 156, 157, 158, 159, 160, 161, 164, 167, 169, 170, 171, 172, 175, 177, 178, 179, 180, 181, 187, 188, 189, 190, 191, 192, 194

Menschenhai 71
Menschenrechte 99, 148, 164, 170
Menschenrechtskonvention 99
Menschheit 8
Menschlicher Körper 102
Menstruation 54
Merkur 10
Mesozoikum 45
Metall 17, 62, 80, 86, 89, 96, 104, 105, 109, 127, 131, 153, 168
Metamorphose 89, 143
Meteorit 105, 142
Meteorologe 181
Mexiko 96, 116
Mexiko-Stadt 116
Mezzosopran 154
Michel aus Lönneberga 31
Mickymaus 32
Miesmuschel 177
Miete 14
Mikroskop 15, 91, 104, 123, 192
Milch 20, 71, 79, 81, 104, 136, 139, 144, 169, 189
Milchsäurebakterien 79
Milchstraße 10, 148
Militär 104, 177
Militärflughafen 52
Mimik 121
Minen 17
Mineral 7, 40, 64, 85, 105, 127, 151
Mineralöl 118
Mineralwasser 83
Minister 124
Mischwald 92
Mississippi 116
Mittelalter 24, 29, 62, 63, 72, 84, 100, 105, 106, 121, 127, 168, 176
Mittelamerika 39, 64, 76, 116, 126, 156
Mitteldeck 95
Mittelgebirge 36
Mittelmeer 47, 99
Mittelohr 117
Mittelpunkt 53
MMS (Multimedia Messaging Service) 148
Modem 78
Moderator 101
Moderne Kunst 86
Mohammed 135
Molch 13
Molke 81
Monat 10, 79, 80, 105, 191
Mönch 30, 83, 134
Mond 10, 11, 40, 48, 105, 130, 138, 148, 149, 184, 191
Mondfinsternis 149
Mondlandung 63

211

Monet, Claude 87
Mongolei 16
Monitor 33
Montblanc 12
Monte Rosa 146
Moor 88, 108, 109
Moos 92, 93, 108, 186
Moräne 68
Morgenland 118
Morsealphabet 149
Mosaik 24, 108
Moschee 135
Moskau 41, 47
Motor 18, 19, 94, 95, 108
Mount Everest 16, 23
Mount Kosciusko 17
Mount McKinley 116
Mozart, Wolfgang Amadeus 111, 118, 120
Müdigkeit 12
Müll 107, 108, 131, 167
Multimedia 109
Multimedia Messaging Service (MMS) 148
Mumie 9, 109, 122, 126
Münster 82
Münzen 58, 59
Murray 17
Muschel 58, 99, 109, 143, 162, 177
Museum 109, 151
Musik 32, 33, 37, 54, 78, 86, 100, 110, 121, 157, 159
Musikinstrument 110, 111
Musiktheater 118
Muskatnuss 65
Muskeln 103
Muslime 135
Mutter 20, 49, 56
Mutter Teresa 26
Mutterkuchen 145
Muttersprache 150
Myra, Bischof von 115
Mythen 69
Myzel 122, 123

Nabel 145
Nabelschnur 56
Nachfrage 97
Nachname 112
Nachschlagewerk 31
Nacht 10, 79, 157, 114, 143, 157, 166, 191
Nacktsamer 138
Nadelbaum 21, 23, 45, 73, 89, 92, 93, 112, 122, 138
Nadelwald 16, 92
Nagetier 40
Nährstoffe 7, 28, 56, 66, 74, 83, 89, 90, 92, 102, 104, 112, 122, 138, 145, 168, 170, 188, 194
Nahrung 15, 74, 170
Nahrungskette 112, 123
Nahrungsmittel 64, 79, 81, 88, 96, 104
Name 7, 12, 20, 60, 76, 78,

107, 110, 112, 121, 134, 169, 182, 184
Narbe 22, 29
Narkose 113
Nase 67, 75, 102, 113, 194
Nasenaffe 132
Nasenhöhle 113
Nation 174
Nationalfeiertag 50, 181
Nationalrat 35
Nationalsozialismus 26, 113, 129, 135
Nationalsozialistische Deutsche Arbeiterpartei (NSDAP) 113
Natur 8, 16, 17, 28, 36, 64, 82, 87, 88, 114, 120, 128, 136, 151, 156, 167, 168, 175, 189
Naturgesetze 64
Naturkatastrophe 81
Naturkundemuseum 109
Naturschutz 61, 108, 177
Naturwissenschaften 99, 109, 114, 168
Navajo 76
Navigationssystem 18
Navigationsgerät 139
Nazi (Nationalsozialisten) 113
Nebel 114, 128, 180
Negativfilm 80
Nektar 27, 74
Nelken 65
Neozoikum 45
Neptun 10
Nerven 57, 103, 113, 143, 190, 192, 194
Nervensystem 103
Nervenzelle 102, 148
Nervosität 89
Nesselkapsel 127
Nesseltier 127, 163
Nest 41, 173, 186
Nestbau 13
Nestflüchter 173
Nesthocker 173
Nestschutz 13
Netzhaut 15
Neumond 105
Neuschwanstein 37
Neuseeland 67
Neusiedler See 120
Neuzeit 62, 63
Niederadel 7
Niederlande 46, 58, 84
Niederösterreich 120
Niedersachsen 36
Niederschlag 53, 83, 114, 131, 144, 178, 181, 184, 188
Nikolaus 114, 115
Nikotin 115, 155, 157
Nil 8
Nimbus 184
Nitroglycerin 39
Nobel, Alfred 39
Nobelpreis 26
Nomade 8, 115, 153
Nomen 68, 155

Nonne 83
Nootka 76
Nordamerika 32, 41, 76, 85, 92, 98, 115, 116, 125, 141, 148, 153, 156, 157, 174, 182
Nordfriesische Inseln 36
Nord-Ostsee-Kanal 81
Nordpol 14, 41, 79, 84, 96, 115, 155, 188
Nordsee 36
Normannen 60, 182
Norwegen 47, 165, 176, 182
Noten 110
Notenlinie 110
Notruf 46
NSDAP (Nationalsozialistische Deutsche Arbeiterpartei) 113
Nuss 12, 41
Nützling 97
Nutzpflanzen 168
Nutztier 71
Nylon 85

Oase 117, 188
Obdachlos 47, 117
Obelix 32
Oberdeck 95
Oberer See 116
Oberösterreich 120
Oberschenkelknochen 103
Objektiv 50, 80, 104
Oboe 111
Obst 21, 66, 86, 88, 97, 117
Ohr 40, 48, 88, 117, 140, 167
Ohrmuschel 117
Okular 50, 104
Okzident 118
Öl 8, 22, 42, 69, 83, 85, 118, 125, 131, 136, 141, 167, 175, 192
Olympische Spiele 69, 118, 152
Oper 111, 118, 160
Opposition 124
Orange (Farbe) 49
Orange (Frucht) 55
Orang-Utan 16, 132
Orca 34
Orchester 111, 118, 160, 189
Organ 28, 57, 102, 103, 109, 113, 143, 145, 162, 164, 167, 170, 194
Organismus 102
Orgasmus 147
Orient 118, 121
Orientierung 88
Osten 73
Ostern 79
Österreich 12, 35, 37, 46, 50, 58, 119, 120, 124, 133, 146, 150, 175, 192
Ostsee 36, 99
Ostsibirien 16
Otto, Kirstin 152
Outback 17
Ozean 17, 40, 47, 99, 119, 141, 162, 178

Ozon 15, 119
Ozonschicht 15, 148

Paarung 55, 89
Page 106
Paläozoikum 45
Palas 107
Palme 121, 175
Palmfarn 50
Pampas 153
Panama 116
Panamakanal 81
Pandabär 16
Pangäa 85
Pantomime 121, 160
Papier 21, 30, 32, 51, 73, 80, 82, 86, 109, 121, 131, 144
Paprika 57
Papyrus 121
Papyrusrollen 30
Paraguay 156
Paralympics 118
Parlament 35, 64, 124, 175
Partei 35, 113, 124, 175
Passagier 52
Passagierflugzeug 52
Passah 135
Pazifik / Pazifischer Ozean 17, 81, 99, 116, 119
PC (Personal Computer) 33
Pedal 49
Peking 16, 41
Pelé 152
Penis 84, 96, 147, 171
Pergament 30
Periode 54
Periskop 166
Perlon 85
Perltang 9
Personal Computer (PC) 33
Pest 63, 127
Pfeffer 65, 121
Pferd 18, 32, 71, 122, 139, 141, 152, 155, 182, 187
Pferdestärke (PS) 18
Pfingsten 79
Pflanzen 9, 22, 28, 39, 40, 43, 45, 48, 50, 54, 55, 57, 60, 65, 67, 80, 83, 85, 88, 90, 91, 92, 96, 98, 108, 112, 114, 122, 123, 126, 132, 138, 139, 140, 141, 142, 143, 155, 157, 162, 167, 168, 170, 172, 178, 179, 185, 188, 191, 192
Pharao 9, 44, 109, 122, 126
Philippinen 16
Philippinengleitflieger 132
Physik 26, 114
Physiker 26
Pico de Aneto 126
Pille 171
Pilze 67, 93, 98, 122, 123, 141
PIN 50
Pinguine 41
Pirat 123
Planet 10, 11, 45, 105, 130, 138, 148, 184

Planetarium 11
Planierraupe 22
Plankton 9, 51, 70, 99, 123, 176
Plantagen 8
Plastik 77, 85, 86, 148
Plato 69
Plattdeutsch 37
Plattwürmer 163
Playstation 33
Plazenta 145
Plazentatier 139
Plesiosaurus 142
Plural 155
Pluto 10
Podcast 109, 123
Pökeln 138
Pol 83, 96
Polargebiete 83
Polarnacht 115
Polartag 115
Polen 46
Politik 35, 100, 101, 123, 124, 181
Polizei 51, 64, 123, 128, 151
Pollen 74
Polyester 85
Pompeji 174
Pony 122
Pop (Popular music) 110
Popcorn 96
Porträt 86
Portugal 46, 47, 58
Porzellan 125
Posaune 111
Potsdam 25
Prädikat 139
Präkambrium 45
Präposition 185
Prärie 76, 115, 116, 125, 153
Prärieindianer 76, 115
Präsens 169
Präsident 124, 181
Prater 120
Präteritum 169
Priel 177
Primärfarbe 49
Propellerflugzeug 95
Protestantismus 26
PS (Pferdestärke) 18
Pteranodon 142
Pterosaurier 142
Pubertät 54, 60, 96, 125, 159
Puccini, Giacomo 118
Puebloindianer 76
Puls 102, 125, 154
Pumpe 72, 97, 125, 165, 169
Pupille 15
Puppe 27, 77, 143
PVC 85
Pyramide 9, 24, 53, 109, 122, 126, 151, 180
Pyrenäen 126

Quader 53
Quadrat 53
Qualle 45, 123, 127, 162
Quarantäne 127
Quarz 105

Quarzsand 67
Quarzuhr 166
Quecksilber 104, 127, 161
Quelle 53, 65, 67, 117, 127, 178

## R

Rachenraum 113
Rad 6, 18, 19, 41, 128, 158
Radar 128, 166
Radfahrer 49
Radieschen 188
Radio 18, 42, 79, 100, 101, 180
Radioaktiver Abfall 42
Radioaktivität 26, 128, 168
Radius 53
Rakete 48, 130, 138
Ramadan 135
Ramses 122
Rapsöl 23
Rasen 182
Rasse 129
Rassismus 129, 174
Rathaus 129
Raubfisch 51
Raubtier 74, 81, 129, 139, 190
Rauchen 115
Rauchschwalbe 193
Raumanzug 11
Raumfahrt 116, 128, 129, 130
Raumfahrzeug 11, 130
Raumflugkörper 138
Rauminhalt 69
Raumsonde 11, 130
Raumstation 130
Raupe 77, 89, 143
Rauschmittel 38
Re 122
Rechenmaschine 33
Rechner 33
Recht 6, 7, 35, 63, 67, 69, 99, 106, 113, 129, 131, 136, 168, 172, 181
Rechteck 53
Rechtsanwalt 60, 131, 151
Recycling 109, 131, 167
Redakteur 30
Regen 24, 32, 53, 54, 108, 114, 131, 153, 178, 180, 184
Regenbogen 91, 131
Regenwald 8, 16, 17, 39, 50, 92, 93, 132, 156, 162, 165, 189
Regenwolke 184
Regenwurm 93, 132, 133, 182
Regierung 35, 64, 68, 84, 101, 124, 133, 151, 181
Reh 161
Reichstag 36
Reif 114
Reim 133, 172
Reis 16, 64, 133
Reiz 148
Rekord 152, 202–205
Relativitätstheorie 26

Religionen 15, 38, 62, 73, 79, 82, 99, 118, 133, 134, 147, 157, 164, 174
Renoir, Auguste 87
Rente 133
Reporter 101
Reptil 13, 22, 45, 133, 142, 145, 159, 162, 183
Republik 120, 133, 146
Requisiten 160
Reservat 17, 76
Rettungsdienst 46
Revier 186
Rhein 37
Rhythmus 57, 110, 149, 172
Richter 23, 60, 84, 136, 154, 168
Riechen 57, 103, 148
Riesenschildkröte 12
Riffhai 71
Rind 32, 189
Rinde 21, 23, 65, 69, 73
Rinderherde 32
Rinderzüchter 32
Ringelblume 72
Ringelwurm 163, 177
Ritter 63, 106, 107, 176
Robben 41
Roboter 136
Rocky Mountains 116
Roggen 64
Rohöl 23
Rohrweihe 90
Rohstoff 17, 42, 73, 77, 92, 118, 121, 122, 131, 136
Rollstuhl 23
Rom 14, 62, 137
Roman 31, 91
Römer 9, 14, 24, 27, 60, 62, 69, 82, 108, 121, 136, 137, 148, 184
Römisches Reich 9, 62, 63, 106, 137
Ronja Räubertochter 31
Röntgen, Wilhelm Conrad 137
Röntgenstrahlen 137
Rosskastanie 89
Rot 49
Rotbuche 93
Rote Liste 61
Rote Waldameise 13, 186
Roter Halbmond 137
Rotes Kreuz 46, 52, 137
Rothirsch 47, 92
Rotkehlchen 173
Rotorblätter 43, 95
Rücksicht 54
Rückstrahler 49
Rüde 74
Ruderschwanz 55
Rügen 36
Ruhrgebiet 37
Rumänien 46, 47
Rumpf 94
Rundwürmer 163
Rüssel 77
Russisch 12

Russland 36, 41, 47, 115, 129, 144, 181, 183
Rüstung 106

## S

Sabbat 134
Sachbuch 31
Sachsen 60
Sächsisch 37
Sage 138, 152
Sahara 8, 188
Saiteninstrument 111
Salamander 13
Salbei 72
Salz 37, 58, 81, 138
Salzburg 120
Salzwasser 51
Samen 13, 22, 29, 41, 44, 55, 64, 65, 72, 84, 112, 117, 125, 138, 158
Samenerguss 96
Samenleiter 96
Samenzelle 22, 96, 145, 147, 192
Sandotter 188
Sanduhr 166
Sao Paulo 156
Satellit 100, 130, 138, 139, 159
Satellitenantenne 100
Satellitenschüssel 101
Sattelschlepper 32
Saturn 10
Saturn-Rakete 11
Satz 68, 97, 139, 185
Satzzeichen 139
Sauerstoff 9, 15, 28, 45, 51, 56, 82, 92, 102, 103, 109, 119, 122, 123, 132, 139, 145
Säugetier 22, 34, 40, 45, 50, 51, 75, 81, 98, 99, 104, 122, 129, 139, 162, 176
Säugling 20
Säure 83
Saurer Regen 93, 140
Saurier 45, 54, 140, 142, 162, 173
Savanne 8, 17, 83, 140
Saxofon 111
S-Bahn 20
Scannerkasse 33, 89
Schabrackentapir 132
Schadstoffe 18
Schäfchenwolke 184
Schafzucht 17
Schall 65, 117, 140, 154
Schallwellen 34, 40
Schalthebel 19
Schaltjahr 79, 80
Schalttag 79, 80
Schamhaare 54, 125
Schamlippen 54
Schaufellader 22
Schaufelrad 141
Scheide 56, 84, 147
Scheidung 140
Scheinwerfer 18
Scheune 21

Schichtwolke 184
Schieberkasten 34
Schiedsrichter 152
Schienennetz 41
Schiff 29, 32, 34, 70, 123, 127, 128, 140, 141, 164, 166, 171, 180
Schifffahrt 41, 53
Schiffsmasten 52
Schildhornvogel 132
Schilf, Schilfrohr 44, 140, 141
Schiller, Friedrich 31, 37
Schilling 59
Schimmel 141
Schimmelkäse 81
Schimmelpilz 123
Schlaf 96, 143, 164, 183
Schlaflosigkeit 88
Schlagadern 7
Schlaginstrument 111
Schlange 22
Schleiereule 46
Schleierwolke 184
Schlepper 70
Schloss 6, 24, 25, 37, 160, 185
Schlot 174
Schmecken 57, 103, 148
Schmelzwasser 68
Schmerz 38, 102, 143, 155, 161, 164
Schmetterling 77, 89, 132, 143, 145, 182
Schmuck 40
Schnabel 40, 44, 173
Schnabeligel 132
Schnabeltier 17
Schnecke 55, 75, 117, 143, 162, 177
Schnee 53, 68, 75, 78, 114, 144, 161, 178, 180, 184, 188, 189
Schneeleopard 16
Schnellstraßenbahn 20
Schockwellen 45
Schokolade 80, 144, 146, 148
Schorfheide 72
Schornstein 34
Schrift 9, 12, 28, 62, 73, 91, 144, 150, 153
Schriftrolle 30
Schriftzeichen 30, 73, 84, 144
Schub 94
Schubert, Franz 120
Schule 15, 44, 47, 79, 144, 145, 148, 150, 154, 168
Schumacher, Michael 152
Schuppen 51, 70, 133, 138, 143, 145
Schuppentier 132
Schutzimpfung 75
Schwäbisch 37
Schwäbische Alb 36
Schwalbe 173
Schwämme 163
Schwangerschaft 145
Schwanz 40, 55, 81

Schwänzeltanz 27
Schwarz 49
Schwarze Witwe 150
Schwarzer Milan 193
Schwarzes Meer 99
Schwarzwald 36
Schweden 46, 47, 182
Schwefel 140
Schweißerbrille 29
Schweiz 12, 35, 37, 46, 50, 124, 146, 150, 175, 192
Schweizer Eidgenossenschaft 146
Schwerelosigkeit 130
Schwerhörigkeit 88
Schwerkraft 130, 147
Schwertwal 34
Schwimmbrille 29
Schwimmente 44
Schwimmhäute 44
Schwule 74
Schwungfedern 50
Science-Fiction 147
See 53, 65
Seebeben 44, 45
Seefahrer 26, 44
Seele 134, 147, 189
Seeschwalbe 193
Seestern 177
Seeweg 8, 26, 44
Segelflugzeug 95
Segelschiff 141
Sehbehinderte 28
Sehen 57, 103, 148
Sehhilfe 29
Sehnerv 15
Seide 82, 147
Seidenspinnerraupe 147
Seismograf 45
Seitenflosse 94
Seitenruder 94
Sekte 147
Setzerei 31
Seuche 63, 127
Sexualität 147
Shanghai 16
Short Message Service (SMS) 148
Sibirien 115
Sibirischer Tiger 16
Sicherheitsgurt 18
Siddharta Gautama Buddha 134
Siebenarmiger Leuchter 135
Silberdistel 61
Silbermöwe 177
Singular 155
Sinne 103, 117, 148
Sinneseindrücke 57
Sinnesorgan 15
Sioux 76
Skandinavische Halbinsel 47
Skelett 51, 70, 103
Sklave 8, 69, 118, 148, 183
Skorpion 188
Skulptur 86, 109, 151
Slowakei 46, 47

213

Slowenien 12, 46
Slum 148
Smartphone 159
Smog 119
SMS (Short Message Service) 148
Soda 67
Software 33
Sokrates 69
Solaranlagen 43
Solarmobil 19
Soldat 104
Sommer 79, 83, 119, 146
Sonar 167
Sonderkindergarten 23
Sondermüll 109
Sonderschule 23
Sonne 10, 11, 24, 25, 28, 32, 43, 45, 73, 79, 82, 90, 91, 105, 115, 131, 133, 148, 149, 155, 157, 165, 166, 178, 180, 181, 183, 184, 191
Sonnenbrille 29
Sonneneinstrahlung 15
Sonnenenergie 19, 43
Sonnenfinsternis 148, 149
Sonnenkollektoren 43
Sonnenstrahlen 102, 119, 131, 148, 165
Sonnensystem 10, 130, 148, 168
Sonnenuhr 166
Sonntag 79
Sopran 154
Sorgerecht 140
SOS 149
Souffleuse 160
Sozial 149
Sozialhilfe 149
Sozialstaat 149
Spaceshuttle 11, 130
Spanien 46, 47, 58, 82, 126, 159
Spargel 57
Specht 149
Speiche 128
Speicheldrüse 170
Speichenreflektor 49
Speicherkapazität 32
Speiseröhre 170
Sperling 173
Spermien / Sperma 96, 147, 170, 171
Spiegelachse 6
Spiegelsaal 25
Spinne 149, 150, 159, 162, 187
Spinnentiere 150
Spinnerei 184
Spitzwegerich 188
Splintholz 21
Sporen 50, 108
Sport 35, 61, 100, 101, 118, 150, 162
Sportler 38
Sprache 12, 31, 35, 38, 47, 68, 76, 82, 84, 100, 150, 159, 174, 185

Sprechblase 32
Sprengstoff 39
Sprichwort 150
Staat 7, 8, 9, 13, 14, 16, 17, 36, 46, 58, 62, 77, 99, 116, 118, 124, 126, 129, 131, 133, 146, 151, 154, 167, 170, 172, 174, 175, 176, 181
Staatsangehörigkeit 15, 151
Staatsanwalt 151
Staatsdienst 7
Staatsoberhaupt 84
Stachel 13, 75
Stachelhäuter 163
Stadt 9, 14, 20, 24, 25, 36, 37, 38, 52, 60, 63, 68, 69, 72, 74, 79, 88, 97, 107, 116, 120, 121, 127, 129, 137, 148, 151, 152, 156, 174, 175, 177, 180, 181
Stahl 141
Stahlbeton 27
Stalagmiten 73
Stalaktiten 73
Stammbaum 172
Stämme 76
Standvögel 173, 193
Stängel 29
Startbahn 52
Staubbeutel 29
Staudamm 34, 53
Stausee 34
Stegosaurus 142
Steiermark 120
Steigbügel 117
Steigbügelknochen 103
Steilküste 85
Stein 14, 54, 62, 86, 89, 106, 108, 151, 153, 174
Steinadler 173
Steinbauten 14
Steinobst 117
Steinzeit 51, 64, 71, 73, 74, 86, 88, 125, 151, 153, 158
Steppe 16, 80, 115, 117, 140, 153
Stern 10, 11, 113, 148
Sternwarte 11
Steuern 154
Stichling 187
Stil 24, 86, 87, 110
Stillleben 86
Stimmbänder 154
Stimme 20, 125, 154
Stimmzettel 175
Stockente 44
Stoff 82
Storch 36, 193
Stoßdämpfer 18
Strafe 60, 129
Strafkolonien 17
Strahltriebwerk 39
Straße 18, 22, 27, 29
Straßenbahn 20
Straßenreinigung 74
Stratus 184
Strauchschicht 93
Streit 38

Streitkräfte 104
Stress 154
Strichcode 33
Strom 15, 20, 33, 34, 42, 51, 60, 68, 78, 80, 104, 107, 108, 148, 154, 165
Stromkreis 154
Strophe 172
Stute 122
Styropor 85
Substantiv 7, 155, 185
Sucher 80
Suchhund 74
Sucht 39, 155
Südafrika 67, 129, 193
Südamerika 39, 44, 64, 76, 80, 81, 85, 96, 116, 117, 126, 132, 148, 155, 156, 174
Süden 73
Südosteuropa 47
Südpol 14, 41, 79, 96, 115, 119, 155, 159, 188
Südpolarnacht 155
Südpolartag 155
Sumpf 155
Süßwasser 51, 179
Sydney 17
Sylt 36
Symbiose 123
Synagoge 135
Synthesizer 111

**T**
Tabak 38, 115, 116, 157
Tablet-Computer 33
Tag 10, 79, 157, 184
Tag der Deutschen Einheit 50, 181
Tagpfauenauge 143
Taiga 16, 83
Taipeh Financial Center 25
Taiwan 25
Tal 14, 56, 68, 105, 157
Talgdrüse 70
Tandem 49
Tank 19
Tanklöschfahrzeug 51
Tanne 112
Tanz 86, 110, 157
Tanzform 20
Tarnfarbe 44
Tarnung 158
Taschenlampe 20
Tastatur 33
Täter 123
Tatort 51
Tau 114
Taube 173
Tauchenten 44
Taucherbrille 29
Tauschhandel 58
Tauschmittel 58
Technik 28, 31, 43, 109, 147, 158, 191
Tee 8, 72, 90, 158
Teenager 159
Teestrauch 158
Teich 65, 90
Teichmuschel 90

Telefon 46, 100, 159
Telekommunikation 84
Teleskop 11
Tempel 62, 69, 134, 180
Temperatur 16, 45, 51, 68, 69, 72, 83, 89, 114, 115, 142, 155, 159, 161, 165, 174, 184, 188
Tenor 154
Tentakel 127
Terminal 52
Terrarium 159, 187
Territorium 186
Terrorist 159
Testament 160
Text 30
Theater 69, 86, 100, 151, 160
Therme 127
Thermometer 127, 159, 161
Thermostat 72
Thor 60
Thüringer Wald 36
Ticket 52
Tiefdruck 181
Tiefland 36
Tier 7, 9, 13, 22, 27, 28, 31, 34, 39, 41, 48, 49, 50, 51, 54, 55, 58, 61, 67, 70, 75, 77, 78, 80, 81, 88, 89, 90, 91, 92, 93, 97, 98, 99, 101, 109, 112, 114, 122, 123, 126, 127, 129, 132, 133, 134, 136, 138, 139, 140, 142, 143, 145, 147, 148, 153, 155, 158, 161, 162, 164, 167, 168, 170, 172, 173, 178, 182, 183, 184, 186, 187, 188, 191, 192, 193
Tierhaut 30
Tierpark 192
Tierprodukte 71
Tierreich 77, 150, 161, 162, 194
Tierschutz 161
Tierspur 161
Tiger 16, 158
Tintenfisch 34
Tirol 120
Titanic 41
Tod 9, 67, 84, 122, 126, 134, 135, 147, 160, 164
Tokyo 16
Toleranz 164
Tollwut 164
Tomate 57
Töne 110
Tongefäße 51
Tontafel 30
Tora 134, 135
Torf 108
Totempfahl 76
Tourismus 16
Tower 52
Tower Bridge 29
Tragfläche 94
Träne 164
Tränendrüse 164

Transport 128
Transportflugzeug 52
Transportmittel 164
Transsibirische Eisenbahn 41
Traubenzucker 28
Traum 164
Trickfilm 164, 165
Triebwerk 94
Trinkwasser 179
Trinkwasserspeicher 37
Trizeps 103
Trockenheit 93, 143, 153, 188
Trommelfell 48, 117
Trompete 111
Tropen 92, 121, 132, 140, 150, 165, 193
Tropfstein 73
Troposphäre 15
Tschechische Republik 46
Tschernobyl 129
Tsunami 45, 81
Tuareg 8
Tuba 111
Tulpe 29
Tundra 16, 83
Tunnel 22, 165
Tunwort 169
Turbine 42, 43, 165
Türkei 47, 115, 137, 180, 183
Tutanchamun 44, 122
Tyrannosaurus Rex 142

**U**
U-Bahn 20
Überfischung 99
Überschwemmungen 34, 45, 51
Übersetzer 38
Übertragungswagen 100
Überweisung 59
U-Boot 166, 167
Uhr 33, 146, 166, 191
Uhu 46
Ulme 93
Ulmer Münster 24
Ultraschall 167
Uluru 6
Umlaufbahn 10
Umlaut 12
Umwelt 6, 41, 42, 48, 88, 108
Umweltkatastrophe 51
Umweltschutz 46, 131, 167
Umweltverschmutzung 61, 99
UN, UNO (Vereinte Nationen) 170
Unfall 23, 51
Ungarn 46, 120
United States of America (USA) 18, 22, 33, 67, 116, 124, 181, 192
Universität 23, 131, 136, 144, 168
Universum 10, 11
Unkraut 188
Unterhaltungsmusik 110
Unterleib 54
Unterschrift 51

Unterseeboot 166
Uralgebirge 47
Uran 26, 128, 168
Uranus 11
Ureinwohner 17
Urgeschichte 62, 63
Urgroßeltern 49
Urin 38
Urknall 11, 168
Urkontinent 85
Urkunde 62
Urmensch 153
Urteil 60, 136
Uruguay 156
Urwald 42
USA (United States of America) 18, 22, 33, 67, 116, 124, 181, 192
Usedom 36

## V

Vakuum 169
Vandalen 60
Vanille 169
Vanillin 169
Vater 49
Veganer 169
Vegetarier 169
Venen 7, 102
Venezuela 156
Ventil 125, 169
Venus 10
Verb 68, 139, 169, 185
Verbotsschild 171
Verbraucher 71
Verbrechen 51
Verbrennungsgase 39
Verbrennungsmotor 108
Verdauung 20, 65, 66, 170
Verdi, Giuseppe 118
Vereinigte Arabische Emirate (VAE) 25
Vereinigte Staaten von Amerika (USA) 18, 22, 33, 67, 116, 124, 181, 192
Vereinte Nationen (UN / UNO) 99, 104, 148, 170, 177
Vererbung 170, 171
Vergangenheit 62, 169
Vergrößerungsglas 91
Verhalten 77
Verhütung 171
Verkehr 124, 171
Verkehrsflughafen 52
Verkehrsmittel 18
Verkehrsregeln 49
Verkehrsweg 53
Verkehrszeichen 171
Verlag 30
Verletzung 46
Vermutung 48
Vers 133, 172
Versailles 25
Verschmutzung 167
Verstand 78
Versuch 48
Vertrag 96, 131, 172
Verwandte 172, 176
Vesuv 174
Victoriasee 8

Video 39
Vieh 21
Viehfutter 22, 96
Viehhirten 32
Viereck 53
Viertaktmotor 19
Vinci, Leonardo da 94
Violett 49
Violine 110
Virtuell 172
Virus 9, 75, 164, 172, 173
Vitamine 57, 66, 90, 117, 133
Vogel 22, 36, 45, 46, 50, 77, 114, 120, 132, 138, 149, 162, 173, 193
Vogelbecken-Saurier 142
Vogelspinne 150
Vokalmusik 110
Volk 8, 13, 35, 60, 62, 82, 124, 133, 135, 137, 138, 150, 174, 182, 189
Völkerkundemuseum 109
Volksmusik 110
Vollmond 105
Vorarlberg 120
Vorderrad 49
Vormund 176
Vortrieb 94
Vorurteil 38, 129, 174
Voyager 2 130
Vulkan 119, 174

## W

Waage 175
Wabe 27, 74
Wachhund 74
Wachs 27, 82, 175
Wachturm 106
Wagenachse 6
Wagner 23
Wagner, Richard 37, 118
Wahl 35, 38, 175
Wähler 124
Wahlrecht 63
Währung 46, 58, 59
Wahrzeichen 24
Waise 26, 176
Wal 34, 51, 115, 123, 139, 155, 162, 176
Wald 13, 92, 93, 132
Waldbrand 51, 93
Waldkauz 93
Waldohreule 46
Waldsterben 140
Walhai 70
Wallach 122
Wandelndes Blatt 158
Wanderdüne 39
Wanderfalke 163
Wappen 76, 176, 177
Ware 32, 58, 70, 71, 77, 97
Wärme 72
Wärmekraftwerk 42
Waschbär 93
Washingtoner Artenschutz-abkommen 61
Wasser 7, 9, 13, 14, 20, 21, 22, 27, 28, 34, 40, 41, 42, 43, 44, 45, 51, 53, 55, 56, 65, 66, 67, 72, 73, 74, 80,

82, 83, 89, 106, 107, 108, 109, 112, 114, 117, 118, 123, 127, 133, 137, 138, 140, 142, 143, 148, 152, 155, 158, 159, 162, 164, 165, 166, 167, 168, 169, 171, 176, 177, 178, 179, 181, 184, 186, 187, 188, 193
Wasserader 7
Wasserdampf 34, 42, 67, 114, 131, 178, 184
Wasserenergie 43
Wasserfrosch 90
Wasserhahn 74, 169
Wasserkessel 34
Wasserkraftwerk 42, 43, 60
Wasserkreislauf 178
Wasserläufer 90
Wasserleitung 14, 24, 29, 34
Wasserspinne 187
Wassersport 152
Wassertank 51
Wasseruhr 166
Wasservogel 44
Wasserwerk 179
Watt 36, 177
Wattenmeer 40, 177
Wattschnecke 177
Webdesigner 23
Wechselkurs 58
Wehen 56
Wehrgang 106
Weichholz 73
Weichkäse 81
Weichtier 45, 109, 143, 163
Weide 182
Weiher 65
Weihnachten 79
Weinbergschnecke 187
Weintrauben 55
Weißer Hai 71
Weißkopf, Gustav 94
Weißtanne 93
Weizen 64
Welpe 74
Weltall 10, 11, 168
Weltbevölkerung 60
Weltkrieg 36, 63, 113, 177, 181
Weltmarkt 8
Weltwunder 126, 180
Werbeagentur 180
Werbung 96, 101, 180
Werkstoff 67
Werkzeug 62, 71, 153
Westen 73
Wetter 15, 20, 43, 60, 83, 139, 141, 180, 181, 184
Wettervorhersage 181
Wettkampf 38, 118
Wiedergeburt 134
Wiedervereinigung 36, 50, 181
Wien 120
Wiese 21, 125, 168, 182, 191
Wiewort 7
Wigwam 76
Wikinger 60, 141, 182

Wildpferd 122
Wildschwein 93, 161
Wildtier 71
Wimper 15
Wind 22, 24, 29, 39, 43, 54, 82, 83, 89, 91, 94, 95, 114, 138, 178, 180, 181, 183
Windenergie 43
Windkraftwerk 43, 60
Windrose 84
Winter 28, 29, 41, 75, 79, 83, 89, 107, 115, 133, 138, 143, 146, 158, 173, 183, 193
Winterruhe 183
Winterschlaf / Winterstarre 75, 143, 183, 186
Wintersportart 152
Wirbellose 162
Wirbeltiere 45, 51, 162, 190, 194
Wirtschaft 8, 17, 37, 46, 100, 120, 146, 183
Wissenschaft 28, 98, 99, 168
Wissenschaftler 10, 26, 62, 162
Woche 27, 80, 145, 184
Wohnungen der Tiere 186, 187
Wolf 16, 74
Wolga 47
Wolke 65, 83, 114, 131, 144, 178, 180, 181, 184
Wolkenkratzer 25
Wolle 71, 82, 136, 184, 185
Wollnashorn 41
Wombat 17
World Trade Center 63
Wort 14, 35, 38, 56, 57, 60, 68, 73, 74, 83, 84, 87, 90, 97, 121, 125, 127, 131, 133, 135, 139, 144, 147, 148, 149, 150, 154, 155, 169, 172, 185
Wortarten 185
Wörterbuch 185
Wright, Brüder 94, 95
Wunde 9
Wunderkerze 48
Würfel 53, 185
Wurzel 21, 28, 29, 57, 65, 72, 89, 92, 93, 108, 112, 122, 138, 188, 190, 194
Wüste 16, 17, 39, 42, 80, 84, 88, 90, 109, 115, 117, 159, 188

## X

X-Strahlen 137
Xylofon 189

## Y

Yak 16, 189
Yanomami 189
Yoga 189

## Z

Zahl 33, 74, 98, 154, 161, 185, 190
Zahlwort 185
Zahn 54, 66, 70, 142, 170,

176, 190, 191, 193
Zahnkrone 190
Zahnrad 18, 166, 190, 191
Zahnwal 176
Zauberlehrling, Der 31
Zecke 191
Zeit 11, 12, 20, 24, 39, 40, 41, 54, 59, 62, 63, 65, 69, 73, 83, 87, 89, 93, 110, 111, 125, 135, 140, 142, 150, 152, 157, 166, 171, 180, 188, 191
Zeitgeschichte 62, 63
Zeitlupe 191
Zeitraffer 191
Zeitrechnung 62
Zeitschrift 100
Zeitung 100
Zeitwort 169
Zeitzeuge 62
Zelle 15, 22, 35, 40, 48, 102, 108, 137, 143, 162, 168, 170, 172, 192
Zellstoff 121
Zelt 14, 115
Zement 27
Zentralafrika 8
Zentralheizung 72
Zeppelin 94
Zeus 69
Zeusstatue 180
Ziffer 190
Zigarette 115
Zimt 65, 192
Zinn 8
Zinsen 59
Zirkuszelt 14
Zirrokumulus 184
Zirrostratus 184
Zoll 68, 192
Zoo 187, 192, 193
Zoologe 162
Zucker 28, 35, 82, 90, 144, 193
Zuckerkrankheit 35
Zuckerrohr 8
Zuckerrübe 193
Zug 20, 41
Zugbrücke 29
Zugspitze 36, 37
Zugtier 71
Zugvögel 173, 183, 193
Zukunft 147, 169, 191
Zündkerze 19
Zündschloss 19
Zündschlüssel 19
Zunft 107
Zunge 102, 149, 154, 194
Zweiter Weltkrieg 36, 63, 177, 181
Zwergkolibri 163
Zwergplanet 10
Zwiebel 29, 57, 65, 194
Zwillinge 171, 194
Zwitter 133
Zylinder (Geometrie) 53
Zylinder (Motor) 34, 108
Zypern 46

**Abkürzungen**

| | | |
|---|---|---|
| °C | = | Grad Celsius |
| km | = | Kilometer |
| m | = | Meter |
| cm | = | Zentimeter |
| t | = | Tonnen |
| kg | = | Kilogramm |
| l | = | Liter |
| z.B. | = | zum Beispiel |
| d.h. | = | das heißt |
| km/h | = | Kilometer in der Stunde |

**Bildnachweis:**

o = oben, u = unten, r = rechts, l = links, M = Mitte

Archiv für Kunst und Geschichte, Berlin: 18u, 24u, 25o, 25u, 26, 108u, 181; Anja Lohr: 29u; F1-online: Allover: 6u, 23o; Holger Peters: 6o; Prisma: 12o, 48u, 59M; Corbis RF: 31u; Corbis RF: 31u; Roman Horner: 32o; D.Fernandez & M. Peck: 35o; Hamilton: 36o; ONTOUR: 36M; Widmann: 46o, 51o; Pöchel/Schuster: 58u; Reinhard Dirscherl: 71o;CEV/F1-online: 104o; Niels Otto: 126M; Michael Lebed: 137o; N2E: 151u; Novastock: 180M; Ford-Werke AG Köln: 18M; Fotolia: BasheeraDesigns: 56M; Getty Images: 159M; Picture-Alliance: Hermann Wöstmann: 86u; Walter G. Allgöwer: 152u; Uli Deck: 175; Volkswagen AG, Wolfsburg: 19u; Werner Nachtigall: 28or

Bibliografische Information der Deutschen Nationalbibliothek:
Die Deutsche Nationalbibliothek verzeichnet diese Publikation in der Deutschen Nationalbibliografie.
Detaillierte bibliografische Daten sind im Internet über **http://dnb.d-nb.de** abrufbar.

FSC MIX Aus verantwortungsvollen Quellen FSC® C114500

5 4 3 2 1   18 17 16 15 14

© 2014 Ravensburger Buchverlag Otto Maier GmbH, Postfach 1860, 88188 Ravensburg
Alle Rechte, auch die des auszugsweisen Nachdrucks, der fotomechanischen Wiedergabe und der Übersetzung, vorbehalten

Illustrationen: Konrad Algermissen, Cinzia Antinori, Remo Berselli, Johann Brandstetter, Lucia Brunelli, Giampietro Costa, Annaluisa und Marina Durante, Betti Ferrero, Mario Kessler, Joachim Krause, Milada Krautmann, Lorenzo Orlandi, Filippo Pietrobon, Thomas Thiemeyer, Mariano Valsesia, Raphael Volery

Umschlagbilder: iStock und Fotolia

ISBN 978-3-473-55083-8

www.ravensburger.de